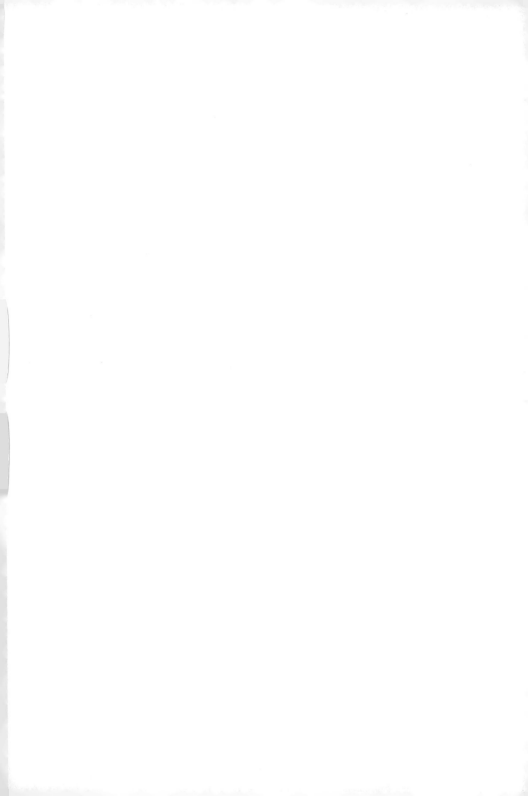

首次揭開現代能源危機的神秘面紗，告訴你現代能源危機背後不為人知的真相。

新能源戰爭

唐風 編著

目錄

第四章 中國出手：能源安全關係國家發展的命脈

第五章 開發新能源——人類最後的抗爭

第六章 中國能源的近憂與遠慮

前言

自從上個世紀的第二次世界大戰以來，人類對自然資源的消耗成倍增長。由於人類對自然資源沒有節制的大量消耗，使人類賴以生存的資源基礎遭到了嚴重的削弱。

尤其在二十世紀七〇年代末八〇年代初發生的兩次席捲全球的能源危機，向人類提出了嚴峻的挑戰。儘管沒有人真正喜歡危機，可震撼世界的能源危機，還是不請自來，國際能源組織（IEA）執行理事田中伸男發出警告稱：全球將爆發能源危機。

能源危機，無疑是一個震撼世界神經的大問題。它讓人想起上世紀接連發生在一九七三年、一九七八年底和一九九〇年的三次石油危機，導致全球尤其是發達國家經濟停滯、物價飛漲、股市下跌，讓世界至今不堪回首。誰也沒有想到，國際油價經過一九八六年至二〇〇三年間的穩定期後，近年又開始了高位衝擊，今年初突破一百美元一桶的新高後，更是一發不可收拾地向一百四十美元的高價位攀升。在這樣的背景下，國際能源組織（IEA）發出全球將爆發能源危機的警告，讓全世界感到格外緊張！

這次席捲全球的能源危機，還引發了一系列相關的全球問題：人口增加與資源供需的矛盾日益尖銳；資源的不合理開發利用，導致了日益嚴重的生態環境惡化；能源的枯竭使貧困化加劇發展而難以遏制；能源的爭奪引起了連綿不斷的戰爭……如果說，在上個世紀初能源所引起的還是一些局部問題，那麼現在，能源危機已經波及到地球的每一個角落和每個民族，影響到人類的現在和未來。有專家悲觀地認為：「這次危機下石油生產國與石油消費國的舉措都顯得蒼白無力，不但世界第一經濟強國的美國束手無策，堪稱當今世界新列強的七國集團一籌莫展，左右國際石油市場的OPEC也無可奈何。」事實真的是「束手無策、一籌莫展和無可奈何」嗎？有專家對此一針見血地指出：「這是強權和利益集團為了壟斷全球資源，企圖在當今世界牢牢把握話語權，而玩弄的又一齣驚天遊戲！」

在中國，過去從沒聽說過能源「短缺」二字。在一九九八年以前，中國廣大地區還在為大量的煤和電賣不出去而發愁，而就在短短的幾年之後，中國能源供應普遍緊張的時代就迅速到來了。電、煤、油「三荒」同時發生，使從來不缺能源的中國人感到了不安，並為中國的經濟發展敲響了警鐘。

中國的能源問題從沒有像今天這樣引人矚目，儘管高速發展的中國從來沒有放鬆過對能源問題的關注。但大面積持續發生的「三荒」——「電荒」、「煤荒」、「油荒」。三大支柱性能源幾乎同時出現大範圍緊缺，無疑給中國的經濟運行和百姓生活帶來了強勁衝擊。

對於中國來說，必須未雨綢繆，做好準備，提早布局。飛速發展的中國將是高油價最大的承受者，其原因是中國經濟增速快，對原油需求量巨大，但卻沒有國際石油貿易定價權，難以轉嫁成本。而「高投入、高能耗、高增長」，使中國經濟又具有了「三高」特徵。

的確，中國經濟的快速增長在很大程度上依靠物質資源的高消耗，例如中國建築能耗超過發達國家二～三倍，而高消耗的發展模式使中國本來就緊張的資源形勢日趨嚴峻。在投資需求和成本推動的共同作用下，以基礎能源為主的原材料價格升勢不減。

隨著中國經濟的飛速發展，中國必將成為一個能源進口大國，這無疑將使中國與當今世界列強在全球能源領域展開較量，儘管這種較量早已經開始，但更為慘烈的爭奪還在後面。

本書全面闡述了當今全球能源戰爭的起因和過程及其影響，揭示了能源席捲全球財富的秘密，描繪了為爭奪能源而引發的一系列世界地緣政治鬥爭，解析了能源危機背後的真正原因和中國面臨的能源難題及應對之策。同時本書也提示我們：對於能源危機，我們每一個人都不能置身事外，因為在這場能源戰爭面前，我們可能是受益者，也可能是受害者！

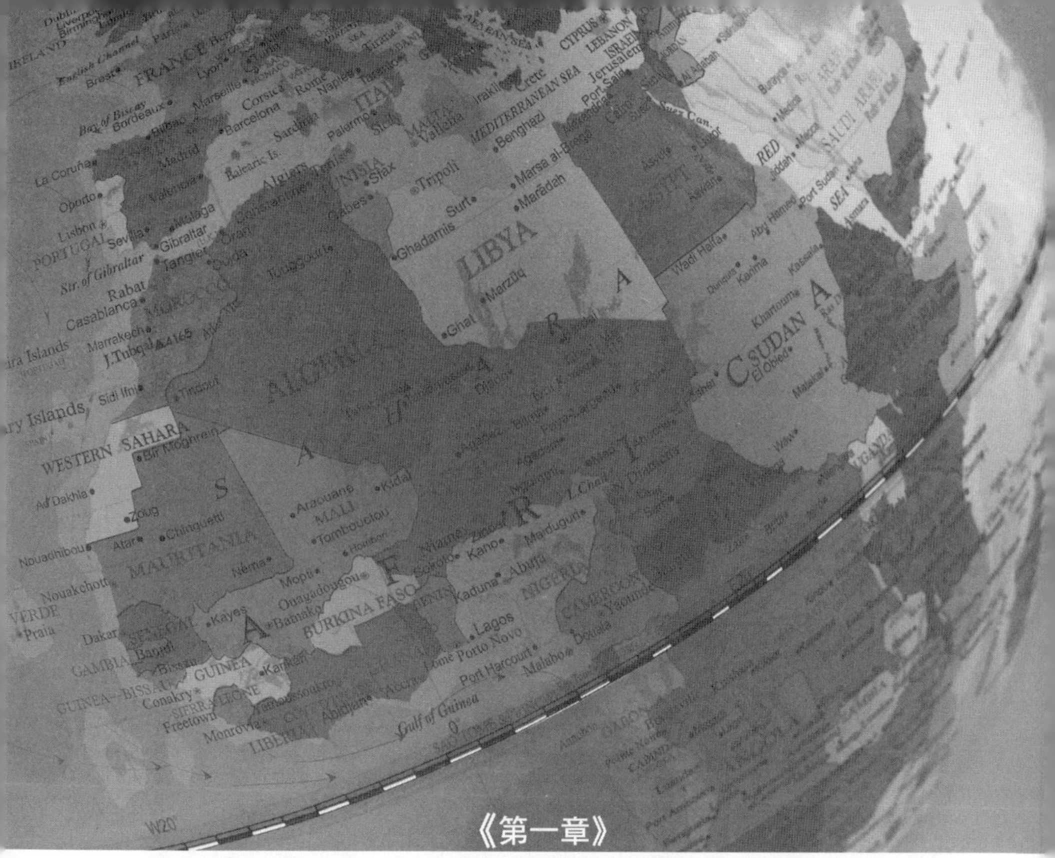

《第一章》

二〇〇八，能源危機再襲全球

PART 1

一、日益激化的全球能源問題

中國古代有個買櫝還珠的典故，為我們每個人所熟知。我們常常為這種應時眼光和短期行為而感慨，但是回到我們身邊，我們會豁然發現，當前我們經濟發展也面臨珠櫝求捨之惑，經濟發展帶來日新月異變化、欣欣向榮景象的同時，支撐發展基礎的能源卻出現了捉襟見肘、低氣不足的尷尬窘境，這個長期以來隱忍不發的問題開始浮現冰山一角，引起了上下各界的關注和熱論。

解析能源問題，需要我們揭開表層，直擊其裏，探尋本質。準確地說，能源問題不是一朝一夕形成，也不是一時一事的產物，它是長期經濟發展結構性矛盾激化的展現。如今，我們所利用的能源主要包括石油、煤、天然氣、水電、風能、核能、太陽能等，其中絕大多數礦物能源屬於不可再生的自然資源，是人類經濟可持續發展的重要制約條件。

自從第一次工業革命以來，人類對自然資源大規模、高強度的開發利用，帶來了前所未有的經濟繁榮，創造了燦爛的工業文明。然而，事態也難以避免地走向了自己的反面。

一、持續削弱的全球資源能量

自從上個世紀的第二次世界大戰以來，人類對自然資源的消耗成倍增長。一九〇一～一九九七年的九七年間，全世界採出的礦物原料價值增長了近十倍，其中後二十年為前六十年的一．六倍。據一九五〇年國家的統計表明，人均國民生產總值與人均能源消耗成正比關係。人均國民生產總值不到一千美元時，人均能耗在一五〇〇千克標準煤以下；人均國民生產總值達四千美元時，人均能耗在一萬千克標準煤以上。由於人類對自然資源沒有節制的大量消耗，人類賴以生存的資源基礎遭到了持續削弱。

尤其在二十世紀七〇年代末八〇年代初發生的兩次席捲全球的能源危機，震驚了全人類。與此同時，水和空氣受污染的趨勢有增無減。局部環境的惡化加劇了新的全球性困擾；人口增長速度過快，世界人口已突破五十四億，比一九五〇年增長了一倍多；農業和工業高速發展的壓力排擠著其他物種，使它們瀕於滅絕；由於人類向大自然索取過多，從而使賴以生存的土壤、森林、港灣和海洋遭受侵蝕的速度明顯加快，降低了地球的承載能力，改變了地球的大氣品質。局勢還不僅如此，雖然自然資源的消耗和廢棄物產生的規模已經十分龐大，並且仍在繼續擴大，但廣大發展中國家的工業化和經濟發展目標仍未實現。這使得上述問題變得更複雜，也更難以解決。

席捲全球的能源危機，引發了一系列相關的全球問題：人口增加與資源供需的矛盾日益尖銳；資源的不合理開發利用，導致了日益嚴重的生態環境惡化；能源的枯竭使貧困化加劇發展而難以遏制；能源的爭奪引起了連綿不斷的戰爭……如果說，在上個世紀初能源所引起的還是一些局部問題，例如，一些工業城市整日處在煙霧的籠罩之中，英國首都倫敦成為世界著名的霧都等等；那麼現在，能源危機已經波及到地球的每一個角落和每個民族，影響到人類的現在和未來。

資源是一個全球性問題，它經歷了一個逐步發展的歷史過程。它是近年工業化對自然資源無節制的過度消耗的產物，並發展成為遍及地球每一個角落、每一個國家的全球問題。人類對資源問題的認識同樣也經歷了一個逐步深化的歷史過程。時至今日，無論是樂觀派還是悲觀派，無論是學者還是政治家，對於資源環境問題的危機感已達成共識，儘管在程度上還有差別。

資源這個全球性問題的存在絕非孤立，它總是和人口、環境、經濟、社會等問題緊密地聯繫在一起，並構成當代全球問題的基礎。進入本世紀以來，人口劇增與經濟發展的壓力，正在超過我們賴以生存的資源基礎所能承載的極限。自然資源迅速耗減，越來越多的物種瀕臨滅絕，礦物能源日漸枯竭，礦產資源嚴重短缺，海洋健康損害嚴重，未來資源寶庫面臨浩劫。淡水資源不足，森林資源持續赤字，水土流失加劇，氣候變化異常，各類災害加劇。人類所面臨的已是一個滿目瘡痍、不堪重負的星球。

二、日益激化的全球資源及能源問題

資源及能源的無限制、不合理開發及利用既是資源問題的根源，又是產生其他危機如糧食、環境、貧困最重要的原因之一。從某種程度上說，資源問題的發展趨勢，將決定著其他全球問題的發展趨勢和地球未來的命運。

眾所周知，自然資源是人類生存發展的物質基礎，人口問題的實質，在於人口的增長超出了自然資源的承載負荷。人類對自然資源日益增長的需求和自然資源供給相對有限的矛盾，貫穿著人類社會發展的全過程。資源無節制的不合理開發利用是產生嚴重的環境惡化的直接原因。

由於全球人口的劇增，經濟發展規模的不斷擴大，人類不得不一次又一次地向大自然索取；自然資源基礎的削弱，使下一代將面臨前所未有的環境挑戰。由此產生了一句名言：沒有資源開發便沒有生態環境問題。

資源基礎的持續制約，給人類經濟社會的發展蒙上了層層陰影。那麼，進入下一個世紀時，人類所面臨的資源形勢又是如何呢？

第一，全球資源及能源的供需矛盾不斷發展，中長期資源及能源的供需形勢日趨嚴峻。在未來的一個世紀中還會不會發生類似二十世紀那樣的能源危機？沒有理由做出過於樂觀的判斷。只要把視線從能源資源總量這一因素轉向更深一個層次的能源結構、地域分布、政治環境等方面，便會發現能源世界仍是一道充滿危機的難題。

1.能源結構問題。目前世界能源消費結構中石油佔了一大部分（百分之三十九）。

2.政治和地理因素。目前三分之二的世界石油儲量集中在波斯灣地區。這一無法改變的事實，令西方時時擔憂。

3.煤炭、石油燃燒所造成的日益嚴重的環境問題。石油、煤炭和天然氣的生產和利用是形成局部空氣污染以及產生酸雨、溫室氣體等地區性環境問題的根源。世界將難以繼續過量承受超過臨界值的污染物了，這些污染，是由總計達二十兆美元的世界經濟運行時的礦物燃料燃燒時排放出來的。目前尚無法處理這些每年向大氣排放的六十億噸的碳，而現在這一數字還在繼續增大。

第二，全球資源結構將面臨重大調整，資源分配方式可能會出現重大轉折。人類發展至近代以來，英國以對煤炭和鐵礦的大規模開發利用，推動了整個工業革命，接著以殖民主義方式，實現其對世界資源的侵佔和壟斷，建立了「日不落帝國」的世界霸權。進入二十世紀後，美國率先進行了廉價能源——石油及其他重要有色金屬礦產的開發，實現了世界社會基礎資源結構的第二次重大轉變。美國以世界人口的二十五分之一，耗用了世能總量的三分之一～二分之一，在此基礎上建立起了「金元帝國」，維持了近一個世紀的世界霸權。

由於二十世紀九○年代以來新技術革命的興起，尖端技術領域將成為二十一世紀核心產業。被稱為「太空金屬」、「電子金屬」、「超導金屬」的稀有金屬將成為未來新興產業的材料基礎，世界社會基礎資源結構面臨著又一次重大轉變。與此同時美國獨霸世界資源的時代將告結束。各大國間為爭奪下一世紀領導權而進行的以稀有金屬為核心的世界資源爭奪將進一步展開。

第三，全球未來資源及能源的爭奪將更加激烈，局部戰爭難以避免。在整個人類歷史過程中，獲取與控制自然資源包括土地、水、能源和礦產的戰爭是國際緊張和武力衝突的重要因素。近代史上第一次世界大戰中，三十一個國家共十五億人口捲入了戰爭，戰爭中傷亡人數達三千一百萬人。其中死亡一千萬人，軍費支出和戰爭損失共計三千八百七十七億美元。第二次世界大戰中，上述數字均成倍增長。戰爭時間長達七年，參戰的國家和地區超過六十個，戰爭總傷亡超過九千萬人。其中死亡五百萬人，直接軍費支出一千一百一十七億美元，物質損失三兆美元。

為了爭奪對世界資源和能源的控制權，從而導致了兩次世界大戰的爆發。第二次世界大戰以後，兩個超級大國之間為了爭奪世界資源及能源的控制權，持續了四十多年的冷戰。中東的石油、南部非洲豐富的黃金、金剛石及其他礦產、薩伊的銅礦……都成為超級大國爭奪的對象，引發了一次又一次局部戰爭。冷戰之後，獨霸世界的美國以伊拉克擁有大規模殺傷性武器為由，對伊拉克發動了大規模的侵略戰爭，而這個戰爭的背後，當然是爭奪石油！由此不難看出，人類對資源及能源的爭奪將長期存在，世界也永無安寧之日。

二、回望近代史上的三次石油危機

能源是人類生活中最重要的資源，能源問題一再牽動社會的神經，是關於我們現實和未來生存發展的基本，同時也是最為核心的動力問題，人類近代史上幾次大的飛躍都得益於對能源的開發，而幾次大的全球危機也都因能源危機而起。在經濟全球化、世界政治格局多極化的今天，保障能源持續供應，建立能源安全供應體系已成為當今世界各國能源戰略的出發點和核心內容。

從能源的供求分布來看，「不平衡」一詞可點破其中的根本特徵。也正是由於這種不平衡，才從根本上導致了國際上各種因資源問題而產生的糾紛甚至是戰爭。從近幾十年來國際關係的現實可以看到，石油資源和水資源是國家間發生戰爭和衝突的主要因素，特別是謀求對石油資源的控制成為國際鬥爭的焦點之一。伊拉克入侵科威特、波灣戰爭、伊拉克戰爭、以巴衝突，非洲一些國家的內戰、日本阻撓中俄「安大線」石油管道項目，以及涉及中國主權的南沙群島問題等，其背後都存在著深刻的資源因素。過去半個世紀中，僅僅由石油引發的衝突就達到五百多起，其中二十餘起演變為武裝衝突。隨著石油和水資源的日益短缺，能源對經濟發展的制約作用將更加突出，以各種形式出現的全球能源爭奪戰也將愈演愈烈。

世界近代史上的三次石油危機，就已經暗示我們石油資源將是未來各國爭奪最為激烈的一個領域。

一、一九七三～一九七四年——第一次石油危機

一九七三年十月第四次中東戰爭爆發，以色列和阿拉伯國家隨之捲入了戰火，為打擊以色列和支持以色列的西方國家，阿拉伯世界使出狠招：十月十六日OPEC決定提高石油價格，第二天，中東產油國決定減少石油生產，並對西方發達國家實行石油禁運。漲價前，每桶石油只售三．〇一美元，僅僅兩個月之後，每桶石油就需要花費一一．六五一美元。石油猛然漲價三倍，給依賴中東石油的發達國家突然增加了巨額國際收支赤字。

石油危機的爆發，極大的衝擊了美國等少數依靠廉價石油起家的國家，從而加深了世界經濟危機。美國的工業生產下降了百分之十四，日本的工業生產下降了百分之二十以上，所有工業化國家的生產力增長都明顯放慢。一九七四年的經濟增長率，英國為負百分之〇．五，美國為負百分之一．七五，日本為負百分之三．二五。但發動石油戰爭的阿拉伯國家卻因此增強了經濟實力，數百億石油美元流向中東據統計，僅漲價一項，就使阿拉伯國家的石油收入由一九七三年的三百億美元猛增到一九七四年的一千一百億美元。

在能源漲價以及通貨膨脹的雙重衝擊下，道瓊指數從一九七三年一月的最高點一千零一十六點，到年底下跌了百分之二十五，一年後跌到了五百七十七．六〇點，紐約股票交易所市值下跌了百分之四十。標準普爾指數也從一九七二年的一百一十七．四四點跌至一九七四年的六十九．七二點。日本的工業生產下降了百分之二十．六，經濟增長率為負百分之三．二五。一九七四年日本的消費物價上漲了百分之二十四．三。日經二二五指數也從一九七二年的五千兩百三十六點下跌到

三千七百六十四點，下跌了百分之二十八。

基金隨著股市的大跌也大幅縮水，利息已經遠遠高於債券和股票的收益，銀行的大額定期存款開始在美國人中流行。一九六九年，紐約股票交易所的一個席位可以賣到近五十萬美元，而在一九七四年底，同樣的席位只值六·五萬美元。一九六九年一月，共有十·五二萬人在華爾街工作，到一九七四年只剩下七·五萬人。直到兩年後，美國股市重新振作從一九七五年至一九七六年道瓊指數上漲了百分之六十。

一九七三年第一次石油危機使西方經濟遭受了沉重的打擊，為了對付可能出現的新的石油危機，一九七四年二月十一日~十二日，在美國倡議下，十三個國家聚集於華盛頓，召開石油消費國會議，決定成立能源協調小組。後來成立國際能源機構，該機構的主要職能是促進其成員國建立應急石油儲備或稱戰略石油儲備；協調突發事件引起石油供應中斷時成員國之間的石油調配問題。這個機構要求成員國必須保持相當於前一年九十天進口原油的儲備量。

二、一九七九~一九八〇年——第二次石油危機

一九七八年底，世界第二大石油出口國伊朗的政局發生劇烈變化，伊朗親美的溫和派國王巴勒維下臺，即「伊斯蘭革命」一九七八年十二月二十六日至一九七九年三月四日，伊朗石油出口全部停止，世界石油供應突然減少了五百萬桶/日，造成石油供應短缺，石油價格從每桶十三美元猛升至三十四美元，引發了第二次「石油危機」。

一九八〇年九月二十二日，伊拉克突襲伊朗，爆發了兩伊戰爭。兩伊戰爭的爆發使兩國的石油出口量銳減，一度還曾完全中斷，全球石油產量從每天五百八十萬桶驟降到一百萬桶以下。隨著產量的劇減，油價在一九七九年開始暴漲，國際市場石油價格一度暴漲到每桶四十二美元。由於一九七九年以來持續一年多的原油搶購使西方國家有了較充足的原油儲備，加上沙烏地阿拉伯迅速提高了本國石油產量，所以到一九八一年油價終於穩定在每桶三十四～三十六美元的範圍內。

這種狀態持續了半年多，此次危機成為上世紀七〇年代末西方經濟全面衰退的一個主要原因。在此期間，美國國內汽油價格從一九七八年的〇．六五美元／加侖上漲到一九八一年的一．三五美元／加侖；這次石油危機再次導致了美國國內經濟的衰退，**GDP** 增長率從一九七八年的百分之五．六下降到了一九八〇年的百分之三．二，乃至一九八一年的負百分之〇．二。

在第一次石油危機中吸取了教訓的日本，此前已進行了大規模的產業結構調整，增加節能產業設備的投資，提升核電在能源結構中的比例。由於石油在能源消費總額中的比例下降了百分之十七．九，第二次石油危機對日本經濟造成的危害遠遠小於第一次，日本國民生產總值反倒增長了百分之三十三．五，幫助日本創造了八〇年代的經濟奇蹟。一九八五年，日本取代美國成為世界上最大的債權國。

三、一九九〇年——第三次石油危機

二十世紀八〇年代以後，伴隨著新興產油國的出現以及石油輸出國組織團結力量的瓦解，石油權力開始分散。石油價格持續下降，阿拉伯國家的政治勢力逐漸衰退，權力再度回到美國、日本和歐洲。中東阿拉伯國家的石油權力幾乎完全喪失，西方國家在國際權力爭奪戰中重新獲得主動權。一九八六年，石油價格降到十美元／桶以下，使國際石油市場出現混亂，對世界經濟和金融體系產生猛烈衝擊，第三次石油危機爆發。

對美國來說，波灣石油就是其「國家利益」。因此，一九九〇年爆發的波灣戰爭也被專家形容為一場石油戰爭，它直接導致了世界經濟的第三次危機。當時任美國總統的老布希表示，如果世界上最大石油儲備的控制權落入海珊手中，那麼美國人的就業機會、生活方式都將被遭受災難。

伊拉克在一九九〇年八月初攻佔科威特之後，強烈受到國際經濟制裁，使得其原油供應中斷，國際油價因而急升至四十二美元／桶的高點。美國經濟在一九九〇年第三季加速陷入衰退，拖累全球GDP增長率在一九九一年跌破百分之二。在這次石油危機中，僅三個月的時間，石油從每桶十四美元上漲到四十美元。不過，由於國際能源機構啟動了應急計畫，每天將兩百五十萬桶的儲備原油投放市場，使原油價格在一天之內就暴跌十多美元。以沙烏地阿拉伯為首的國家也迅速增加產量，很快穩定了世界石油價格。

與前兩次危機相比，這一次的高油價並沒有持續太長的時間，對世界經濟的影響也要小得多。

總而言之，這幾次石油危機具有共同的特徵，那就是都對處於上升循環末期、即將盛極而衰的全球經濟造成嚴重衝擊。歷史上的幾次石油價格大幅攀升都是因為OPEC供給驟減，促使市場陷入供需失調的危機中。

三、全球油價居高不下誰之過

從進入二十一世紀以來，國際石油的價格總趨勢就是不斷上漲。二〇〇三年國際原油價格每桶平均為二十七美元，二〇〇四年約為四十美元，二〇〇五年平均約為五十五美元。而二〇〇六年七月上旬，國際原油價格多在七十五美元左右，二〇〇六年七月後，油價下跌。二〇〇六年國際原油價格每桶平均約為六十美元左右。二〇〇七年油價再次上漲，九月和十月上、中旬，油價基本都在八十美元以上。十月下旬以來，油價基本都在九十美元以上徘徊，一度飆升到每桶九十九・二九美元。

二〇〇八年第一個交易日國際油價大幅上漲，美國東部時間一月二日，紐約商品交易所二月份交貨的輕質原油期貨價格在電子交易中達到每桶一百美元，這一價格刷新了二〇〇七年創出的每桶九十九・二九美元的國際原油期貨盤中最高紀錄。在輕鬆突破百元大關之後，五月五日國際油價又創下每桶一百二十美元的歷史新高。分析師認為，隨著目前國際油價的快速飆升，油價的未來走勢將引發越來越多的爭議和討論。

「從原油供求的角度和原油自身的角度來看，目前這種高位油價是不正常的。畢竟，有資料顯示石油的開採價值僅為每桶十多美元。但從流動性過剩的角度來看，這樣的價格應該是正常的，畢竟國際市場上仍有大量的流動性資金。」中國銀行全球金融市場部高級分析師譚雅玲說。國際貨幣基金組織也曾表示，原油等大宗商品的價格今年之所以相當堅挺，很大程度上是由於投機因素以及美元疲軟。

除此之外，地緣政治危機、氣候反常等因素也會對國際油價的走勢帶來相當大的影響。例如，導致五月五日油價突破每桶一百二十美元大關的直接緣由就是，OPEC主要產油國的安全形勢緊張導致投資者擔心原油供應可能受到波及，以及來自於尼日共和國、伊拉克和伊朗的消息均不利於原油產量增加。

一、國際油價的形成機制

經過一百多年的發展歷史，國際石油市場已經形成了比較完善的現貨市場和期貨市場體系。以三大期貨市場（紐約商品交易所、倫敦國際石油交易所和東京工業品交易所）與五大現貨市場（西北歐市場、地中海市場、加勒比海市場、新加坡市場、美國市場）為主的國際石油市場的格局決定了其定價機制，國際市場石油交易大多以各主要地區的基準油為定價參考，以基準油在交貨或提單日前後某一段時間內現貨市場或期貨市場價格加上升貼水作為原油貿易的最終結算價格。

國際三大期貨市場之一的紐約商品交易所的能源期貨和期權交易量佔到三大能源交易所總量的一半以上，其西德克薩斯中質原油（WTI）是全球交易量最大的商品期貨，也是全球石油市場最重要的定價基準之一，所有在北美生產或銷往北美的原油都以WTI原油作為基準來定價。倫敦國際石油交易所交易的北海布倫特原油也是全球最重要的定價基準之一，全球原油貿易的百分之五十左右都參照布倫特原油定價，英國和其他歐洲國家所使用的原油價格就是這一價格。波灣地區出產的石油常常使用杜拜原油作為參考標準。

在實際交易中，西德克薩斯州輕質油價、布倫特油價和OPEC一攬子油價差別並不大，三者之間的相關性非常強。世界最大的產油聯盟OPEC的一攬子油價則是根據七種原油（沙烏地阿拉伯的阿拉伯輕質油、阿聯酋的杜拜油、尼日共和國的邦尼輕質油、阿爾及利亞的撒哈拉混合油、印尼的米那斯原油、委內瑞拉輕質油、墨西哥原油，其中墨西哥為非OPEC成員國）的平均價格制定的。

二、國際油價上漲的原因

全球原油需求不斷增長、市場投機活動旺盛、美元持續貶值及中東地區地緣政治局勢緊張等，是推動油價大幅飆升的主要因素。

美國高盛公司二〇〇八年五月十六日發表報告說，今年下半年平均油價有可能達到每桶一百四十一美元，大大超過該公司此前預計的每桶一百零七美元。高盛此前還預計，未來兩年，國際市場油價有可能攀升至每桶兩百美元。究竟是什麼讓油價直線飆升呢？這個問題就如同哥德巴哈猜想一樣令人費解。持基本面觀點的有之，認為非基本面因素更大者更甚，甚至還有陰謀論、環境論者。

①市場供求關係的脆弱平衡

不論原因是什麼，我們看到的結果都是——漲了，又漲了！

據美國《地理》雜誌二〇〇七年報導，全世界每天消耗石油八千萬桶（每七桶合一噸）。其中，美國是最大的石油消費國，在它之後，依次為日本、中國、俄國、德國與韓國。目前一半左右的世界石油供應依賴於一百一十多座大油田，而這些大油田均經歷了五六十年開採過程，基本走過了其「生命週期」的「壯年」階段，步入了穩產和衰減階段。

長期以來，世界石油產量增長十分緩慢，石油供應設施又十分脆弱，且鮮有特大型新油田發現。此外，在油氣上游領域投資不足、產能遞減或增長滯後、供應源衰減等，也是造成供需失衡的原因。據美國能源部統計，今年全球原油日均產量為八千四百六十四萬桶。隨著需求增加，全球原油日產量也在上升。不過，由於需求旺盛，加上產油國剩餘生產能力有限，全球原油供求差距明年可能進一步加大，國際市場原油供求平衡比較脆弱，因此油價容易受到其他因素影響而出現劇烈波動。

而且，掌控全球三分之二石油資源的OPEC從二〇〇六年底開始有計劃的削減原油輸出量以阻止油價下滑，同時利用石油作為抬高OPEC成員國在國際社會中政治地位的有力手段，彰顯OPEC成員國對國際事務的發言權。OPEC的減產行動效果明顯，直接導致了二〇〇七年國際原油價格的飆升。近年來，隨著全球經濟持續增長，原油需求穩定上升，這是油價屢創新高背後的基本市場形勢。

②美元貶值促使油價飆升

從本質上來說，油價的波動是種貨幣現象。作為原油交易的結算貨幣，美元匯率的走勢間接影響油價走勢，美元貶值，油價走高；美元升值，油價下跌。受美國聯邦儲備委員會今年連續兩次降低短期利率影響，美元大幅貶值，這使得油價相對於持有歐元等其他貨幣的投資者而言變得更為

「便宜」，這部分投資者也開始大量買入原油期貨交易合約。美元貶值是全球油價上漲眾多因素中的首要因素。只要美元繼續疲軟，油價還將一路飆升。國際油價最高時已遠遠超出每桶一百美元，這接近於二〇〇七年初時油價的兩倍還多，而同期美元對歐元匯率下跌了將近百分之三十。

油價增幅中的很大一部分是波灣產油國用來彌補美元貶值所帶來的經濟損失，這是因為主要產油國以美元作為原油出口的結算貨幣，而用歐元從歐洲進口所需商品。這樣，波灣國家雖然實現了高額財政盈餘，但受美元對歐元匯率不斷下挫影響，進口成本加大，導致國內通貨膨脹率普遍上升。為保證產油國的利益不受到損害，在美元大幅度貶值的今天，只有不斷地推高油價，這樣做是符合美國的戰略意圖和利益的。

所以，如果說之前油價高漲更多的來源於供需基本面因素的話，那麼二〇〇七年八月份以來的油價上漲則更多地來源於美元的貶值。

③投機性交易推波助瀾

市場投機活動也是推高油價一個不可忽視的重要因素。華爾街策略公司高級分析師康尼·特納指出，市場投機炒作才是推動油價飆升的根本原因，而各種短期消息只不過是炒作油價的一個由頭而已。近年來，隨著油價大幅攀升，大批「投機性交易者」進入國際原油期貨交易市場，進行投機逐利活動。

據估計，目前進入紐約原油期貨交易市場的巨額投機資金控制的原油期貨交易合約總量超過十億桶，甚至高於美國原油商業庫存和戰略石油儲備的總和。

加之美國經濟遭受次貸危機，美聯儲二〇〇七年十月三十一日第二次降息，這又大大刺激了原油需求。但國際原油價格在兩個月之內大幅攀升百分之二十七，其中摻雜了很多中長期因素，比如石油的稀缺性導致國際供求關係偏緊、很多國際投資者參與了石油價格的炒作。美國次貸危機全面爆發後，全球主要金融市場一度受到嚴重影響，一些投機資金為規避股市動盪帶來的風險而流入原油期貨交易市場。美國一民主黨參議員稱，投機力量行為在期貨市場上極其放縱，期貨市場日成交量已超過實際需求的二十多倍。這也是投機者翻炒期貨的有力證據之一。

④政治、氣候因素的影響

科威特前副石油大臣奧恩日前發表言論表示，中東地區地緣政治局勢緊張也是推高油價的因素之一。有關伊朗核問題的爭端久拖不決，以及土耳其軍隊可能越境打擊伊拉克北部庫德工人黨武裝的消息，都引發了市場關於該地區原油供應可能受到影響的擔憂。伊朗和伊拉克均為OPEC成員國，兩國的原油生產和出口如果因地緣政治事件減少，將對國際市場原油供應產生較大影響。

由於石油資源儲量分佈極為不平衡，目前沙烏地阿拉伯、伊朗、科威特等中東地區國家石油儲量佔到全球總儲量的百分之六十以上，而亞太地區石油儲量則不足百分之二。而從歷史上三次石油危機的情況來看，高油價將進一步加重地區的地緣政治風險，如一九七八年的兩伊戰爭和一九九〇年的波灣戰爭，其根本目標依然是對石油資源的爭奪。這就陷入了一個惡性循環，越是地緣政治不穩定，越是迫使各方哄抬油價。

另外，北半球冬季取暖油消費高峰期的來臨、美國和墨西哥的石油生產可能受到天氣因素影響以及美國的原油庫存近來大幅下降等，都在油價屢創新高中發揮了一定的推動作用。

面對油價的飆升，有專家呼籲，各國應當對此提高警惕，加強合作，不能「個人自掃門前雪，不管他人瓦上霜」。畢竟，在全球經濟因為次貸危機而承受創傷之際，油價的飆升會使得全球經濟不得不忍受通膨高企的煎熬，腹背受敵，不利於其健康發展。「從一國範圍來看，國際油價的大幅飆升再次凸顯了石油戰略在國家發展中的重要地位。」中國銀行全球金融市場部高級分析師譚雅玲說，但就當前而言，中國不能盲目地把國內油價與國際接軌，否則，這將給國內的經濟、社會穩定以及CPI指標帶來非常巨大的挑戰。

四、中國能走出「三荒」的嚴冬嗎

在中國，已經有很長一段時間沒有聽說過「短缺」二字了。一九九八年，中國廣大地區還在為大量的煤和電賣不出去而發愁，而就在短短的幾年之後，中國能源供應普遍緊張的時代就迅速到來了。電、煤、油「三荒」同時發生，使告別了短缺經濟的中國人感到了不安。複雜的原因敲響了中國經濟的警鐘。

中國的能源問題從沒有像今天這樣引人矚目，儘管高速發展的中國從來沒有放鬆過對能源問題的關注。這要歸因於正在大面積持續發生的「三荒」——「電荒」、「煤荒」、「油荒」。三大支柱性能源幾乎同時出現大範圍緊缺，無疑給中國的經濟運行和百姓生活帶來了強勁衝擊。

為保障二〇二〇年國民經濟實現翻兩番的宏偉目標，中國正在加緊研究制定自己的可持續能源發展戰略。

一、「三荒」凸顯能源瓶頸

①「電荒」

夜幕降臨時，家裏卻突然停了電，使得正在吃飯的一家人不得不放下碗筷，開始在黑暗中摸索著尋找煤油燈。——這差不多已經是二十年前的情景。誰也沒想到的是，這樣的情景今天在許多地方再度重演。煤油燈已徹底找不到了，蠟燭一時成了緊俏商品。

一個久違的片語——「拉閘限電」，如今又高頻率地出現在人們面前。來自各地消息表明，自二〇〇二年下半年凸顯的電力短缺呈不斷加劇態勢。二〇〇三年歲末，在國家電網公司的即時監控螢幕上，可以看到全國的日用電量與夏天的用電高峰基本持平，而且隨著氣溫的不斷下降，用電量還在不斷攀升，全國已有二十多個省、自治區陷入缺電困境。專家預計，受經濟快速發展的帶動，電力需求繼續高速增長，同期電源投產容量相對不足。隨著經濟的高速發展，今後全國總體電力供需形勢將更為嚴峻，持續拉閘限電的地區還會增加，電力供需矛盾正在日益加劇。顯然，與以往季節性、時段性電力短缺不同，中國很多地區進入「硬缺電」，即從盛夏到隆冬出現全年性電力不足。

國家電網公司調度中心主任趙遵廉說，二〇〇七年入冬後已經有七個省區先後拉閘限電，其中浙江省最為嚴重，二〇〇七年十一月下旬以來，每天拉閘限電三百萬千瓦以上，福建、湖南也在一百五十萬千瓦左右。

電力缺口對企業生產和百姓生活帶來了明顯影響。華東地區的企業不得不採取錯峰、避峰生產；浙江將一些企業用電轉移到凌晨二時以後的用電低峰，其他幾個省也開始按「拉限序位表」計畫用電。

統計顯示，二〇〇八年中國的電力缺口在一千萬千瓦以上。原國家電力規劃設計總院院長呂偉業說：「未來兩到三年時間內，中國電力緊缺狀況將是一種必然現象。今年的情況只是更加凸顯了這一信號。」國家電網公司在自己的研究報告中也得出了二〇〇四年電力缺口將繼續擴大的結論，浙江、江蘇和上海將是缺電的重點地區。

②「煤荒」

「煤荒」可以說是與「電荒」接踵而至的。正處於價格上揚中的煤炭在普遍的電力饑荒中顯得尤為「緊俏」。二〇〇七年十一月份，陝西、河南、陝西煤炭價格每噸上調十～十五元，甚至一些看似不相干的行業也出現「異動」，比如，爆發了水泥漲價。

作為世界煤炭生產大國，中國出現用煤告急是許多行業官員始料未及的。曾經有一組來自有關部門的統計資料證實了這個令人尷尬的事實：二〇〇四年的全國直供電網庫存煤一千兩百二十六萬噸，較二〇〇三年十月份下降了一百四十一萬噸。華北十個電廠、華東十二個電廠、山東六個電廠電煤庫存先後降至安全警戒線以下，僅能滿足電廠二至三天用煤量。有消息表明，連煤炭大省山西也出現「煤荒」。耗能大戶山西海鑫集團，由於採購不到足夠的原煤，已經與澳大利亞簽訂供應合同，從海外進口精煤七萬噸。在山西這樣的產煤大省，這樣的進口尚屬首次。

二〇〇七年十一月下旬，山東燃煤供應緊張，六個上網電廠被迫關閉發電機組，浙江省省長呂祖善近日親率十一個市的市長和大型能源企業的老總，北上陝西、內蒙古求援；江蘇目前全省發電用煤的庫存量僅剩九十多萬噸，只夠十多天的用量。

煤炭資訊研究院副院長黃盛初表示，原先估計二〇〇三年的煤炭使用量會增加百分之三，但現在實際到了百分之六～百分之八。

陝西、新疆等地因為煤炭供應緊張，不得不允許原先已經關閉的一些小煤礦重新開工。

有消息稱，面對內地煤炭供應緊張，煤炭生產商被要求供應優先留給內地用戶，暫停出口，內地航運商也奉命優先運送煤炭給予內地用戶，煤商以及船運公司不再執行二〇〇七年十二月的海外合約。

對此，國家發改委能源經濟與發展戰略研究中心主任高世憲認為：「這作為應急措施完全有可能。但是現在執行的仍舊是原來的鼓勵出口的政策。」

③「油荒」

幾乎在同時，「油荒」也緊跟著不期而至了。河北、河南、山西、陝西、北京、上海、江蘇、浙江、福建、廣東等地汽柴油緊缺警報頻起。據了解，從二〇〇三年十月下旬開始，成品油特別是柴油貨源緊俏。一時間，許多地方的加油站門口排起長隊，有些加油站還掛出「油已售完」、「限量供應」的牌子。

如今，二〇〇八年三月末，北京汽油價格每升又上漲了一．八角，這是繼二〇〇八年二月份汽油漲價一．七角以後又一次較大幅度的增長。從各地也傳來了油荒的訊息。在整個珠三角地區，出現了成品油價格上漲現象，0號柴油供應吃緊，90號汽油告急。在長三角的杭州，從二〇〇七年十一月十日開始，已有數十家私營加油站關門。

據了解，北京、天津、上海、山東、江蘇、浙江、陝西、廣東、廣西、雲南，大半個中國的成品油尤其是柴油，均出現了不同程度的供應緊張，並影響到了經濟的正常運行。正在建設之中的浙江龍華造船公司，從十一月起就因為缺油而繼續停工了。

於是有人驚呼：「能源的多米諾骨牌倒了」；還有人甚至聳人聽聞拋出「能源危機論」。

二、節能應提升為「基本國策」

中國業內的許多著名人士都不贊成「能源危機」的說法。他們認為，當前出現的電、煤、油的緊張，是階段性、地區性、結構性的「能源短缺」，有對經濟發展宏觀預測不準、能源管理體制不順、產業結構和能源消費結構不科學等多方面的原因。雖然眾多專家學者都不同意「無限放大」這次能源短缺的影響，可他們都認為，能源「三荒」給發展的中國敲響警鐘。

國務院發展研究中心副主任陳清泰說：「必須承認，中國確實面臨十分嚴峻的能源挑戰。中國必須高度重視能源安全，盡快制訂能源發展戰略。」

在過去的二十年裏，中國雖然已經在能源利用上取得了「GDP翻兩番而能源消費僅翻一番」的「令世界矚目的成績」，但能源專家們還是認為，中國能源消耗仍然浪費嚴重，節能潛力巨大。中國能源研究會理事長、煤炭工業協會會長、工程院院士范維唐說：「中國能源利用效率目前仍然很低，比OECD國家落後二十年，相差十個百分點；能源消費強度大大高於發達國家及世界平均水準，約為美國的三倍、OECD國家平均值的三．八倍、日本的七．二倍。」他還舉例說，比如工業鍋爐，我們的平均能耗效率為百分之六十，低於發達國家二十個百分點。

從中國發電量增長率來看，中國電力供應短缺的原因在很大程度上不是由於供應不足，而是由於電力利用的粗放和浪費造成的，例如，中國絕大多數鋼鐵公司每噸鋼的耗電量遠高於美國、日本同行。即使是水電廠、火電廠等電力供應單位，其自身浪費的電能也很多，其中水力發電廠有百分之十的電力是被電廠內部消耗掉的。當前持續發生的能源「三荒」再次告誡我們，中國並不是一個能源富裕的國家，節能降耗至關重要。國務院發展研究中心副主任陳清泰甚至提出：為確立節能的戰略地位，建議把節約資源提升基本國策的高度，將「控制人口，節約資源，保護環境」並稱為新時期的基本國策。

三、調整產業結構刻不容緩

國家發展和改革委員會能源研究所所長周大地早在二〇〇四年初就說過，導致當前能源「三荒」發生的一個重要原因是中國產業結構不合理。一些地方盲目發展高耗能產業，比如鋼鐵業、電解鋁業等等，可以說是經濟「短視行為」。

調整和優化中國的能源結構，是中國能源發展戰略的一項重要內容。業界有關人士在解讀能源「三荒」時認為：中國的煤炭已知蘊藏儲量高達一千一百四十五億噸，根本不存在煤炭短缺問題。所謂「煤荒」最先是由電廠喊出來的，準確地說是合約內的低價電煤滿足不了實際的電煤需求。泱泱煤炭大國出現煤荒、電荒，恰恰說明中國經濟對煤炭的依賴度太高了。據了解，由於電力供應出現短缺，在珠江三角洲及浙江省等地，政府部門為了保持經濟增長不受影響，竟然以「提供補貼」等多種方式，鼓勵地方企業使用柴油機組發電。

難怪媒體們常評論說：「油荒」背後也有「電荒」的影子，是電力短缺的壓力被傳遞到柴油供應上，從而導致國內大面積出現柴油供應緊張。這種以油發電的行為無異於「飲鴆止渴」。因為中國最為短缺的是油。據統計，自一九九三年中國成為石油淨進口國之後，石油對外依存度已從一九九五年的百分之七．六增加到二〇〇〇年的百分之三十一。到二〇二〇年，石油消費量最少也要四．五億噸，屆時石油的對外依存度有可能接近百分之六十。

國務院發展研究中心產業經濟部副部長馮飛，作為《國家能源戰略的基本構想》的主筆人，對調整和優化中國能源消費結構提出如下建議：逐步降低煤炭消費比例，加速發展天然氣產業，依靠國內資源滿足國內市場對石油的基本需求，積極發展水電、核電和先進可再生能源，利用二十年時間，初步形成結構多元的能源消費格局，使優質能源比例明顯提高。

此外，馮飛博士還指出，中國能源領域改革嚴重滯後，在一定程度上已經成為中國經濟增長和深化改革的制約因素。比如煤炭價格尚未完全市場化；電力部門的「廠網分開、競價上網」改革還剛剛開始；石油部門分拆後的區域壟斷性還比較強；能源領域的競爭主體、市場秩序、市場功能、定價機制等還未改革到位。他建議國家應「成立一個統一的政府能源管理機構」，推進能源改革，建立石油儲備體系，制定和實施能源發展戰略，以保障中國的能源安全。

五、能源安全美國也傷神

美國，這種日益一體化的世界能源系統的最大市場，它的能源政策對於維護全球能源安全發揮著舉足輕重的作用。

為了應對世界面臨的能源挑戰，美國必須開展國際合作、擴大能源供應、實現供應來源的多樣化、促進市場競爭和健全的公共政策，以保持能源增產及其清潔高效使用之間的平衡。開發有望改變能源生產和消費方式的新技術是上述努力的核心。

其實，布希總統早在就職時就已認識到能源系統日益緊張的狀況。為此，總統尋求制訂一項全面而平衡的能源政策，用以幫助私有部門及州和地方政府「促進未來可靠、經濟、有利於環境保護的能源生產和分配」。《國家能源政策》報告就是這一努力的結果，該報告自二〇〇一年五月發布以來一直指導著美國的能源政策。《國家能源政策》報告是一份具有創意的路線圖，通過開闢各種各樣的能源來提高美國的能源安全和經濟競爭力並改善環境保護。從美國的角度來看，能源安全並非僅是為了保障短期供應；獲得可靠、經濟、清潔和高效的能源服務對經濟增長和發展也是至關重要的。

根據有關權威統計，美國二〇〇五年每天消耗石油約兩千萬桶，其中近百分之六十依靠進口。此外，美國政府預測，在未來二十五年美國電力需求將增長百分之五十，這需要大量的能源。因此，如何確保能源安全已成為美國政府的一項重要任務。

美國財政部長鮑爾森認為，美國的能源安全主要存在以下四個問題：一、美國石油消耗量遠遠高於生產量；二、美國高度依賴進口石油；三、許多進口石油都來自動盪地區；四、即使油價下降，這些問題依然存在。

美國能源資訊管理局的最新預測清晰地描繪了美國未來面臨的能源挑戰。儘管技術不斷有所進步，預計美國的能源總消耗量仍將從二〇〇二年的九十八 quadrillion（一千之五次方）英熱單位增加到二〇二五年的一百三十六 quadrillion 英熱單位。由於國內能源生產增長緩慢，能源的淨進口量預計將從二〇〇六年的約佔美國需求量的四分之一增加到二〇二五年的三分之一以上。而石油進口則佔能源進口量的很大一部份。

美國國家石油委員會曾於二〇〇七年發布了長達四百頁的研究報告，評述了到二〇三〇年全球石油和天然氣的供應狀況及避免能源危機的可能解決方案，並對提高美國的能源安全提出了建議。美國能源需求仍將增長，預計到二〇三〇年增長百分之五十～百分之六十。進一步的能源安全不容忽視。

報告指出，中東石油出口將從二〇〇五年兩千萬桶／天提高到二〇三〇年三千六百萬桶／天，亞洲進口將從四百萬桶／天提高到一千一百萬桶／天，美國將從一千一百萬桶／天提高到一千五百〇萬桶／天。對此美國能源部表示，石油出口國的石油出口不足以滿足市場需求，並且中東地區能源需求上升可能給石油市場帶來更大挑戰。

假定在同一時期內國內生產總值每年增長約百分之三，美國的石油總需求可能從二〇〇六年的每天約兩千萬桶增加到兩千八百萬桶。其結果是，美國的石油淨進口量可能從佔總需求量的百分之五十三猛增至百分之七十，其中相當一部份石油將來自波斯灣。由於國內的煉油能力受到有關法規和經濟因素的制約，預計精煉的石油產品在石油進口中將佔越來越大的比例，到二〇二五年時達到石油淨總進口量的百分之二十左右。

雖然目前美國對天然氣的大部份需求可從北美的產品中得到滿足，但其趨勢也是從西半球以外地區的進口比例越來越大。即使能源利用率加速提高，美國仍然會在很大程度上依靠進口才能滿足未來能源消費的需要。

目前美國所奉行的保障能源安全的大方向，就是通過科技創新發展可靠、清潔和廉價的能源。美國能源部擔負著「提升美國國家安全、經濟安全和能源安全」的重任，二〇〇六財年獲得的聯邦預算超過兩百三十億美元。能源部副部長雷蒙德．奧巴赫專門負責科學事務，這一職位是根據二〇〇五年底通過的美國《二〇〇五能源政策法案》新增設的，這也凸顯了美聯邦政府在能源領域日益重視科學研究開發的思路。

在奧巴赫之下，設有一個「科學辦公室」，之下分設「高級科學計算研究」、「基礎能源科學」、「生物和環境研究」、「核聚變能源研究」、「高能物理」、「核子物理」及「教師和科學家人力開發」等幾個分支機構。能源部在全美擁有十七個國家實驗室，其科學研究開發實力極其雄厚。二〇〇六年，僅「科學辦公室」獲得的預算就達三十六億美元，用於上述各分支領域的研究項目。

二〇〇六年美國能源部的「戰略計畫書」明確提出，其首要目標是「尋找能源解決方案，保障美國人的未來」。為了改變美國對石油進口的高度依賴，美國對可再生能源的開發、市場推廣力度不斷加大。

「風能、太陽能、地熱能、氫能和生物質能在我們國家的未來中將扮演重要的角色」，能源部說。

美國政府已經採取了多種措施來確保美國的能源安全。按照布希總統去年發表的新能源戰略，最核心的一條就是要降低對石油、尤其是對進口石油的依賴，同時大力開發節能技術。

要實現有關安全、可持續能源供應的遠景規劃，就必須逐步過渡到先進的能源系統。因此，美國能源政策的一個中心點就是要通過一系列的突破性技術，從根本上改變生產和消費能源的方式。在這一努力中，還需利用公私部門間的夥伴關係、增強市場活力的政策手段及國際合作。

美國應對能源安全問題的措施大致包括以下方面：首先，在確保石油供應的基礎上增加能源供應的多樣化。現在，世界上最大的石油供應中心和最大的消費國所處地理位置彼此距離較遠。世界上為每天運送八千五百萬桶石油需要大量基礎設施。供應進口的地區多樣化將會避免過多地依賴於從少數地區進口石油和天然氣帶來的風險。美國進口石油主要來自兩大類地區，一是沙烏地阿拉伯、委內瑞拉、伊拉克、尼日共和國等石油輸出國組織成員，二是加拿大和墨西哥等非石油輸出國組織成員。在保證石油進口的同時，美國開始加強對本國石油的開採，美國國會在二〇〇六年已批准擴大在墨西哥灣的石油開採面積，以減少對海外能源的依賴。美國龐大的石油儲備，也為美國應對能源動盪提供了保障。

為了維護能源安全，美國還積極開拓能源進口的品種及來源地，使之多樣化。不斷增加的投資機會以及為貿易、勘探和發展提供的新機會有助於推動這一努力，而這些機會遠遠超出了傳統能源市場的範圍。美國的目標是使能源供應多樣化，促進西半球、俄羅斯、裏海地區和非洲新資源的開發，並改善與主要生產和消費國的對話，以防能源供應中斷和危機發生。

美國還與主要能源消費國密切合作，以應對各方共同面臨的能源挑戰。二〇〇二年，八國集團（G8）的能源部長們在底特律舉行的會議上重申了保持緊急能源儲備及協調其使用的重要性，並同意一致努力，鼓勵增加能源投資。二〇〇三年，亞太經合（APEC）論壇各國領導人支持美國提出的一項計畫，以明確液化天然氣貿易和戰略石油儲備的最佳做法，為清潔能源提供資金，制定氫能經濟的框架，並在甲烷水合物方面進行合作。

其次，大力開發節能技術。美國是「汽車的王國」，三分之二的石油消耗在汽車上，汽車節油成為整個節能領域非常關鍵的一環。為此，美國政府十年來首次對汽車節能技術設置硬性指標，規定二〇〇七年產汽車的燃效必須從每加侖（美制一加侖約合三．七八五升）行車二十．七英里（一英里合一．六〇九三公里）提高到二十二．二英里。美國還擬對二〇〇八年至二〇一一年產的卡車和運動型多功能車實施類似的硬性指標。對於節能汽車，美國政府則予以每輛車最高免稅三千四百美元的鼓勵措施。美國還將投入數億美元重點開發三種汽車節能技術：汽車可充電池、乙醇汽油和氫動力汽車。

再次，積極尋找替代能源。美國是一個多煤的國家，煤礦藏佔世界總儲量的四分之一多，美國的一半電力供應使用煤作原料。在過去四年，布希政府已投資近二十億美元，開發清潔煤技術，加大對煤產品的利用。美國同時還在加強對核能、太陽能和風能等新技術的科學研究投入。美國目前有一百多個核電站，發電量佔全國總用量的五分之一。美國還表示，將投鉅資與其他國家合作研發新一代核能技術，最終可以得到安全、廉價並可循環利用的核能。在太陽能和風能方面，布希已同意今年分別撥出一．四八億美元和〇．四四億美元的研發費用。

最後，加強國際技術合作。國際合作也是美國技術戰略的一個必不可少的組成部份。美國的經驗表明，精心規劃的國際夥伴關係可以大大增進人類知識的積累，促進新技術的開發和商業化。為加強能源安全，美國與很多國家合作開發新技術和新能源。這些國際夥伴關係有助於充份利用資源、擴大知識基礎並拓展先進能源技術的市場。

例如，美國在建立氫能經濟國際夥伴關係方面發揮了帶頭作用，通過這種關係來協調多國氫能研究項目。氫能經濟國際夥伴關係將著力於消除氫能發展的技術、財務和制度性障礙，制訂國際公認的技術標準，以加快新技術的市場普及。

碳螯合領導人論壇（Carbon Sequestration Leadership Forum）是二〇〇三年六月開始的一項總統倡議，它將為螯合技術的國際合作設立框架。參加這個論壇的十六個夥伴國還有資格參加「未來氫能」工程。

在天然氣問題上，美國也加強了國際合作。二〇〇五年年十二月，美國主辦了有二十四個國家的代表參加的液化天然氣部長級會議，重新審視了世界液化天然氣市場。這次會議為探索全球天然氣生產與分銷系統各個方面的問題提供了一個論壇。

美國還把核能當作一種安全、清潔的能源選擇，積極地加以探索。美國能源部的第四代能源國際論壇（Generation IV International Forum）項目共有十個國際夥伴參與，目前正在設計安全、經濟、保險並能生產氫能等新產品的新裂變反應堆。二〇〇三年，布希總統宣布，美國將重新參加國際熱核子試驗堆（International Thermonuclear Experimental Reactor）計畫，研究將核聚變當作未來的一種能源。雖然核聚變能源的獲得必須克服巨大的技術障礙，然而，這項技術的前景卻不容人們忽略。

此外，大力宣導節能意識。相對於其他國家，美國人的日常能源浪費相當嚴重。為此，美國能源部在其網站上大力加強節能方面的宣傳，勸告民眾多使用節能產品、將空調溫度調到適中等。

隨著近年來國際油價不斷走高，美國不斷加大在上述領域的工作力度，確保能源安全已成為美國制定內外政策的一個重要依據。

今天面臨的能源挑戰由來已久，必須經過數十年堅定、持續的全球努力來加以解決。美國仍然致力於在國內外增進能源安全，並且制訂了長期戰略，將科學與技術作為一體化能源、環境和經濟政策的中心環節。

布希政府認為，我們制訂的方略將確保我們獲得安全、可靠、經濟和潔淨的能源，為全球的經濟增長提供動力。雖然面臨嚴峻的挑戰，美國仍將堅定不移地引領世界走向光明的能源未來。

六、尼日共和國已探明的石油儲量四十三年內將採完

作為西非的人口大國，尼日共和國的自然資源十分優越，有著相對豐富的石油、天然氣和礦產等自然資源，GDP始終位居非洲國家前列。尼日共和國是西非石油輸出大國，OPEC成員國之一。據OPEC組織資料表明，尼日共和國石油已探明儲量為三百五十二億桶，列世界第十一位，在OPEC組織中排名第七位，在非洲排名第一位。

從二〇〇一年以來，尼日共和國新發現的海底石油儲量達到五十億桶，但是，其海洋石油業剛剛起步，相當多已發現的海上油田尚有待開發。預計到二〇一〇年尼日共和國的石油已探明儲量將達到四百億桶。尼日共和國現已投產的油田有兩百五十個，估計還有兩百個深海油田有待勘探和開發。現投產的油田具有以下特點：①油田小，每個油田儲量在五千萬桶以下；②油質好，原油重度21°～45°API之間。主要出口原油為37°API的博尼輕油，百分之六十五以上的出口原油在35°API以上，並且含硫量低；③油層淺，大多數油層在兩百公尺左右；④易開發和成本低，大多數油田同時伴有大量天然氣。這為尼石油開發提供了良好的自然條件。

目前，尼日共和國的石油勘探開發工作主要集中在尼日爾三角洲及貝寧盆地部分地區。據了解，尼日爾三角洲和貝寧盆地已授標區塊（現已勘探開發區塊）共一百四十三個：陸上六十八個，面積約八萬兩千平方千米；淺海四十二個，面積約三萬六千平方公里；深海三十三個，面積約六萬

一千平方公里。這兩個盆地開放區塊：陸上約二十個，淺海九個，深海二十七個。其他幾個內陸盆地可能劃分約兩百個區塊，基本上均為開放區塊。這幾個內陸盆地進行過少量的勘探工作，但絕大部分勘探工作和全部開發活動集中尼日爾三角洲及貝寧盆地。尼日共和國共鑽探井約三千三百口，每年產油井約為兩千～兩千五百口。

尼日共和國政府為了能夠加速發展本身經濟，便通過與跨國公司簽訂產品分成合約來彌補其資金短缺的矛盾，並對其國家石油公司實行商業化運作，尊重其相對獨立性，為外國公司參與尼石油開發提供良好環境。由於尼日共和國本國缺乏勘探開發能力，其石油工業的發展主要依靠與跨國石油公司的合作。因此，該國石油工業長期以來一直處於西方石油公司尤其是跨國石油公司的控制之下，大約百分之九十二的石油產量和百分之八十四的工程及服務由跨國石油公司或外國公司承擔。

與尼日共和國合作較多的西方公司有殼牌（**Shell**）、埃克森美孚（**Exxon Mobil**）、雪夫龍德士古（**Chevron Texaco**）、道達爾（**Total**）、阿吉普（**Agip**）和阿達克斯（**Addax**）等公司。這些石油公司的石油日產量佔尼日共和國整個石油產量的百分之九十五以上，僅僅殼牌一個公司的日產量就佔該國石油日產量的百分之五十二左右，日均生產石油在九十萬桶。其他公司原油日產量分別為：埃克森美孚公司五十七萬桶，雪夫龍德士古公司三十六萬桶，阿吉普公司二十一萬桶，道達爾公司十六萬桶。

以往尼日共和國的原油輸出市場主要是美國、西歐，近年來向亞洲和拉丁美洲出口量也在增加。二〇〇二年，尼向美國日出口原油達五十八．九萬桶，佔美國原油進口量的百分之六．五，石油出口收入達一百六十五億美元。二〇〇三年，尼日共和國向美國日出口原油達八十三．八萬桶，佔美國原油進口量的百分之八·七，石油出口收入達兩百零九億美元。尼日共和國總統奧巴桑喬二〇〇四年底在訪美期間表示，尼日共和國今後幾年將加大對美原油出口，將現在的向美原油出口百分之七的份額提高到百分之十五。目前，尼日共和國已發展成為美國第五大石油出口國，僅次於沙烏地阿拉伯、墨西哥、加拿大和委內瑞拉。

石油是尼日共和國國民經濟的支柱，石油產業產值佔國內生產總值的百分之三十五。該國政府財政收入的百分之八十、外匯收入的百分之九十八都來自石油業。

據尼日共和國石油資源部二〇〇五年五月發表的月報顯示，尼日共和國已探明的石油儲量還可開採三十三年。

報告指出，由於近幾年國際市場石油價格飆升，尼日共和國加快了石油開採的步伐，從以前的每天開採兩百四十萬桶增加了到現在的約兩百八十五萬桶。按目前的開採速度，尼日共和國現在一年的石油開採量約佔已知蘊藏儲量的百分之三。

尼日共和國是非洲最大的石油生產國和世界第六大石油輸出國，目前已知蘊藏石油儲量是三百五十二·五四億桶。根據尼日共和國石油工業發展規劃，二〇一〇年石油已知蘊藏儲量將達到四〇〇億桶。為此，政府大力鼓勵外資來尼日投資石油工業。

報告說，尼日共和國幾內亞灣的深海石油勘探已取得鼓舞人心的成績。在已完鑽的三十四口深海探井中，七口油井有廣闊的油氣發現。從一九九五年完成第一口深海探井至今，尼日共和國已在其海域發現了三百多億桶原油和十六·二兆立方米天然氣的儲量。

但由於二〇〇六年以來，尼日爾河三角洲地區的武裝組織針對石油設施的襲擊和人員綁架事件頻發，迄今已有超過兩百名外國人在當地被綁架。目前，動盪的局勢使尼日共和國的原油日產量僅為二百萬桶左右，比高峰時期兩百六十萬桶的產量減少了大約四分之一。

義大利石油巨頭阿吉普尼日共和國子公司總經理理查．奧甘德，於二〇〇八年在尼日共和國西南部奧貢州的泰．索萊林大學講演時則說，如果不增加在勘探新儲量方面的投入，尼日共和國已知蘊藏石油儲量將在四十三年內耗盡。

他說，尼日共和國目前原油儲量大約為三百六十二億桶，估計這些原油將在四十三年內開採完。他建議尼日共和國政府增加勘探投入以尋找新的原油資源，並開始研究如何應對「後石油」時代。

七、巴基斯坦出現嚴重的「電荒」

用「危機重重」來形容現在的巴基斯坦，也許再適合不過了。除了圍繞總統穆沙拉夫和二〇〇八年二月十八日國會大選的政治危機以外，這個擁有一．六億人口的國家還面臨著一系列社會經濟的嚴重問題，包括能源短缺、糧價飛漲以及棉花種植產業破產等。

巴基斯坦是一個能源相對貧乏的國家，一是缺油，其佔能源總耗約百分之三十的原油主要依賴進口；二是天然氣雖有一定儲量但消耗量也大，約佔整個能源消耗的百分之五十，不能滿足其經濟發展增長所需。巴重視發展水電但開發不足，本國生產的水電電能只佔總電能能耗的百分之十三，煤電和核電在其能源構成中加起來所佔比例不到百分之七。

巴能源產能較低，對能源的進口依賴度較高，年進口原油約七百八十萬噸，石油製品約五百二十萬噸，煤約二百八十萬噸，總金額約超過五十億美元，約佔財年進口總額百分之三十。

巴能源產業技術比較落後，勘探、開採、提煉、輸送能力不足，基礎設施薄弱，效率較低。二〇〇四年、二〇〇五年、二〇〇六年三個財政年度，它的GDP分別增長百分之五．一、百分之六．四和百分之八．三，其對能源的需求也隨之增加，對能源依賴程度越來越高，能源供應不足已成為今後其實現經濟可持續增長的瓶頸。

能源危機引發的經濟問題成為了二〇〇八年巴基斯坦國會大選的爭論焦點。政敵以食品安全威脅和電力供應不足為由，向前總理阿齊茲發起攻擊。雖然阿齊茲出任政府總理和財政部長八年，期間推行的經濟政策，讓巴基斯坦的國內生產總值從七百一十億美元增加至一千三百七十億美元。但他始終未能制定一項能夠滿足經濟快速發展需求的電力產業建設計畫。直到二〇〇七年六月阿齊茲離任前，他的政府才宣布在二〇〇七～二〇〇八財政年度撥款一百億盧比，修建尼勒姆－傑勒姆大型水電站項目。

二〇〇七年末，中國葛洲壩集團股份有限公司和中國機械設備進出口總公司組成的聯合體，與巴基斯坦政府簽訂了尼勒姆－傑勒姆水電工程施工承包合約，合約總價為十五．〇六億美元，履行期限到二〇一五年為止。專家指出，阿齊茲早就應該將這一項目作為重點能源工程。據悉，尼勒姆－傑勒姆水電專案原計劃於二〇〇二年七月開始施工，二〇一〇年六月結束，但隨後卻出於種種原因一度停滯了六年之久。

反對者又批評，阿齊茲政府沒有積極開發信德省 Thar 地區的煤礦。中國「申花集團」從二〇〇二年開始花費了一億美元，在 Thar 進行了兩次可行性研究。申花集團準備好可行性報告後，卻由於關稅爭議的問題宣布退出開發項目，因此反對者稱政府應為事件負責。

自二〇〇八年初以來，巴基斯坦已經面臨嚴重能源危機。不但汽油、柴油、煤等燃料價格飛漲，而且全國各地每天都拉閘限電，就連首都伊斯蘭堡也不例外。僅以位於市中心的伊斯蘭堡市F7區為例，每天早中晚共停電六次，每次一小時。在其他地區，拉閘限電的現象更為頻繁。卡拉奇及其周邊地區電力短缺最嚴重，市內每天停電九小時，周邊地區拉閘限電的時間則超過十二小時。

這種能源短缺的狀況令人苦不堪言，但停電也帶動了相關產業的發展，使得發電機、應急燈、應急電扇和UPS（不間斷電源）等設備在巴成了熱門貨物。在伊斯蘭堡新開張的麥德隆倉儲超市，促銷海報上的各種型號發電機已經銷售一空。記者看中了幾款，但均被告知暫時無貨，要一周後才可能有。在拉瓦爾品第的建築工具市場，許多五金建材店臨時改行賣起了發電機，由於供不應求，大多都沒有現貨，要提前數天甚至數十天訂貨並預約安裝時間。一家店主得意地說：「現在發電機的價格已經上漲，等過幾天，天熱了，你再看吧，有錢你都買不到。」據報導，卡拉奇的發電機銷量佔全國市場的百分之四十，剩下的百分之六十主要集中在旁遮普省等地區。

電力短缺已成為巴基斯坦國內主要不安定因素之一。全國性的電力短缺情況已十分嚴重，在卡拉奇等商業重鎮，民眾因頻繁斷電示威不斷，已演變成多起暴力衝突。有分析說，缺電問題對政府應對危機的考驗可能超過處置「大法官事件」等政治事件，處理不好將引發不測事件。報導稱，這一涉及廣泛的民生問題暴露出某些政府部門管理低效。截至二〇〇七年，全國電力短缺高達兩千九百兆瓦，電力供求差超過百分之十，其中，夏季的持續高溫對電力的高需求及因燃料漲價而關閉多家發電站讓缺電情況更趨嚴重。

據悉，巴有二十五家發電站因技術問題、燃料短缺和配電系統老化而關閉，造成至少兩千兆瓦的電力短缺，是缺電問題的主因。巴政府已採取了一些措施，如在全國範圍內開展節電措施等，但收效甚微。

電力供應不足工業受損。截至二〇〇八年巴基斯坦的電力供應缺口已高達三千六百兆瓦，令工業大受打擊。原因是水壩水位下降，以及布托遇刺案後的暴力事件破壞了兩條主要電力線路所致。

二〇〇八年一月一日，信德省的兩條主要輸電線路在爆炸中被破壞，造成電力供應缺口一千兆瓦。工業團體抱怨說，突如其來的停電，霎時讓幾乎所有產業陷於癱瘓，所造成的損失將會表現在出口減少和進口增長等方面。巴基斯坦電力公司表示，水力發電廠的水位與去年相比下降了百分之三十二之多。巴國發電總裝機容量為一萬九千八百四十五兆瓦，其中三分之一是水力發電，其餘主要靠天然氣和燃油發電。巴基斯坦電力公司認為，私營發電廠也應對電缺負有責任，因為它們的實際發電能力總和為五千八百兆瓦，但只向國家電力公司輸送三千八百兆瓦電力。不過，多數私營發電廠的燃料儲備，都達不到二十一天的最低法定標準。

二〇〇八年一月二日，政府下令所有煉鋼和捲鋼廠即日關閉，同時要求數百家紡織廠減少生產，目的是省下八百五十兆瓦的用電。然而，受到影響的企業包括一百多家煉鋼廠和五百多家捲鋼廠，因此將會對工業造成巨大損失。

二〇〇八年開始的電力供應不足，刺激鋼鐵材料價格提升百分之二十五，也令政府的收入大為減少，因為鋼鐵產業原本每月可向政府繳納十二．八億盧比（兩千零五十萬美元）的銷售稅。巴基斯坦國內市場對鋼鐵產品的需求量約為七百二十萬噸，其中捲鋼需求四百五十萬噸，扁鋼需求兩百七十萬噸。煉鋼廠停業所導致的鋼材供應缺口，使得不少加工廠難以為繼，進而影響了建築行業。受鋼鐵行業停頓影響的失業總人數高達三十九萬人。

紡織品產量的減少，也進一步對紡織業造成了打擊。事實上，由於進口成本升高、來自中國的強大競爭以及棉花產量下降等因素，紡織產業的表現已是大不如前。紡織品在總出口產品當中約佔百分之六十五的比重。然而本財政年度的第一季，紡織品出口僅僅增長了百分之二．五；要知道上一個財政年度的同期增長率卻達到了百分之十四．三。

為此，巴基斯坦紡織企業和出口商在二〇〇八年七月又一次舉行集會，以「黑暗之日」來強迫政府答應他們的要求，他們說，政府應該認真嚴肅地恢復以往提供的研發扶持，降低銀行利率，降低氣體和電力價格，把價格恢復到二〇〇八～二〇〇九年前的預算水準。

FCCI總裁以及貿易組織行動委員會會長Asem Khurshid表示，二〇〇八年七月氣體和電力價格上調，導致紡織工業大傷元氣，現在已經處於崩潰邊緣。同時銀行利率從百分之七提高到百分之十五，紡織企業的日子如雪上加霜。全巴紡織協會將持續提高他們的聲音，反對不受歡迎的研發費用差別分配，反對提高利率，提高所有公共事業的費用，尤其是氣體和電力。這些費用大幅提高，增加了生產成本，紡織工業事實上已經沒有能力參與公平競爭。

為應對當下的能源危機，巴基斯坦政府採取了一系列措施。新政府上臺後加快了水電站、火電站和核電站的建設，同時與伊朗和印度等國商討購電事宜，在全社會範圍內號召民眾節約能源，伊斯蘭堡街頭已掛滿了「節約電力、支持新政府」的宣傳標語。「冰凍三尺，非一日之寒」，巴基斯坦的能源危機既有全球大形勢的影響，也有本國能源企業未能實現可持續發展的原因。據分析，在未來幾年內，巴基斯坦仍將面臨電力緊張問題。

八、歐盟的日子也不好過

歐盟是世界上最大的能源進口方，也是僅次於美國的第二大能源消費者，能源需求有一半左右需要進口，其消費量佔世界能源總消費量的百分之十五左右。近年來，由於石油價格猛漲以及有些產油國局勢不穩、特別是俄羅斯能源爭端造成一些歐盟成員國能源供應量下降等因素，促使歐盟國家重新審視其能源政策。

其實，從一九九三年起，歐盟委員會就發起了一場廣泛的能源政策大辯論，各成員國政府機構、工業、經濟、環境、社會、科學研究等各界人士踴躍參加，從不同角度提出了許多建設性意見，並於一九九五年一月十一日發表了歐盟能源政策《綠皮書》。在此檔基礎上，歐盟的決策者們又經過了近一年的研究、論證與修改，於一九九五年底正式以《COM（95）682》公布了歐盟能源政策《白皮書》，從而完成了歐盟能源發展總政策的制定任務。

近幾年，由於俄羅斯與烏克蘭的天然氣爭端以及俄羅斯與白俄羅斯的石油問題，都給歐盟國家帶來了很大的影響。歐盟的能源經濟其實非常脆弱。目前，歐盟國家百分之三十五的天然氣來自俄羅斯，百分之二十來自阿爾及利亞，只有不到半數來自挪威、荷蘭等歐盟國家。而石油的對外依存度更高，百分之八十的石油來自中東及北非。這些地區不僅政局不穩，而且從長遠來看，石油和天然氣也面臨枯竭的危險。為此，歐盟能源事務專員安德列斯・皮巴格斯警告稱，如果不採取必要的措施，未來二十年內很可能發生嚴重的能源危機，因此，歐盟的能源政策必須優先發展可再生能源。

「未來二十年內歐盟超過一半的能源供應將是潔淨能源，包括核能在內。」二〇〇六年三月，歐盟委員會主席巴羅佐在向歐盟提交的能源遠景規劃草案中曾強調，應減少對煤炭、石油、天然氣等的依賴。

巴羅佐在草案中提出三十項建議，建議包括：把歐盟能源戰略融入歐盟外交政策，建立「團結機制」以應對突發能源危機，規劃歐盟層面的能源領域「統一並購規定」，建立歐盟統一的「能源趨勢走向研究辦公室」，等等。

事實上，此次巴羅佐在歐盟能源領域大刀闊斧的改革並非心血來潮，近幾年來，如何確保「能源安全」問題已經成為歐洲政治家們日漸關注的焦點。

一、面臨的挑戰

歐盟可謂是個耗能大戶，其人均耗能量遠遠超過發展中國家。經過幾十年的奮鬥，雖然歐盟各成員國已不同程度地建立了能源生產、運輸、分配和科學研究等一整套體系，特別是核能工業技術和生產居世界領先地位，基本保證了其能源安全供給，但是礦物燃料資源的逐漸枯竭、人們生活品質的不斷提高、環境保護對能源生產更加苛刻的限制、能源市場國際化的加劇等眾多的因素正在威脅著歐盟能源的安全供給。

1. 競爭日趨激烈的能源市場已加速進入國際化。近年來，世界經濟發展的一個最明顯的趨勢就是市場國際化增強。其表現不僅在通訊、運輸和技術等重要領域，而且也逐步發展到能源市場。一九九三年歐盟統一市場的開通，一九九四年東、西歐能源憲章的簽定，世界貿易組織的成立，皆反映了世界自由貿易和市場經濟的深刻變化。面對能源市場的國際化及其激烈競爭的機制，採取什麼樣的有效對策也是歐盟急待解決的一個難題。

2.能源產量大幅度減少，對進口的依賴性越來越大。歐盟的能源生產總量至二〇二〇年可能降到世界的第五位。能源產量的減少，將使歐盟的能源進口從二〇〇七年的佔其總耗能量的百分之五十增加到二〇二〇年的百分之七十五，尤其是石油和天然氣進口更為突出。由於石油和天然氣的價格每年以百分之四～百分之五的速度遞增，歐盟購買石油和天然氣的負擔無疑將會越來越重。隨著發展中國家的經濟崛起，其能源需求勢必大幅度增加，這些國家能有多少能源供應歐盟，這是歐盟擔憂的一個嚴重問題。

嚴重的能源對外依賴，使歐盟「受制於人」，能源安全難以得到保障。歐盟負責能源事務的委員皮耶巴爾格斯多次強調：「任何形式的依賴，尤其是能源依賴都將使歐盟付出沉重代價！」他認為，確保能源供應安全是歐盟的當務之急。

3.能源的研究與技術開發也有待加強。為了保持歐盟能源科技在國際上的領先地位，進一步提高其能源工業的國際競爭力，同時致力於環境保護，就必須建立一個強有力的科學研究與技術開發體系。然而，歐盟能否籌措到巨額資金，有效地組織實施大型能源研究與技術開發計畫是面臨的新問題。

4.能源的生產受到環境保護的嚴格限制。自一九九二年里約熱內盧聯合國環境國際會議後，各國政府、國際機構都已積極行動，支持大會的決議，紛紛制定自己的可持續發展計畫，承擔自己的國際義務，為建設一個無公害的、清潔的世界而共同奮鬥。歐盟承擔了自己應盡的義務，於一九九三年制定了歐盟《可持續發展規劃》。經濟發展需要能源，能源生產又不能破壞和污染環境。在這種新形勢下，歐盟將面臨重新調整能源工業結構、加大科學研究與技術力度、尋求新的能源開發途徑的考驗。

二、能源市場政策

所謂的能源市場就是包括各種燃料、電力、能源技術及能源設備等在內的綜合市場。能源市場政策主要涉及兩個方面：一是歐盟內部能源市場；二是國際能源市場。

1. 歐盟內部能源市場政策

制定歐盟統一的能源科技合作政策，進一步發揮西歐能源技術優勢，開拓能源與環保新技術市場；建立開放的能源資訊網路，加強能源市場的監測與管理；制定統一的公平競爭機制，進一步統一歐洲能源標準，增強能源市場活力；建立歐盟能源統一的干涉政策，並簡化歐盟與成員國的能源法規條款，促其相互接軌，不斷提高歐盟能源市場的競爭力，創造就業機會；加強內部能源市場建設，不斷增強能源市場的作用，調整與修改歐盟現有的內部能源市場條例，促進內部市場全面開放，廢除民族能源保護政策。

2. 國際能源市場政策

加強國際能源商務合作，特別是不斷擴大與東歐、中歐、地中海地區、中東、亞洲及拉丁美洲的合作，建立穩定的、公平的能源貿易關係；加強與經合組織（OECD）、世界貿易組織（WTO）、歐洲經濟一體化（EEE）、國際原子能機構等國際組織的合作與對話，並建立內部統一的協調機制，以一個聲音對外；創建國際能源市場監測網路，研究分析國際能源市場發展動態，加強歐盟應付可能出現的世界能源危機的能力，並要調整歐盟能源結構，促進成員國能源需求的多樣化；加大對發展中國家，尤其是礦物燃料資源豐富的大國的能源投資與援助，與其建立穩定的合作關係；促進能源研究與技術開發，進一步發揮其技術優勢，大力開拓第三世界國家能源技術市場，特別是核能、再生能源、環保等技術市場的開發。

二、能源供給政策

歐盟能源供給政策的精髓如下：

1.在歐盟內部政策範圍內，制定一個完善的能源市場法規。
2.制定石油儲備統一規章，加強和提高管理與協調水準。
3.鼓勵燃料生產多樣化，提高能效，且大力開發再生能源。
4.建立嚴密的能源形勢分析與監視體系，加強能源科學研究與技術開發。
5.加強國際合作，參與國際能源市場競爭。

總之，歐盟能源供給政策，若從近期考慮，就是要通過一切手段，確保能源安全供給，增強能源供給突然中斷的應變能力；從長期考慮，就是要保證所有燃料穩定、安全供給，萬無一失。

三、能源環境政策

1.加大歐盟能源研究以及技術開發力度，確保研究和開發總體規劃中的能源科學研究計畫的順利實施。進一步加強清潔燃料（煤、石油等）、節能、可再生能源、核能安全（包括受控熱核聚變、核廢料運輸、處理與貯存等）、能源運輸、未來運輸工業（清潔汽車、火車、飛機、輪船等）新技術的研究和開發。

2.對於歐盟主管能源、環境標準及法規機構的權威性要進一步加強，制定統一的能源—環境標準，不斷完善各種法規，加強管理。

3.大力發揮其科學研究優勢，開展能源環保技術研究與產品開發，進一步開拓國際市場，尤其是向發展中國家轉讓能源環保新技術。

4.二氧化碳的排放要制定統一的稅收制，至二〇二〇年，使歐盟的二氧化碳總排放量減少三分之一（與一九九〇年相比），尤其是要把電力生產領域的二氧化碳排放量由目前的佔其總排放量的百分之三十二降到百分之二十二。

有專家指出，歐盟為保證能源安全，除上述能源政策之外，還應以戰略的角度，從對外和對內兩個方面著手。對外方面，歐盟主要尋求能源進口多元化，避免「在一棵樹上吊死」。歐盟進口石油中大約百分之四十來自中東地區，而百分之四十八的進口石油和百分之九十六的進口天然氣則來自前蘇聯地區和北非地區。

為了穩定這些能源供應基地，外交是一個重要手段。近兩年來，歐盟與波灣產油國已經建立了特殊的雙邊對話機制，強調「務實」的戰略合作夥伴關係，其中「能源對話」是一個非常重要的方面。二〇〇五年，歐盟委員會和歐盟智囊機構研究出臺了「歐盟與波灣產油國之間關於能源穩定和可持續問題的對話」。

歐盟與俄羅斯的外交近兩年來已經染上濃重的「能源外交」色彩。雙方通過對話已經確定了一系列重要的基礎設施項目，如建立北歐天然氣管道，在莫斯科建立能源技術中心等。巴羅佐二〇〇六年三月再次表示，他希望與俄羅斯總統普京進行會晤，強調歐盟是俄羅斯「非常重要的能源客戶」。他在草案中透露，歐盟與俄羅斯將於二〇〇七年簽訂新的「能源合作條約」。

在對內方面，它的核心戰略為「統一市場和統一標準」。巴羅佐在他的草案中強調了「團結機制」建立應對突發能源危機的重要性。他認為，保持高度的石油供應安全，需要成員國之間的團結，同時要實行統一的內部市場規則和競爭原則，所有這些措施只有在歐盟的層面上才可能得到有效實施。「能源種類多樣化」是歐盟對內能源安全戰略的一個重要內容。除了大力發展風能、水能、太陽能等可再生能源外，巴羅佐還強調了「核能」開發的重要性。

目前，核能為歐盟提供的電力約為三分之一。但一些歐洲人出於對核廢料的擔憂，對核能持排斥立場。一些國家，如德國、比利時等由於綠黨的強力反對，準備關閉一些核電站。但是站在歐盟能源安全的立場上，專家相信，應該有新的途徑讓公眾接受核能，比如法國正在研發第四代核電，目標是「更高效、更安全」。

九、油價突破一百零五或兩百美元僅僅是聳人聽聞嗎

全球經濟進入二〇〇八年以來，全球主要股市因受美國次貸危機影響而熊氣瀰漫，但全球大宗商品期貨價格卻牛氣十足，從農產品到銅、鋁等有色金屬，再到黃金等貴金屬，再到原油，幾乎都是「漲」聲一片。

受美元匯率再創新低等因素影響，國際油價在二〇〇八年伊始突破每桶一百美元大關，令世界咋舌。在二〇〇八年二月中旬第三次上攻一〇〇美元得手之後，國際油價就像一匹脫韁野馬一路狂奔：一百零一美元、一百零二美元、一百零三美元……一個個整數關接連被突破。二〇〇八年三月六日，紐約商交所指標原油期貨價格在電子盤中一度達到每桶一百零五．一美元的歷史新高。而二〇〇八年三月七日盤中，油價則一舉衝高至一百零六．五四美元。這是國際油價首次突破每桶一百零五美元。高油價又在「折磨」全球經濟的「神經」。

而二〇〇八年五月初，國際油價再度發飆。從五月一日盤中最低的一百一十美元左右猛漲近十美元，達到五月五日紐約收盤時的一百一十九．九七美元，盤中最高達到一百二十．三六美元。

在油價突破一百二十美元的當口，曾在三年前驚人預言油價將「破百」的高盛分析師莫爾蒂再次拋出「高論」，認為油價很可能在未來兩年內衝擊兩百美元大關。

截至二〇〇八年五月六日北京時間二十時三十分，紐約油價在歐洲交易時段報一百一十九．

八五美元，稍有回落。當天早些時候，該合約在電子交易中一度達到一百二十．九三美元。

二〇〇八年五月五日紐約收盤，六月份原油期貨合約大漲三．六五美元，漲幅達到百分之三．一，報一百一十九．九七美元，為該合約一九八三年開始交易以來的收盤新高。盤中，六月份合約一度升至一百二十．三六美元，首次突破一百二十美元大關。過去兩個交易日，油價漲勢驚人。六月份合約五月一日盤中最低接近一百一十美元，但到五月五日收盤已升至近一百二十美元，兩天的累計漲幅達到百分之九左右。

在此之前，油價的收盤高點是二〇〇八年三月二十二日創下的一百一十九．三七美元，而此前盤中高點則出現在二月二十八日，為一百二十九．九三美元。不過，這兩項紀錄均在五日被刷新。

二〇〇八年以來，國際油價的平均水準高達九十五．一二美元，較去年同期上漲了百分之六十五。油價是否就此進入了「百元時代」，對此各界仍存在廣泛爭議。

二〇〇七年底前國內外一些經濟界人士在預測二〇〇八年國際油價走勢時，大多數均認為油價不會大漲。二〇〇七年十二月二十二日，美國能源安全分析公司分析師里克．米勒稱，二〇〇八年國際油價大概會在每桶八十至八十五美元之間，若美國經濟衰退則價格會更低。但他的預測不出十天，油價就突破了一百美元／桶大關。這即是預料之中，也是預料之外的事，只不過來得比人們預期的時間更快一些。

大家還記得，二〇〇五年三月，高盛分析師阿駿摩提和布賴恩辛格（當時的油價為四十七美元／桶左右）曾作出一個令市場震驚的預測，他們認為在未來一兩年的某個時候，如果發生任何重大突發事件，國際市場油價將衝向一百零五美元／桶，並稱這一價格將維持五到十年。儘管這一看法在當時被業界視為天方夜譚，是根本不可能發生的事情。而現在這個預測卻越來越受到業界的重視，在油價突破一百美元／桶後，一百零五美元／桶的預測很快就得到了應驗。

政治與油價地緣政治因素是世事變化最重要的動因，國際原油市場亦然。有分析師表示，造成近期油價再度暴漲的主要因素來自兩方面：地緣政治和美國的經濟資料。尼日共和國和伊拉克等產油大國頻頻傳出的武裝襲擊事件，而伊朗與西方的關係也再度緊張。同時，近期陸續公布的服務業等指標均好於預期，緩解了市場對於美國經濟大幅降溫的擔憂。

回顧近三十多年來歷史油價的變化，尤其是近五年來國際油價的急劇變化，真讓人歎為觀止。國際原油價格從一九七四年每桶十美元升至二〇〇三年初的二十八美元／桶，二〇〇四年初漲至四十一美元／桶，二〇〇六年初更達到五十九美元／桶，二〇〇七年十月一躍升至每桶九十美元，最終在二〇〇八年初突破了一百美元／桶。最近五年內油價上漲最為猛烈，瘋狂上漲百分之兩百八十。伊朗經歷一場革命，中東目睹三場戰爭。最後一場戰爭讓伊拉克如今依然深陷亂局，不僅致使這一先前產油大國的原油產量落至全球前十名以外，而且間接引爆土耳其與庫爾德工人黨的衝突。

油價從九十美元至新年第一個交易日突破一百美元，地緣政治因素同樣顯而易見，既有土耳其與庫爾德工人黨衝突擴大隱憂，也有尼日共和國產油區遇襲事件以及巴基斯坦政局動盪。幾十年間，地緣政治階段性推高油價，遠甚於其他市場因素。二〇〇七年底的幾個月，地緣政治對油價攀升的作用，介於短期市場投機和長期供需緊張因素之間。地緣政治作用於油價，是歷史、也是現實。而油價反作用於地緣政治，相當而言是一個新現象、新動向。

在油價升到每桶九十美元之後的一個月，伊朗總統馬哈茂德·艾哈邁迪·內賈德和委內瑞拉總統烏戈·查韋斯在石油輸出國組織（OPEC）成員國首腦會議上聯手，宣導以一攬子貨幣取代美元，用於原油交易計價和結算。

原油關聯美元，看似關乎經濟，實際卻關係全球唯一超級大國的政治利益。回顧將近五年前伊拉克戰爭緣起，一種解釋是，戰爭發起國有意掌控更多石油資源，而戰爭承受國當初有意放棄美元、啟用歐元結算原油交易。但查韋斯警告，伊朗或委內瑞拉如遭入侵，油價將飆升至兩百美元。

地緣政治影響原油價格的歷史軌跡顯示，這類言論並非聳人聽聞，而帶有一定程度的可能性。伊朗和委內瑞拉的「話語權」，是兩國所擁有的資源、也是油價高漲讓兩國擁有的經濟實力所賦予。油價現階段既受政治和經濟影響，也影響政治和經濟。

國際油價持續攀升，反映了石油資源儲量有限和全球消耗量不斷增加之間的矛盾。據推測，如果按照當前的速度，地球上的石油資源還可供開採九十年左右，甚至有專家認為僅夠四十年。因而有專家提醒，為應對石油資源將要到來的必然性枯竭，各國有必要提前做好準備，迎接「石油後」時代的到來。

這並不是危言聳聽的觀點。因為石油作為不可再生資源，長期供不應求，油價走高的趨勢不可逆轉。根據當前新興國家對石油需求和油價的走勢來看，預測將來國際油價可能升至一百三十至一百五十美元／桶，甚至上升到兩百美元／桶也是完全可能的。目前，人們還無法確定二〇〇八年底油價在突破一百美元／桶後是否會在近期突破一百三十美元／桶大關。但是一百美元／桶是一個極為重要的心理關口，無論是投資者還是消費者都對它心存畏懼，一旦跨過這個關口，它所造成的影響會遠遠超過油價上漲本身所帶來的結果。因為需求的日益增長，是推動油價不斷飆升的根本動力。

對於二〇〇八年以來突飛猛進的油價漲勢令眾多分析機構目瞪口呆，即便是最悲觀的預言家也不得不重新調整對油價的預期，最早預言一百美元油價的高盛已經把下一目標直指兩百美元。業界普遍認為，油價本輪上漲的最主要誘因是美元貶值以及全球通膨加劇，大量投機資金湧入原油等大宗商品市場以規避通膨風險。考慮到美國經濟情況每況愈下，油價短期內仍存在繼續被「暴炒」的外部條件，所以百「元」竿頭更進一步的可能性很大。

控制著全球原油產出百分之四十的OPEC，在油價突破一百美元之後，反倒變得更加強硬。在三月初的一次會議上，OPEC再次力拒外界要求其增產的呼聲。

二〇〇八三月十日，OPEC主席哈利勒更在公開場合預言，全年油價都將維持在一百美元以上的高位。哈利勒為OPEC不願增產作出了辯護。他表示，雖然油價比過去五年的水準都要高，但該組織預計第二季全球的原油需求將會下降一百四十萬萬桶，而一些石油消費大國原油儲備充足。哈利勒稱，高油價是因為經濟及地緣政治因素所致，油價在未來很長一段時期都會在高位。「到今年年底以前，油價都會居高不下。」

德國五大經濟研究機構之一的德國經濟研究機構（DIW）的能源、運輸和環境部主管克勞迪雅表示，雖然目前油價的上漲主要因為投機造成，但原油供應將會持續緊張。預計五年內，油價將達到一百五十美元一桶，十年內甚至增長一倍至兩百美元一桶。「長期來看，國際原油市場供應將持續緊張」，倫敦巴克萊資本國際分析師凱文也認為，「我們很難設想什麼情況會阻止原油年均價格穩步上漲」。德國經濟研究機構DIW的專家說，一百美元僅僅是起點，兩百美元並不遙遠。

方圓國際金融投資有限公司資深交易員查凱瑞說，「一百美元只是個開始，二〇〇八年國際油價和黃金價格都將出現巨大波動」。持相同觀點的還有比利時富通銀行的分析師克里斯，他說，「這是由簡單的供求關係決定的」。

不過，也有美國能源專家持不同的觀點，他們認為美國經濟的下滑將會導致能源需求下降。有分析指出，就此斷言油價進入「百元時代」仍為時尚早，一旦原油需求因為美國經濟嚴重衰退或是油價過高而實質下降，抑或在未來美元頹勢得到根本逆轉，油價不可避免會出現較大幅度調整。

美國MM&A公司負責能源的副總裁諾曼就對原油價格「持續上漲論」表示懷疑，他認為，未來三到五年石油的價格可能上升，也可能下降，這要取決於世界範圍內的需求是否會持續上揚。「如果巴西、中國和印度的石油需求持續上升，價格很可能直線上升。但另一方面，石油的實際價格也可能下降，因為世界範圍內的經濟衰退會引起物價普遍升高。」大多對美國經濟未來趨勢持悲觀看法的學者都有相似的觀點，他們認為，如果經濟下滑，油價也不大可能持續升高。

紐約經紀公司Skokie能源的總裁科恩認為，一旦美元重獲動能，即便是短暫的反彈，油價也可能出現急跌。同時，高油價對經濟的負面作用也不可忽視，最終甚至可能抵消掉美元疲軟對油價的支撐。

加州Excel期貨公司的總裁瓦格納預計，原油價格未來可能下跌約十美元，至每桶九十四美元左右。但是這一過程可能只是很短暫的，預計到今年六月油價可能升至一百二十美元。

但在那之後，基本面不斷累積的利空因素可能最終開始發揮作用，並使得這一波的油價漲勢就此止步。「我認為屆時油價不會再漲得更高，」瓦格納說，「調整將就此展開。」

對於油價的上漲，中國人民大學國際關係學院的查道炯教授在接受採訪時說，它主要取決於兩個結構性因素：一是美元持續貶值，二是剩餘產能的制約導致使國際原油供應持續緊缺。這兩點導致油價長期看來不會下跌。但是，還有第三個因素也是不容忽視的，那就是中國給外界造成的印象是中國未來對原油有巨大需求。這種需求使國際交易商放心大膽地囤積石油，而不擔心沒有銷路。如果中國的經濟增長從現在的百分之十左右降低到百分之六，那麼油價很可能出現回落。如果中國開始徵收燃油稅，抑制經濟過熱增長，可能會給國際市場一個預警信號，從而降低交易商對投機的熱情，緩解國際油價的上揚趨勢。

其實，油價的上漲也能為節能技術的開發和改變能源消耗的習慣提供機遇。從上世紀七〇年代以來，丹麥、瑞典、日本等許多國家都利用高油價的壓力，成功地實現了經濟轉型，他們的經驗值得其他國家借鑒。一些中國專家也認為，對中國來說，現在最關鍵的不僅是要有促進節能的措施，更重要的是要借此機會，在民眾中形成一種良好的節約能源的社會風氣。

十、會爆發第四次石油危機嗎

一九九八年，就在人們還懷著焦急的心情談論油價跌破十美元／桶時，僅僅過了一年的時間，人們卻又在談論三十多美元／桶的油價會不會再升。而如今，人們則為一百多美元／桶的油價傷透腦筋。為什麼會有如此巨幅的變化？

國務院發展研究中心研究員陳淮認為石油的價格主要取決於供求關係、開採成本和人們對未來經濟發展的預期三個主要因素。石油上下游的產業鏈都很長，對以工業化為基礎的經濟作用非常大，往往起到市場動態指標性作用，因此，對未來經濟發展的預期成為油價走勢的一大重要因素。

人們在談到石油危機時，往往都會不約而同地想到國際投機資本，想到金融危機。國際投機資本以衝擊經濟環節的薄弱之處獲利，今天，國際投機資本對全球經濟仍構成威脅。另一方面，世界經濟也確實存在缺陷，人們一直在擔心美國經濟，當油價升至三十美元／桶時，西方發達國家政府就出來積極活動，貨幣政策也在積極調整，正是擔心油價上升會導致國內的通貨膨脹。

從二〇〇七年下半年持續到現在的石油漲價，已經在世界範圍內引起了一系列影響：南美委內瑞拉、阿根廷等國家從事遠洋捕撈的漁民在年初多次集會要求政府提供石油漲價的補貼；日本國內的一些原本提供午餐的小學為了應對能源漲價，要求小學生自帶午餐；北京地區一些準備買車的購車族開始持觀望態度，「買得起，養不起」成了他們新的憂慮；有專家指出，中國近期出現的 CPI

指數攀高也是油價上漲作梗。我們似乎有理由思考：第四次石油危機是否來臨？

在探討第四次石油危機是否來臨的問題時，國際上出現了兩種截然不同的觀點，一是第四次石油危機跡象已經顯現，二是第四次石油危機的說法尚難以成立。

一、第四次石油危機跡象已經顯現

由於石油的不可再生性，需求快速增長導致供需偏緊，在此背景下，一旦風吹草動，如地緣政治、美元貶值等，都會引爆油價加速上漲。

其實，早在一九九九年以來，當石油價格從每桶十美元左右一路走高上漲到三十美元以上時，西方觀察家們驚歎：第四次石油危機即將來臨。當然，這個結論並不僅僅是從各種感性資料中得出的。有史為鑒——迄今公認的三次石油危機：一九七三年～一九七四年的第一次石油危機，一九七九年～一九八〇年的第二次石油危機，一九九〇年的第三次石油危機。

從以往的三次石油危機中，我們可以看出石油價格已成為經濟發展變化的晴雨表。那麼，我們再來看看近些年國際石油價格的變化：二〇〇二年每桶石油均價為二十四美元，二〇〇三年為三十一．五美元，二〇〇四年為四十一．五美元，二〇〇五年為五十六．七美元，二〇〇六年為六十六．二美元，二〇〇七年截止到十月份，每桶石油均價為七十二．五美元。每桶原油從二〇〇二年的二十四美元漲到現在，已經出現了第四次石油危機的跡象。

如今看來，降低石油需求增長速度是穩定石油價格的關鍵，如果各國政府能源政策不當，油價繼續上漲突破兩百美元的可能性很大，或醞釀成為「第四次石油危機」。與以往幾輪油價跳躍性上漲不同的是，市場需求增長過快是這一次油價跳躍性大漲的主要原因。

有預測稱，到二〇一〇年，亞洲日進口石油將達到兩千萬桶，是美國目前的兩倍。林伯強說，石油的不可再生性使這種高需求預期自然地轉為中長期石油稀缺預期。當高需求預期轉變為稀缺預期，並且在投機的推動下，就有了這一輪油價快速上漲。

在工業領域，石油被稱為「工業血液」，國際油價上升對多個行業產生重大影響，已經引發電力、煤炭、化纖、棉花、金屬、建材等相關製造業原料價格上升，原料價格的上漲會進一步向下游傳導，引發成品價格的上升。

受到油價高漲衝擊比較大的行業，有石化產業和航空產業以及汽車產業，國際原油及航空燃油價格急速攀升，導致世界航空運輸行業成本持續大幅上升，而燃油成本佔到航空公司總成本的四成以上。同時，對於紡織工業，石油漲價將對提高其原料成本，對於本已經處於轉型期的紡織工業，更是雪上加霜。另外，化肥、農藥、塗料染料、純鹼、塑膠、化纖等行業，都或多或少受到高油價的影響。

專家認為，目前已步入高油價時代，甚至認為，不僅僅是步入高油價時代，實際上第四次石油危機已經到來。伊朗核危機若不能以談判方式解決，第四次石油危機的負面影響，可能較前三次更為嚴重。

二、第四次石油危機的說法尚難以成立

二〇〇四年八月，摩根史坦利首席經濟學家史蒂芬・羅奇更首次使用了「第四次石油危機」的提法，在業界引起震動。同年十月，美國的幾位能源問題專家認為，儘管此次高油價將給發展中國家以及世界經濟整體帶來較大的不利影響，但對西方國家的影響有限，西方經濟乃至整個世界經濟不會因此再次陷入石油危機的泥潭。西方各國央行抵禦通貨膨脹的能力大大增強，從而降低了油價上漲對經濟的損害，此外，以下因素也起著決定性的作用。

其一，石油供應未斷，產業調整見效

對於一九七三以及一九七九年所發生的那兩次石油危機，其實主要原因就是 OPEC 聯合限產和伊朗大幅度減產，導致石油供應中斷。一九九〇年的石油危機，根本原因也是波灣戰爭前伊拉克停止出口石油。而目前全球的石油供應並未中斷，相反，OPEC 和其他石油出口國都在開足馬力生產石油，許多國家都已達到產能的極限。

如今的石油漲價，歸根於近兩年全球經濟強勁復甦，導致石油需求量大增，而全球石油增產能力難以跟上需求增長的速度，結果導致供不應求的局面。專家們認為，鑒於石油危機的嚴重教訓，從第一次石油危機開始，主要西方國家便開始進行產業結構調整，以減少對石油的直接依賴。以美國為例，從上個世紀七〇年代末期起，美國聯邦政府便制定了資訊技術發展方針，並不斷增加其在經濟中的比例。據統計，二〇〇〇年資訊產業佔美國 GDP 的比重已上升至百分之三十。美國還大力開發使用節能技術，把高耗能傳統產業轉移到海外，這大大降低了傳統工業部門在該國能源消費中

的比例。日本和歐盟近三十年來也各自對其產業結構進行了調整，「在節能方面甚至比美國做得還好」。

其二，進口來源多元，油量儲備可觀

目前的高油價對世界各國的殺傷力之所以不是很大，有關專家認為，這主要在於全球主要能源消費國實行了石油進口多元化的政策。美國正把石油進口來源從中東擴大到非洲，並為此制定了面向全球的能源新戰略；日本除繼續進口中東石油外，近年來還轉向俄羅斯，對其油田進行投資開發，以逐步減少對中東石油的依賴；歐盟則加緊向裏海地區相關國家進行石油投資，從而也在石油進口多樣化方面邁出了堅實步伐。

專家們提到，美國、日本和歐盟都建立了巨大的戰略石油儲備，真正做到了「手裏有油，心中不慌」。美國政府從一九七七年正式開始儲備戰略石油，截至二〇〇四年三月，儲備量已經猛升到六．五九億桶，居世界各國之首，預計以後將逐步增加到十億桶。從一九七二年四月開始，日本規定從事石油進口和石油提煉業務的企業必須儲備相當於自身需求六十天的石油。目前，日本政府擁有的戰略石油儲備量可供全國使用九十二天，民間儲備可使用七十九天，加上流通領域的庫存，日本的石油儲備量足夠全國使用半年以上。

其三，油價牽連全球，西方不應旁觀

美國著名思想庫卡托研究所高級研究員、能源問題專家彼得•凡多蘭傑強調，目前的油價只是相對較高。如果考慮到人均 **GDP** 的概念，目前的油價並不高。凡多蘭說，美國的人均 **GDP** 在一九七二年是二．〇六六七萬美元，現在約為四萬美元。這說明，一九七二年以來，美國居民的實際收入幾乎翻了一番，但實際油價卻只上漲了百分之三十五。

事實上，二〇〇八年六月份召開的五國能源部長會議，有著非常深遠的意義。五個石油消費大國，特別是美國和印度，他們對油價補貼的態度將直接影響未來油價的走勢，中國、印度對國內油價的控制相對較好，而美國事實上也在保護國內油價，一旦未來取消油價補貼，將對三個國家的國內油價產生重大衝擊，如果三國油價變成以市場調節，那麼國內油價大幅上升將是不可避免的。從遠期看，如果美印等國真的能取消油價補貼，國際原油消費將會下降並直接導致油價下滑。

「石油危機」的噩夢可能不會出現，許多發達國家為此高興，因此對眼下油價攀升作壁上觀。此間分析人士認為，雖然西方國家在此次油價上漲中所受的負面影響不如發展中國家，尤其是不如新興工業化國家，但考慮到自身的長遠利益，也不應對高油價袖手旁觀。今天，經濟全球化迅猛發展，各國經濟已經是「你中有我，我中有你」，很難想像某個國家能夠在經濟上獨善其身。如果發展中國家因高油價出問題，美國乃至整個西方的經濟也將受到拖累。所以，西方國家尤其是美國應該著眼長遠，盡快採取措施給高油價降溫。

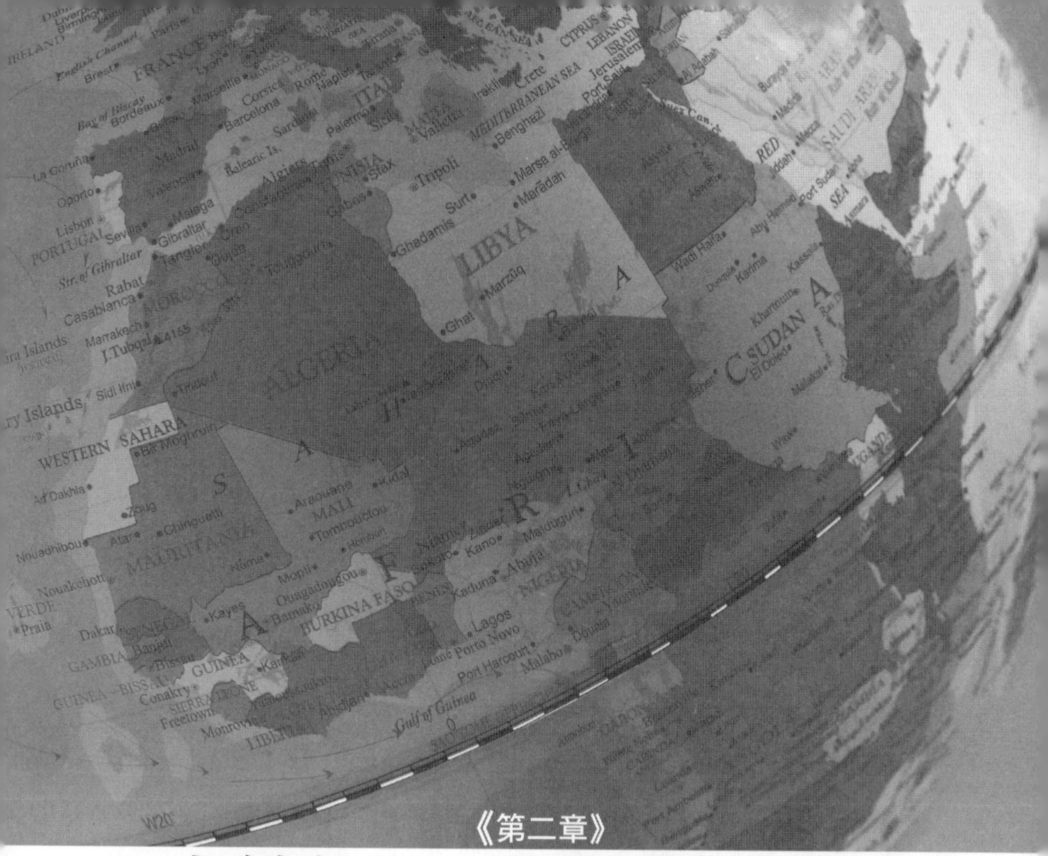

《第二章》

刀光劍影——大國間的能源博弈

PART2

一、美英發動伊拉克戰爭的背後

波灣地區是全球最重要的能源產地。世界探明石油儲量的百分之六十五．七五集中在這裏，美國進口石油的百分之六十、日本的百分之六十五和西歐的百分之五十二都來自這裏。而伊拉克這個號稱「浮在油海上」的國家，石油儲量佔世界總儲量的百分之十二，佔 OPEC 國家總儲量的百分之十五左右，僅次於沙烏地阿拉伯，為世界第二。石油是伊拉克的財富之源，同時也是其災難之根。石油使伊拉克先後捲入長達八年的兩伊戰爭和空前慘烈的波灣戰爭。美英對伊動武，石油無疑是重要因素。伊拉克石油與戰爭結下了不解之緣。對伊拉克來說，真可謂：福也石油，禍也石油；和也石油，戰也石油；成也石油，敗也石油。

居住在美索不達米亞（即現在的伊拉克）的蘇美、亞述和巴比倫人，早在西元前三千年就已經在幼發拉底河流域成功地採集到含有天然瀝青的油苗，從而開始了尋覓和探索石油的歷史。甚至有美國石油學者稱，世界上「第一個石油工業起源於美索不達米亞，那裏是西方文明的搖籃」。然而，就是這個搖籃，讓那裏的人們也為此付出了沉重的代價。

一九二〇年，伊拉克淪為英國的「委任統治地」。當時的英國外交大臣隨即宣稱：「我不管戰後以何種方式管理伊拉克石油，我關心的是伊拉克的石油必須為英國所用。」可見，在當時，英國人佔領伊拉克的最根本的目的就是石油，他們甚至可以直言不諱地掛在嘴上。

除此之外，石油資源匱乏的法國對伊拉克的石油資源也早已垂涎欲滴。一九二〇年四月二十五日，英、法簽署了瓜分伊拉克石油的「聖雷莫協定」。雙方決定限制美國進入伊拉克石油領域。當「聖雷莫協定」簽訂的消息傳到華盛頓的時候，美國政界和石油界大為震撼，與此同時引起了美國輿論界「強烈的暴怒」。最後美英石油巨頭經過長達八年的勾心鬥角以及明爭暗鬥，終於在一九五八年七月三十一日簽訂了瓜分伊拉克石油的第一個協議——《紅線協定》。這個協定並沒有減輕伊拉克的負擔，分明成了任他人瓜分的「奶油麵包」。

爭奪「奶油麵包」的戰爭繼續不斷地上演，第二次世界大戰後，英美為了爭奪中東石油又展開了激烈的爭鬥。與此同時，當時的蘇聯為了同美國爭奪全球霸權，也開始把目光轉移到了中東石油上。伊拉克是蘇美爭奪的一個重要戰略據點。

伊拉克共和國成立前，由於英、法、美等殖民主義國家的瘋狂掠奪和封建統治階級的殘酷壓迫，大量的石油出口未能改變伊拉克貧窮落後的面貌。一九五八年伊拉克共和國成立。一九七二年伊拉克實現了石油國有化，終於控制了本國石油資源。從此石油工業成為伊拉克經濟的支柱產業，帶動整個國民經濟飛速發展。二十世紀七〇年代伊拉克年均經濟增長率超過百分之十以上。一九八〇年伊拉克國民生產總值約三百五十八億美元，人均國民生產總值達到三千零二十美元，是一九六〇年的二十倍。

「石油繁榮」給伊拉克帶來了翻天覆地的變化。伊拉克由貧窮落後一夜之間變得空前「繁榮」，綜合國力躋身於阿拉伯世界前列，成為中東地區強國。然而，好景不算太長。二十世紀八〇年代長達八年的兩伊戰爭也是發生在世界最大的「油庫」——波灣地區。雖然原因是多方面的，但實際上，石油在這場戰爭中扮演了一個舉足輕重的角色。正是因石油財富，兩伊軍事實力才得以迅速膨脹，也正是倚仗強大的石油經濟作後盾，兩伊戰爭才演變成為一場長期的消耗戰。

應科威特的要求，一九八七年七月二十二日美國艦隊以「護航」為由，開始進駐波斯灣，隨後又成立了「中東聯合特遣部隊司令部」。這標誌著美國軍事力量正式進入波灣地區，戰爭範圍依然在不斷地擴大，蔓延。

為了避免比較嚴重的後果，一九八七年七月二十日，聯合國安理會一致通過第五百九十八號決議，要求兩伊立即無條件停火。兩伊最終同意從一九八八年八月二十日起全面停火。八年的戰爭終於結束了，兩伊有一百多萬人為此付出了生命，此外還造成了三百多萬名難民，更為令人感到痛惜的是，龐大的，不計其數的經濟損失。而美國的軍艦卻趁機「名正言順」地進駐波灣。

兩伊戰爭結束後，伊拉克為了掌握波斯灣出海口的主動權，在與科威特的邊界談判中，要求科威特割讓位於波灣北端科威特海岸的沃爾拜島和布比延島，並科威特在伊拉克邊境採油影響到了本國，並要求賠償二十四億美元的損失費，同時還提出要科威特讓出在兩國邊境地帶同魯邁拉油田相連接的一個油田。伊拉克沒想到，他們的這些要求都遭到了科威特無情的拒絕，伊拉克當然很不服氣，也很沒面子，於是在一九九〇年八月二日凌晨，以十萬人大軍入侵和佔領了科威特，他們的舉動震撼了整個世界。美國中央情報局分析認為：「海珊可以輕而易舉地打敗只有一支不足七萬人軍隊的沙烏地阿拉伯，在三天之內可以攻下才四百四十三公里之外的沙烏地阿拉伯的首都利雅德。」如果這一分析被證實，伊拉克就會佔有全球石油儲量的百分之四十五，等於控制了波灣地區，控制了石油輸出國，統治了中東，很顯然，這個結果是很多人不願意接受的，因為它可以影響到整個世界。

那麼，既然存在如此大的影響，就必然會產生連鎖反應。伊拉克的行徑直接威脅到美國的全球利益，也威脅到整個西方國家的利益，卡住了美國和西方經濟的脖子，切斷了它們的血管。於是，當時的美國國務卿貝克指出：「工業化世界的經濟命脈是從波灣延伸出來的。我們不能允許海珊這樣的獨裁者控制這條經濟命脈。」當時美國總統老布希進一步聲言：「現在可能面臨我國經濟獨立的重大威脅，必須出兵波灣，制伏伊拉克的挑戰行為。」接著，美國得到了聯合國的授權，於是美國為此發動了為期四十二天的轟轟烈烈的波灣戰爭，並最後贏得了這場戰爭。儘管美國扼殺了海珊控制中東石油的野心，但並沒有達到美國控制中東石油的最終目的。

美國人當然不甘心，於是在二〇〇三年三月二十日，駐紮在紅海和波斯灣的美軍戰艦發射數十枚巡航導彈，對伊拉克發起「斬首行動」，伊拉克戰爭就這樣上演了。很明顯，美國發動這次戰爭的目的是徹底控制中東石油。布希政府與美石油界有著異常緊密的聯繫。在布希政府中，總統、副總統、總統國家安全顧問、白宮總管和政府部長等二十五人都來自石油和汽車工業集團。小布希本人出身石油世家，在當選德克薩斯州州長之前就是石油資本家；而副總統錢尼則是世界上最大的油田開發公司「哈里波頓」的前任董事和首席執行官。領導人對石油感興趣，他們自然也知道石油身上存在著多少數不盡的好處，以及財富。

波灣戰爭結束後，伊拉克與義大利、俄羅斯、法國、西班牙和中國等簽署了三十項石油合作協定，而美國的石油公司卻受波灣戰爭後華盛頓制裁政策的限制，只能眼睜睜地看著各國對手捷足先登，自己確動彈不得。美國麻省理布希爾學院的國際安全教授克拉雷將此形容為，美國對伊動武是

「世界歷史上最大的石油掠奪」。從能源的角度看，美國推翻反美的海珊政權，建立親美的伊拉克新政權，將十分有利於確保美國及其盟友的能源安全，具有中長期重要的戰略意義，他們的目光放得很遠。

同時，海珊政權的跨台也有助於美國擺脫對世界第一產油國沙特的石油依賴。另外，在控制伊拉克以後，美國在波灣乃至波灣到裏海一線的戰略態勢便會有所改觀，由此還可以在世界石油市場上有所作為，甚至左右石油價格，消除油價過高對其經濟產生的不利影響。二〇〇二年十月六日，英國《觀察家報》對此發表評論說：「如果美國能夠控制伊拉克的石油儲藏量，就會打破沙烏地阿拉伯對確定油價的石油輸出國組織（OPEC）的控制，並主宰未來的石油價格。」看看，這次影響也是十分巨大的。

此後，各國圍繞伊戰後重建問題又展開了另一場激烈的角逐，而有關石油利益的分配成為角逐的重要內容，也是他們爭論的主要目的所在。西方輿論認為，美國建立親美政權後，將獨自擁有伊拉克石油的支配權。伊拉克反對派人士揚言，凡外國公司與海珊政權簽訂的合約，不管是否得到聯合國的批准都有可能被「一筆勾銷」，不再認賬。美英首腦會晤提出的伊戰後重建方案強調，美英將主導伊拉克戰後重建，以確保在戰後伊拉克的利益分配。然而，由於世界絕大多數國家要求聯合國在伊重建問題上發揮主導作用，反對美國獨自主導，美國的願望也不是那麼容易實現的，也許還需要很長一段時間。

如果石油來源被美國控制，歐洲各國的脖子就會像被人卡住了一樣，是生命攸關的大事。因此，美國攻打伊拉克受到了其傳統盟友——歐洲各國的強烈反對。據二〇〇一年三月公布的《歐盟能源安全供給戰略綠皮書》指出，歐盟百分之四十五的石油來自中東。以法國為代表的歐洲國家擔心美國一旦在伊拉克得手，便將歐洲石油供應的命脈攥在手裏。因此，在美國發動伊拉克戰爭問題上，除英國外，美主要歐洲盟國幾乎都異口同聲反對，他們不能因此而葬送了自己的未來。

尤其是法國，他們的石油只有百分之五屬於自給，從中東地區進口達到了百分之五十二之多，所以保障中東石油供應管道的暢通，對於法國的經濟發展至關重要。法國最大的石油公司——合併後的道達爾菲納埃爾夫公司掌握著伊拉克石油總儲量百分之二十五的開採權，只等聯合國投資禁令解除，便可開採。但如果美國發動的伊拉克戰爭成功，美國主導下的「後海珊時代」政權勢必將把賺錢機會留給美國石油寡頭，致使法國經濟利益受到重挫，這是法國所不願意看到的結果。因此，法國在戰前高舉反戰大旗，不惜與美國「硬碰硬」，以最大限度地維護和爭取自己在伊拉克乃至中東的現實和潛在利益。當美英聯軍兵臨巴格達城下時，法國總統希拉克突然一改口風，稱美國是法國的「盟友和朋友」。其實盡在情理之中——法國是想在伊戰後重建中得到石油利益。不管法國是和美國成為「敵人」，還是想方設法討好美國，都是為了本國利益，這點毋庸置疑。

由於俄羅斯在伊拉克擁有巨大的石油利益，所以俄羅斯也對美國發動伊拉克戰爭表示強烈反對。伊拉克曾經明確表示，目前伊境內已探明的油田共有七十三處，已經開採的二十四處全部由俄羅斯公司負責，剩餘的也可能全部交由俄方開採。俄羅斯外長伊萬諾夫曾在俄議會上院發表講話強調，「俄在伊利益應得到尊重」。而伊拉克戰爭爆發後，伊拉克的石油儲備將在美國的主導下進行重新瓜分，美國公司是最大受益者。而原先與海珊政權簽訂開採合同的俄羅斯等國的公司在伊拉克油田的開採權問題上將面臨相當大的變數。

一九九七年，俄羅斯的盧克公司跟伊拉克簽訂了一個為期二十三年、價值三十五億美元的合約，幫助伊拉克修復儲油量七百八十億桶的古爾奈油田。如果美國打贏伊拉克戰爭，俄羅斯作出的巨大先期投資很可能化為烏有，而親美的「後海珊時代」政權將使俄羅斯永遠失去對世界第二大油氣源的控制權。總之，只要美國打贏伊拉克戰爭，它就會成為最大的贏家。

與此同時，由於美國將通過大量出賣伊拉克石油來支付巨大的重建費用和補償戰爭給自身帶來的損失，所以國際石油供求則會因伊拉克石油大量上市而失衡，包括俄羅斯石油公司在內的許多石油公司就有可能在利潤嚴重受挫的情況下面臨破產。俄羅斯強烈反對打伊拉克，其中油價問題就是他們最擔心的問題之一。四月十一～十二日俄羅斯總統普京緊急邀請法國總統希拉克、德國總理施羅德於在聖彼德堡舉行會談，強調聯合國在伊拉克戰後重建問題上應發揮核心作用。就這樣，二十一世紀的伊拉克石油戰爭仍將以另一種形式在另一個戰場展開，好戲還在後頭。

從二〇〇三年三月二十日美國發動「斬首行動」一直到現在，伊拉克戰爭已經過去整整五年了。我們可以肯定地說，未來歷史對這場戰爭的記載絕對不會是什麼「反恐戰爭」，而會稱之為二十一世紀的第一場「石油戰爭」，或者「第六次中東戰爭」。在這幾年中，美國發動這場戰爭的目的是：武力推翻海珊政權、剷除伊拉克大規模殺傷性武器、控制伊拉克經濟與石油戰略資源、按照美國的藍圖開始伊拉克的政治重建進程已基本實現。但是，這場戰爭給世界政治帶來的傷害卻沒有停息，對伊拉克人民來說，戰爭的傷痛似乎才剛剛開始，但對這場戰爭的懷疑與批評更是遠遠沒有結束。儘管有些國家為了自己的目的百般掩飾，但是他們的目的早就暴露在了光天化日之下。

二、世界大國在伊朗背後的較量

二十世紀被人們稱為「石油世紀」，主要原因是，作為支撐現代工業文明的基礎物質，石油發揮了核心性作用。因此，有人說「得石油者得天下」。在二十世紀的百年中，石油經常成為導致國家間糾紛甚至引起戰爭的主要因素。這使得它成為深受國際政治影響的「戰略性商品」。如今，在世界能源總量中，石油所佔比率約為百分之四十，因此可以認為，在二十一世紀的一個較長時期內，石油仍將保持其作為主要能源的地位，而且不是其他能源在短時間內能夠替代得了的。

二十一世紀已經邁出了它的步伐，石油能源形勢的緊張狀況不但沒有緩解反而日益緊張，石油成了讓人們著魔的黑色精靈，人們為了擁有它，甚至不息一切代價。美國為了確保其對全球原油和天然氣的控制發動對伊戰爭；石油公司為了追求利潤最大化對石油瘋狂開採。各國出於對石油資源枯竭的擔心、伊戰因素以及工業化國家節能及開發替代能源政策的失敗，推動世界油價在多年走低後強勁上揚。

可見，石油資源日益緊張的現狀，使得世界主要經濟大國和能源組織紛紛關注地球上到底還存有多少原油？美國《油氣雜誌》週刊指出，目前全球已探明的原油儲量大約為一．二兆桶；而《世界石油》月刊則認為是一．〇三億桶。即使按照最高的原油儲量計算，照目前的消費速度，再考慮每年百分之二到百分之三的消費增長率，用不了四十年，現存的原油儲備就將枯竭，雖然許多專家信誓旦旦地指出石油枯竭「至少要一百年」，我們也不妨把這些看成是一個善意的謊言。在這種嚴峻的形式下，世界主要經濟大國將能源爭奪的目光開始轉向伊朗的裏海地區。

作為世界上最大的內陸水體——裏海，它的面積為三十七．一八萬平方公里，比德國大一些，接近日本的面積，是北美洲五大湖總面積的一．五倍。裏海總面積的五分之二左右在伊朗境內，其餘部分被俄羅斯等國所環繞。這個巨大的湖泊（實際上不是海）全長一千兩百二十五公里。裏海地處一巨大的盆地中，深達一千零二十五米，而北部平坦的湖底深度只有五米左右。伏爾加河接納北部高地的徑流，注入裏海，約四分之三的裏海水量來自於伏爾加河。沒有河流從裏海流出，裏海也沒有潮汐。裏海地區除俄羅斯、伊朗外還包括亞塞拜然、哈薩克斯坦、土庫曼斯坦、烏茲別克斯坦四個裏海國家，吉爾吉斯斯坦和達吉斯坦兩個中亞國家，亞美尼亞和格魯吉亞兩個外高加索國家。

裏海地區儲存著巨大的石油資源，也因此使得這裏成為今日世界關注的熱點地區。裏海與波斯灣和西伯利亞一道，被稱為世界三大能源供應地。國際能源機構發表的題為《裏海地區的油氣資源：中亞及外高加索地區的供應潛力》報告稱，該地區已探明的石油儲量在一百五十～四百億桶之間，尚未探明的石油儲量在估計在七百～一千五百億桶之間；已探明的天然氣儲量在六．七～九．二兆立方公尺之間，尚未探明的天然氣儲量大約為八兆立方公尺。目前，該地區已探明的油氣儲量分別佔世界油氣總儲量的百分之四和百分之六。但是，由於該地區相當大部分的面積尚未經過勘探，因此其實際的油氣儲量可能更大，按國際石油現價估算，這裏蘊藏有價值超過三萬億美元的「黑金」。

此外，《BP世界能源統計二〇〇五》年報告也曾保守的評估，裏海地區原油（包括凝析油在內）可採儲量範圍在一百七十億～三百三十億桶（二十三億～一百四十五億噸）之間，但是該地區大多為內陸國家，油氣出口頗為不便，而利用油氣管道運輸具有廉價高效的優勢。因此裏海盆地油氣外運管網也就成為大國地緣政治的焦點。誰控制住管道，誰就控制了油氣資源。此外，裏海地區作為連接歐亞地區的中心地帶，這裏還具有重要的地緣戰略地位。對於中亞至裏海國家的立場將取決於美國、俄羅斯、中國、歐盟等大國利益錯綜複雜之間的相互作用。

早在一九一九年，邱吉爾就說過：「裏海地區是俄羅斯的一塊寶地，得到這個地方不僅有利於控制伊朗，還有利於控制高加索和中亞大部分地區」；法國魏剛．馬克沁將軍在評論一九四〇年英國、法國和土耳其通過高加索佔領蘇聯的計畫時更直言不諱地說：「佔領巴庫、巴統並且控制黑海和裏海海岸和水域以後，我們就可以長驅直入佔領俄羅斯」；一九四二年～一九四三年土耳其佔領大部分外高加索地區和伊朗西北部的計畫也表現出這個想法：只有首先由土耳其軍隊攻佔裏海沿岸地區和格魯吉亞的一些港口（與德國軍隊一起，或者採取與莫斯科或與地方民族分立主義者簽定單獨協定的方式），才能在擊潰蘇聯以後恢復土耳其對高加索和中亞的影響。

在今天的和平時期，或許很多人已經不記得這些計畫，但是，隨著能源地緣政治學的興起，由於裏海地區在國際能源開發中所處的重要地位，使其重新成為大國爭奪的重要地區。冷戰結束和蘇聯解體之後，決定中亞地區新的實力分布圖的因素不僅包括傳統上對勢力範圍的謀求，而且還包括對油田和氣田的控制、輸油管的方向以及市場的進入程度。因此，美俄對裏海地區的爭奪，既是能源之爭也是霸權之爭。

無疑，裏海已成為二十一世紀的利益爭奪焦點，控制裏海就意味著控制中亞、高加索乃至中東北部。由於該地區位於著名的「高加索衝突鏈」上，其領土、歷史、種族、和宗教背景極其複雜，圍繞裏海地區的爭奪將是尖銳而曲折的！在蘇聯解體之後，它突然像一塊「新大陸」呈現在國際石油介面前。尤其是現在，它的地位更加突出，從政治方面看，二〇〇六年一月一日俄羅斯成為G8主席國。二〇〇六年二月俄羅斯積極斡旋伊朗核問題、力主伊朗同意在俄境內建立鈾濃縮聯合企業，參與中東和平進程、邀請哈馬斯訪問莫斯科，在莫斯科召開八國財長會議提出全球能源安全議題等，極大地抬升了俄羅斯的大國地位和聲望。

而在經濟方面，俄羅斯繼續揮舞著能源武器整合獨聯體和歐亞經濟空間，根本不理會美國就俄羅斯嚴厲對待非政府組織，以及俄羅斯同烏克蘭和格魯吉亞有關天然氣過境運輸和價格的爭端提出的抗議，普京總統的這些力求調整能源政策的舉措，讓西方感到了一個「油氣沙皇」的崛起，但崛起了的東西，它的未來並不一定是輝煌的，這在以前的種種歷史中都得到了有力的證明。

在二〇〇三年的伊拉克戰爭之後，波斯灣地區局勢持續動盪，西方大國在該地的戰略利益受到了嚴重挑戰，為了尋找穩定而可靠的油源，也為了分散對中東石油依賴的風險，美國等西方大國盯住裏海，從而使其成為大國利益和國際資本激烈爭奪的舞臺。

中亞地區裏海地區是俄羅斯和中國的「共同後院」，全球反恐戰爭以來，美國加緊對中亞的滲透。對於中亞裏海盆地的輸油管網的爭奪才是大國地緣政治焦點的具體體現。這裏集中了相互對立的世界大國和地區小國的利益，美國、俄羅斯、中國、伊朗、土耳其以及日本和歐盟是裏海石油資源流向的主要角逐者。大國通過博弈來爭取自己的利益，而一些過境小國也會依附於某些大國來追逐自己的經濟利益，在經過多次博弈後大國利益將會取得新的分配。

隨著國際油氣價格的高漲，俄美對該地區油氣管道的爭奪也越來越激烈。由於地緣政治優勢，目前主要管道都經過俄羅斯，這使俄羅斯掌握了對抗美國的重要籌碼。二〇〇六年五月，BTC（巴庫—第比利斯—傑伊漢）管道和中哈管道正式投入運營，被認為是裏海地區地緣政治和經濟中的核心事件。美國和中國憑藉這兩個事件改變業已形成的力量平衡，同時俄羅斯壟斷裏海石油的過境國地位受到一定程度的動搖。所以，美國極力推動跨裏海管道項目，使之接上巴傑管道，這樣中亞的油氣資源可以不經過俄羅斯而直接輸送到歐洲。

跨裏海管道正在商談的時候，俄羅斯、哈薩克斯坦和土庫曼斯坦與二〇〇七年十二月二十日在莫斯科簽署了鋪設裏海沿岸天然氣管道的協定。俄土哈管道的塵埃落定，使俄羅斯在這一局取得先機。究其原因，首先俄羅斯積累了豐富的「石油美元」，有足夠的資金建造管道；其次，該地區是俄羅斯的傳統勢力範圍，與俄方有著千絲萬縷的聯繫；最後，土哈兩國對美國在中亞發動的「顏色革命」十分不滿。

於美國而言，國家安全戰略最為關切的首要利益就是獲取能源以保障自身的能源安全。一九九四～二〇〇四年美國石油需求增長了百分之十四，而本國石油產量僅增長了百分之二，進口增長百分之三十，由此可見，美國對石油的需求要嚴重依賴外部供應。而石油價格的增長和全球恐怖事件頻仍增強了美國對裏海資源控制的緊切性。非 OPEC 成員國石油供應的增加，會弱化 OPEC 對世界油價的影響力。西方力爭主導世界油價的定價權。

儘管美國石油安全政策的核心是控制波斯灣產油國的資源，但在「九一一事件」之後，美國掌控阿富汗和伊拉克，把大中東戰略與裏海戰略結合起來實施，把裏海列入美國生命攸關的重要利益區，目的就是為能源安全再加一道保險。BTC管道一開始就被俄羅斯視為政治管道。十分明顯，BTC管道如果沒有哈薩克斯坦石油的注入，將面臨運營虧損的狀況。哈薩克斯坦石油流向是俄美等大國爭奪的焦點。二〇〇三～二〇〇五年，格魯吉亞、烏克蘭和吉爾吉斯相繼發生「顏色革命」，從此之後，美國主導修建的BTC管道更能展現出有利於美國地緣政治和經濟戰略的態勢，它作為裏海石油主要出口管道，會弱化俄羅斯從原蘇聯繼承的裏海油氣輸出壟斷地位，阻斷經過伊朗出口的可能性，並影響東向到中國輸油管道的流量。

美國在裏海地區的政策方針是遏制俄羅斯對中亞—外高加索原蘇聯國家的影響，加強對產油國的影響，在俄羅斯西部加快推進北約東擴步伐。二〇一〇年後，北約可能吸納獨聯體國家成為新成員國；在裏海東部的西太平洋強化美日安保同盟，在裏海南部波斯灣進行有史以來最大規模的軍事和政治滲透。

美國和西方跨國石油公司擴大在裏海油氣產區的存在，對輸油管道的控制將主導該地區石油流向地中海。其實，美國對伊朗這個裏海國家的制裁也有控制該國豐富的油氣資源的因素。在伊朗政府不放棄反美之前，美國以伊朗企圖發展核武器、支持國際恐怖主義活動，反對和準備進攻以色列等藉口，對伊朗實行單方面制裁，反對外國公司與伊朗開展油氣合作，阻止伊朗進入國際社會。美國阻止裏海石油經過伊朗進入波斯灣市場，伊朗不讓美國公司進入，美國就不讓別國進入，嚴重損害裏海盆地中亞產油國的利益。哈薩克斯坦和土庫曼斯坦希望修建過境伊朗的輸出油氣，伊朗也極力擴大與中亞裏海國家聯繫，通過發展與歐盟、俄羅斯和中國以及日本的關係以抵消美國的壓力和影響。

與此同時，俄羅斯擔憂，BTC管道開通後，巴庫—新羅西斯克輸油管道面臨廢棄。俄羅斯總統普京二〇〇六年二月二十二日訪問阿塞拜疆，啟動阿塞拜疆俄羅斯年。其間建議阿塞拜疆簽署巴庫—新羅西斯克輸油管道的長期輸油合約，以與即將開通的BTC管道相競爭。阿方難以做出答覆。俄羅斯回應BTC管道的舉措是建設繞過土耳其海峽的跨巴爾幹半島的輸油管道。該管道項目由俄羅斯和希臘公司倡議發起。管道長度為三百一十二公里，輸油量為三千五～五千萬噸／年，造價七億多美元。管道建成之後，先把石油從俄新羅西斯克港用油輪運抵保加利亞的布林加斯港，再進入管道流向希臘的阿歷山德魯波利斯港，從那裏出口西歐。土耳其兩海峽是俄羅斯和其他黑海國家進入世界市場的唯一通道。

中國面對各個石油消費大國對裏海石油的爭奪自然不能視而不見，中國與裏海周邊國家在平等互利的基礎上也在開展能源合作。根據國際能源機構最新預測，中國二〇〇五年日原油消費增幅為三十六萬桶，達到六百七十三萬桶的日消費量，是全球原油消費量增長最快的經濟體。中國曾是石油出口國。

然而，自一九九三年以來，中國經濟的繁榮發展和石油產量的下降，導致中國成了石油純進口國。根據其他機構的預測，到二〇一〇年中國每年將進口一．二億噸石油，比二〇〇二年增長一倍。為了滿足中國經濟增長對油氣的需求，必須實行石油進口的多元化。很多媒體報導說，中國自上個世紀九〇年代末開始每年對石油投資數千萬美元，現在已經接近五億美元。二〇〇四年中國和哈薩克斯坦簽定建設輸油管道出口裏海的哈薩克斯坦石油的協定，鋪設從哈薩克斯坦西北部的阿塔蘇鎮通往中國邊境阿拉山口的輸油管。長約一千兩百四十公里的管線，於二〇〇六年五月開始向中國供油，年輸油能力為一千萬噸，日後逐漸擴大到兩千萬噸。

日本近年來對裏海石油的關注度也日益增長。這是由於中東地區局勢不穩令日本不安，因為日本百分之五十五的石油來自中東的五大油氣夥伴：阿聯、沙烏地阿拉伯、伊朗、卡塔爾和科威特，為預防風險，日本選擇俄羅斯和其他裏海沿岸國家作為油氣資源供應後備地區，日本已經為此做了最為充分的準備。

印度在裏海能源運輸領域也有自身的利益。這與南北運輸走廊有關，這條走廊途徑印度的孟買、伊朗的阿巴斯港和恩澤利、俄羅斯的阿斯特拉罕抵達聖彼德堡。儘管該計畫並非一條貫通南北的完整石油管道，但除俄羅斯、印度和伊朗外，哈薩克斯坦與土庫曼斯坦也願意出資參與。為鞏固能源方面的計畫，印度正在發展與中亞國家的軍事政治合作，除了在塔吉克斯坦建立軍事基地外，印度還幫助哈薩克斯坦鞏固軍力，幫助哈海軍學習英語、為裏海艦隊及高原部隊培訓人才，兩國還準備合作生產魚雷等海上武器並聯合製造槍械。

顯而易見，即便俄羅斯暫時把住了「閥門」，但是中亞國家顯然不願將油氣的「雞蛋」全部放進俄羅斯一個「籃子」裏。美國、中國等其他世界大國也是他們合作夥伴的好選擇。

除了大國在裏海地緣政治遊戲中展開激烈爭奪外，裏海—高加索—黑海—地中海、裏海—波斯灣、裏海—波羅的海、裏海—黑海—亞得里亞海之間的國家、特別是裏海周邊國家為了爭奪裏海石油的過境運輸利益也展開了競爭。土耳其作為巴庫—傑伊漢輸油管的地中海海上終端國，已經成為實施裏海石油外運的主要推動力量。

如今，很多國家已經積極參與裏海石油資源的開發，對於中亞地區的發展是有利的。但是，需要警覺的是，美國用冷戰思維按照地緣戰略目標排擠其他對手，企圖獨佔裏海油氣資源。美國的布熱津斯基在《大棋局》一書中寫道：「裏海石油是最好的把中亞和外高加索從地緣經濟上引向世界市場的工具，使它們與俄羅斯分離，從而徹底根除後蘇聯帝國一體化的可能性。」

而美國媒體則明確指出，主要不是讓高加索和中亞地區「脫離」俄羅斯，而是要把這一地區據為己有。布熱津斯基在《大棋局》一書中還隱約提到這樣一種可能，即美國和中國爭奪世界領導者地位，中亞可能會成為美國從新疆著手瓦解中國的一個基地。

三、誰在散布「中國能源威脅論」

最近幾年，隨著經濟的高速增長，中國對能源的需求日益加大，一九九三年中國開始成為石油淨進口國，之後每年都要進口大量的石油，並有逐年遞增的趨勢，這引起了世界的廣泛關注。與此同時，國際石油價格大幅度波動，持續攀升。國外一些勢力將油價上漲的主要原因歸結為中國進口石油增長，甚至有人鼓吹「中國能源威脅論」，以「中海油併購優尼科」、「中日東海衝突」為導火線，毫無根據地說中國將爭奪世界油氣資源並導致衝突。這些說法與事實嚴重不符。製造「中國能源威脅論」是緣於西方一些人對中國崛起的恐懼。中國過去不曾、現在沒有、將來也不會對世界能源安全構成威脅。中國是維護世界能源安全的積極因素。

一、「中國能源威脅論」的主要內容

二〇〇一年二月，美國戰略和國際問題研究中心在其發布的《二十一世紀能源地理政治學》報告中寫道：「今後二十年，亞洲日益增長的能源需求可能產生深遠的地緣政治影響。亞洲地區對現有能源儲備的爭奪可能會激化，演變成各國之間的武裝衝突；中國對中東石油的依賴日益增強，從而可能促進北京與該地區的一些國家形成軍事聯繫，這將使美國及其盟國感到憂慮。」

另外，美國美中防務委員會在二〇〇二年的一份報告中指出：美國在世界能源市場上正面臨來自中國日益有力的競爭；同年美國安全政策研究中心主任弗蘭克・加夫尼（Frank J. Gaffney）講道：中國能源需求量的不斷增加已構成對美國能源安全的威脅和挑戰，美國與中國爭奪能源供應方面的競爭會更加激烈；二〇〇四年十月九日，美國《波士頓郵報》在一篇題為《中國對石油的渴望與日俱增》的文章中指出，「中國石油消費量的猛增可能會破壞全球能源市場的穩定與安全。」、「未來十年中國石油需求會翻一番」，「中國大量『儲備』石油也會導致全球原油價格走高。」、「如果不實施石油戰略儲備，現在達到了創紀錄水準的每桶五十三美元的全球油價將會保持在每桶三十美元。」；同年十月十八日美國《商業週刊》也刊登文章指出，「事實上，較強的需求增長已經使全球價格有所上升，特別是石油。原因何在？所有這些變化的根源來自中國——一個正在崛起的經濟強國。」

此後，中海油競購優尼科的消息傳出後，部分美國人認為「這將會有助於中國壟斷石油供給，通過破壞美國的能源來源和經濟而威脅美國的安全」，並聯名致函布希政府，要求美國財政部就此案展開調查；日本也有人認為中國未來大量進口石油將引起世界石油市場的混亂，為了維護石油安全，中國可能採取軍事手段，從而威脅地區穩定與安全。

此外，美、日等國還對中國與俄羅斯、哈薩克斯坦、加拿大等國在石油領域的合作以及中國沿著從中東到南中國海的海上航道建立基地等表示出格外的「關切」。二〇〇四年「美國之音」在一篇題為《中國謀求加拿大石油讓美國感到不安》的報導中說，「過去幾乎將所有生產的石油都輸往美國的加拿大，正悄悄和中國幾家大型石油企業建立合作關係，合作內容包括在加拿大境內興建輸油管以及提高加國石油產能等。」

二、「中國能源威脅論」產生原因解析

其實，美、日等國拋出的「中國能源威脅論」，究其原因，只不過是想從能源角度出發，來鼓吹中國對全球（其實是他們自己）造成了威脅，其主要目的仍然不外乎遏制中國的進一步發展。大概的原因可能有如下幾點：

1.擔心中國搶奪他們的「奶油麵包」

一直以來，美、日都是消費和進口石油的頭兩號國家，兩國也為此得意洋洋。然而，近年來，隨著經濟的不斷發展，中國對石油的消費和進口也日益增加，並大有趕超美、日的勢頭。因此美、日當然是倍感不悅，因為「外人」搶走了「自家」的奶油麵包（美、日尤其是美國一向以世界為家），於是便及時拋出了「能源威脅論」，讓世人相信中國確實理虧，從而有效阻止中國和他們搶奪石油，至少可以在一定程度上降低中國獲取石油的速度，這才是他們做出這樣舉動的主要目的。

2.害怕失掉原來對石油的控制能力

現在，中國每天都要進口大量的石油，其中百分之八十左右的石油運輸都要通過麻六甲海峽，它對中國具有相當大的作用。美、日也非常清楚，只要控制了麻六甲海峽，就能有效遏制中國的發展。因此，他們以反恐、打擊海盜為名，與印尼、新加坡和馬來西亞等國在該地區展開了各種「合作」，從而間接地控制了麻六甲海峽。最近，中國為了能夠使自己的利益得到更充分的保障，也開始與沿海

各國合作建立自己的基地。於是，美、日開始變得不安和恐慌，到處鼓吹「中國威脅論」。

3.擔憂失去自己的地位和影響

中國改革開放以來，尤其是中國加入WTO之後，越來越成為國際經濟中的重要成員，再加上中國實行和平外交政策，世界上多數國家與中國在多個領域展開了形式多樣的友好合作。美、日等國對此非常不安，擔心長此下去會削弱他們在國際上的影響力。如美國眾議院軍事委員會主席鄧肯·亨特表示，如果中海油得以成功收購優尼科，那麼，中國對美國在中亞地區利益的影響力將大大增強。從裏海到亞塞拜然、格魯吉亞和土耳其的輸油管道，優尼科都有投資。如果中海油收購優尼科，中國在這些國家的影響力就會增加，從而嚴重影響到美國在這個地區的影響力，這是他們所不願意看到的結果，更無法容忍。

4.（日本）希望獲得國際同情

毋庸置疑，日本是不折不扣的經濟大國，但也是資源小國。為了得到足夠的資源，日本可謂是不擇手段甚至不惜發動一場滅絕人寰的戰爭。近年來，中國經過勘探發現東海蘊藏著大量的石油資源。根據相關國際法，東海的石油應完全歸中國所有，但日本根本不理會什麼國際法，聲稱擁有東海石油的主權。對有爭議的海域，中國建議擱置或共同開發。然而，日本不但不接受中國的建議，還完全不顧中國的反對，開始單方面進行海底資源的調查，最近甚至批准一家日本公司進行開採。為了使其這一行動顯得更加合理化，日本找到了「中國能源威脅論」這麼一個自認為完美的藉口。

三、「中國能源威脅論」沒有任何根據

其實，我們大家心裏都十分明白，「中國能源威脅論」是沒有任何根據的。歸結其原因大概有如下幾點：

1.中國對油價的影響不是很大

儘管中國的石油需求增長迅速，但據此把國際油價暴漲歸罪於中國未免太不公平了。事實上，西方發達國家仍是石油消費的主體，目前不足世界人口百分之十五的發達國家消費了全球百分之六十以上的石油。相關資料顯示，中國石油進口量在世界總體進口量中所佔的份額並不高。二〇〇四年，中國原油進口僅為一．二億噸，僅為世界各國原油進口量的百分之六十六，而美、日兩國分別高達五億噸和二億噸。顯然，中國難以對國際油價產生多大影響，相比美日而言，影響顯而易見。

2.中國是高油價的受害者

事實究竟是什麼?很簡單，美國才是國際油價上漲的幕後操縱者，高油價是美國打向中國的一記「七傷拳」。到目前為止，任何一個國家都離不開石油，中國也不例外。隨著經濟的增長和人民生活水準的提高，中國需要進口大量的石油。為了有效限制中國的經濟發展，美國想盡一切辦法，使國際油價長期保持在高位。俄羅斯《勞動報》近期刊登的一篇文章指出，石油價格居高不下是美國政府操控的結果，美國企圖給迅速發展的中國下個「石油絆索」，其險惡用心可見一斑。

3.中國能源自給率非常高

中國既是能源消耗大國，也是能源生產大國，進口只佔中國能源消耗的一小部分，中國解決能源主要立足於國內，目前中國的能源需求總自給率高達百分之九十四。因此「中國的發展，過去不曾、現在沒有、將來也不會對世界能源安全造成威脅。」

4.美國對中國過於敏感和擔憂

美國國際政治和國際關係專家漢斯．J．摩根索在為《美國在中國的失敗，一九四一～一九五〇》一書作序時寫道：「講到中國，美國人就分成兩類，一類患了神經病，另一類則患了精神病。」這一論述用在「中海油併購優尼科」事件上真是恰如其分。企業的國際併購在全球化的時代是一種再正常不過的行為，而且美國的石油公司被外國公司併購的例子不勝枚舉，如一九九〇年委內瑞拉的石油公司 Petroleos de Venezuela S.A 收購美國西果石油公司（Citgo Petroleum Corp.）、一九九八年英國石油公司（BP）收購美國的阿莫科石油公司（Amoco）。

四、中國與世界加強合作，共同維護國際能源安全

全球能源安全是人類共同面臨的課題和挑戰，維護國際能源安全要靠世界各國的共同努力。在上個世紀一百多年的時間裏，佔世界人口百分之十五的發達國家陸續實現了工業化和現代化，卻消耗了全球百分之六十的能源和百分之五十的礦產資源。進入新世紀的一百年或更長時間，包括中國、印度、巴西等在內的佔世界人口百分之八十五的發展中國家，將陸續實現工業化和現代化。

按照歷史發展規律來看，工業化是社會財富積累快、生活水準提高迅速的歷史階段，同時也是

能源資源消耗大的歷史階段。如何解決日益嚴峻的人口、資源、環境與工業化加快、經濟快速增長的矛盾，是人類發展需要回答的問題。

那麼人們將面臨著這樣的抉擇：第一種，繼續走大量消耗資源能源的傳統工業化道路，這是地球資源和環境難以承受的，是走不通的；第二種，以資源能源和環境的制約為由，抑制、放緩甚至企圖迫使發展中國家放棄實現工業化和現代化，這是不公正的，也是不可能的；第三種，走出一條低投入、高產出、科技含量高、資源消耗少、環境污染小、人力資源得到充分發揮的新型發展道路，這是包括中國在內的發展中國家應選擇的正確道路。所以，應大力推進增長方式轉變和經濟結構調整，以科技創新為動力，以人與自然的和諧相處為特徵，努力建設資源節約型、環境友好型社會。這是發展中國家對維護全球能源安全的最大貢獻。

作為先行實現工業化和現代化的發達國家，有責任，也有義務為維護國際能源安全。這不僅是因為發達國家在推進工業化和現代化的過程中，已消耗了全球過多的能源和礦產資源，而且是因為目前發達國家仍然是全球能源資源的主要消耗者。二〇〇五年，OECD國家石油消費佔全球石油消費總量的百分之五十九．二。人類只有一個地球，地球的資源能源不是某些國家、某些人獨享的，而是各個國家共用的。

胡錦濤主席在俄羅斯聖彼德堡舉行的八國集團同發展中國家領導人對話會議上提出，為保障全球能源安全，應該樹立和落實互利合作、多元發展、協同保障的新能源安全觀。要加強能源出口國和消費國之間、能源消費大國之間的對話和合作，加強先進能源技術的研發和推廣，促進油氣資源開發，實現能源供給全球化和多元化，確保穩定的、可持續的國際能源供應，確保合理的國際能源價格，確保各國能源需求得到滿足。各國應通過對話和協商解決分歧和矛盾，求大同、存小異，而不應該把能源問題政治化，更不應該動輒訴諸武力，切實維護能源安全穩定的良好政治環境。新能源安全觀的提出，對於推動建立清潔、安全、經濟、可靠的世界未來能源供應體系具有十分重要的意義。中國將按照新能源安全觀的要求，按照平等互惠、互利雙贏的原則，加強同各能源生產國和消費國的合作，與世界各國一道共同維護全球能源安全。

中國作為一個負責任的大國，已經提出建設節約型社會，同時積極推進能源多元化，鼓勵替代能源的發展，提倡使用清潔能源，加大國內石油勘探開發力度，並保持原油進口的適度增長。

保證正常的石油供應和穩定的石油價格，不僅有利於促進中國經濟的可持續發展，也有利於促進世界經濟的繁榮和穩定。目前的高油價，已經成為世界經濟發展的主要挑戰之一。在經濟全球化的今天，能源安全不是一個國家能夠解決的問題，國際社會必須加強合作，攜手應對挑戰，促使虛高的油價回歸理性，以推動世界經濟平衡有序健康發展，這樣，戰爭才會減少，能源才不至於枯竭得如此之快。

四、中美日在非洲沒有硝煙的交鋒

非洲被稱為「第二個波灣地區」，因為它的石油儲量巨大，僅次於波灣地區，因此，也成了人們關注的焦點，它的動亂衝突、外交活動、經濟合作、戰略調整，多少都與石油有直接或間接的關係。如今，由於盛產石油的非洲在西方外交戰略中的地位陡然上升，非洲眾多「黑金」之國被更大範圍地推上世界政治和經濟舞臺，非洲大陸的「石油爭奪戰」已是狼煙四起，而且戰火還在不斷燃燒和擴大。

隨著時間的推移，中國和日本之間的能源爭奪戰也悄然升級。以前，在中國東海、俄羅斯、中亞、東南亞等地區已經看到了它們明爭暗奪的身影，而如今它們的戰場也轉移到了非洲大陸。《經濟學人》（TheEconomist）稱，中國二〇〇四年超越日本，成為僅次於美國的全球第二大石油消費國。二〇〇四年，日本的進口原油總量有所下降，但從非洲進口的原油仍增長了百分之二十，中國則增長了百分之三十五以上。

二〇〇二年，日本首相的外交關係專責小組表示：「在非洲宣導民主，提升其管治能力，對全球的穩定繁榮都會產生非常積極的影響。」日本對尼日共和國和剛果民主共和國的選舉給予全力支持，並為非洲的法治、人權等活動提供資金援助。二〇〇五年十月，日本向聯合國人類安全信託基金（United Nations' Trust Fund for Human Security）捐助了兩百萬美元，以幫助駐紮在蘇丹的非洲聯盟維和團（African Union Mission）軍隊進行國際人權法方面的培訓，可見，日本對非洲國家非常地「關愛」。

然而，奇怪的是，非洲國家對於日本的慷慨解囊似乎並不領情。二〇〇五年七月，非洲聯盟決定向聯合國提出非洲國家獨立的安理會改革方案，這使得一直謀求非洲國家支持的四國集團（日本、巴西、德國和印度）大受打擊。聯合國安理會常任理事國之一的中國明確表態，反對日本「入常」，並對非洲的方案給予正面支持。

其實，中國為確保國內的能源供應，對非洲的能源資源覬覦已久，同非洲的富油國家打得火熱。中國國有石油企業已把觸角伸入這些國家的石油勘探、提煉、加工、輸送等領域。從蘇丹、查德、利比亞、尼日共和國、阿爾及利亞、加蓬、安哥拉等非洲國家進口的石油，已佔中國總需求的百分之二十五。這些非洲國家單個來講僅佔中國進口量的很小比例，但非洲石油出口的很大一部分都運往了中國：中國買走了安哥拉百分之二十五的石油產品，蘇丹的百分之六十，赤道幾內亞、尼日共和國和加蓬的比例都在直線上升。在這些貧窮國家，石油工業是它們GDP的主要來源。

安哥拉大約有一千三百萬人口，但絕大多數仍掙扎在貧困線上，國家通過石油換來的財富全落入了極少數有錢人的口袋。二〇〇四年三月，中國同安哥拉簽訂了高達二十億美元的「工程換石油」協定。這筆合約被安哥拉官員稱作「面向二〇〇五年的重大經濟新聞」。安哥拉財政部長若澤·德莫賴斯（Jose Pedrode Morais）相信，中國以後對安哥拉的貸款額將不少於二十億美元。他說：「我們問中國同行，將來會否提供更多貸款，他們給予了肯定的回答。」

中國在非洲「掠」油「佔」地的行為，引起了日本媒體的廣泛關注。二〇〇五年二月，《讀賣新聞》（Yomiuri Shimbun）稱，中國正在非洲實施圈地運動，加快對能源的爭奪；二〇〇五年八月，《產經新聞》（Shankei Shimbun）發表社論，則稱應對中國和支持恐怖主義、反對民主的國家進行貿易的趨勢提高警惕。

中東是美國長期的最大的石油進口地，但在二〇〇六年這一桂冠卻戴在了非洲頭上。據《華爾街日報》引述的美國政府資料顯示，二〇〇六年美國從非洲的石油進口量二十一年來首次超過了中東。

美國能源情報署的初步調查資料顯示，美國二〇〇六年的原油進口量較上年下降了百分之〇．三，由二〇〇五年的日均一千零一十二．六萬桶降至一千零九．五萬桶。在美國的原油進口量中，來自非洲和中東的各自佔到了百分之二十二，但就實際規模而言，非洲的石油日輸美量要比中東多出八千桶，達到了兩百二十三萬桶。這不僅較二〇〇五年增加了百分之四．八，而且是一九七九年以來的最高水準。此外，非洲石油在美國市場所佔百分之二十二的比例也是二十五年之最，二〇〇五年這一比例為百分之二十一，二〇〇二年時甚至都不足百分之十三。

相比而言，二〇〇六年中東地區向美國日均出口原油兩百二十二萬桶，儘管這一數字只比二〇〇五年減少了二萬桶，但卻已是連續第三年出現下降。與非洲形成鮮明對比的是，二〇〇六年中東原油出口美國的規模下降至一九九八年以來的最低水準，而在美國市場所佔百分之二十二的比例同樣也是一九九七年之後未曾有過的低水準。加拿大自二〇〇四年以來便取代沙烏地阿拉伯成為美國最大的原油供應國，二〇〇六年的對美原油日供應量更是達到一百七十八．二萬桶，比二〇〇五年增加了百分之九．一。

二〇〇三年三月，安邦分析師曾在《每日經濟》中預測，在石油供給上，西非將成為第二個中東地區，並建議中國從戰略上加強與非洲產油國的合作。在當時，美國從非洲進口石油的比例已經達到百分之二十。三年後，非洲已經超過中東地區成為美國最大的石油進口地區。

那麼，為什麼美國又選中了非洲呢？主要有三大理由：一，非州石油供應地多元化，可減少中東產油國對美國經濟的牽制作用；二，非洲油田大多位於大西洋海底或中西非沿海，其地理位置更靠近美國；三，撒哈拉以南的大部分產油國不屬於 OPEC 成員，不會受到同業聯盟產量的限制。據美國國家情報委員會預測，在美國原油進口總量中，非洲能源所佔比重將從二〇〇四年的百分之十五提高到二〇一五年的百分之二十五。

美國已經對非洲石油產生了強烈的依賴，再加上非洲是美國推廣民主的重要基地，華盛頓的決策者必須考慮中國的舉動將對美國外交政策產生的影響。其實，華盛頓的能源安全不僅在非洲受到挑戰。若能源爭奪引發貿易糾紛的話，亞洲經濟發展將受到威脅，進而危及全球經濟形勢。中日關係因東海天然氣開採而日益緊張；讓美國進退兩難的是：一邊是戰略盟友，一邊是不可小覷的崛起大國。在日前遞交給國會的年度報告中，美中經濟與安全審查委員會（US-China Economic and Security Review Commission）批評布希政府的對華政策「缺乏協調一致」，要求總統布希同中國方面共同設立一個高層次的聯合能源小組，在提高能源使用效率方面進行合作，並阻止中國在非洲、中亞和拉丁美洲收購石油資產的勢頭。

這次美國最大石油進口地的更替，具有非常重要的意義。在美國的全球戰略中，能源戰略是最重要的組成部分之一。美國長期以來的中東戰略，包括兩次攻打伊拉克直到推翻海珊政權，都與中東在全球石油供應中的重要地位密切相關。由於中東地區長期的動亂不安，美國在保證中東利益的同時，也加強了對中東以外的石油進口區的開發，而非洲則是其中的重點。這種轉變不僅對於美國，對於中國、日本、印度等石油進口大國來說，都有著相當重要的戰略意義。

第一，這意味著美國已經基本完成了其尋求油氣資源進口多元化的戰略轉型。美國一方面控制著大部分波灣地區，這已經扼住了全球石油的主要供給線。現在美國又把能源戰略的重心成功向非洲轉移，實際上是實現了對全球兩大石油供應地區的戰略控制。這對其他尋求從非洲獲取油氣進口的國家來說起到了戰略上的連帶作用。

第二，非洲在美國全球能源版圖上的戰略地位進一步提升，各國在非洲的石油競爭將會加劇。據了解，美國公司近年在加大投資非洲的同時，放棄了很多投資中東石油業務的機會。這對中國的影響將尤其突出。美國的一項統計顯示，二〇〇七年中國進口石油的百分之二十八來源於非洲；而國家發改委能源局官員透露的資料顯示，二〇〇五中國從非洲進口超過了三千萬噸石油，佔中國石油進口總量的百分之三十。從二〇〇四年開始，中國已經超過日本成為僅次於美國的第二大非洲石油進口國。中國近年明顯加強了與非洲各國的外交與經貿合作，中國領導人也多次出訪非洲各國。這意味著，未來在非洲石油供應上的競爭，主要是中國和美國的爭奪戰。

第三，中美兩國主要的石油供應國現在的「重合度」在增加，中東的沙烏地阿拉伯、非洲的安哥拉、南美的委內瑞拉，都是中美兩國的重要石油供應國。尤其有代表性的是，身為美國第七大原油供應國的安哥拉二〇〇六年對美原油輸出量則大幅攀升，二〇〇七年全年比二〇〇五年增加了百分之十二・五，至日均五十一・三萬桶，為歷史之最。而安哥拉對中國的石油出口水準也在增加。

二〇〇六年一～十一月，安哥拉對中原油出口大幅增加百分之三十四，成為中國的頭號石油進口國，二〇〇六年全年對華石油出口僅比沙特少百分之二。

非洲已經成了美國的第一大石油供應地，是美國完成海外石油供應重心轉移的重要事件。這將加大中國與美國在非洲石油供應中的競爭，中國對此應該妥善應對，爭取與美國形成競爭與合作的關係，而不是競爭與對抗的關係。

石油素有「經濟命脈」之稱。西方發達國家希望通過開發非洲石油為它們的工業輸送急需的「血液」；非洲產油國希望通過與這些國家的能源合作，實現雙贏互利，促進自身發展。但願非洲石油戰的縷縷狼煙所昭示的不再是強者對弱者的掠奪，而是投資者與產油國的共同繁榮，這應該屬於一種進步。

為了大家的共同利益，美、中、日三國政府應加快合作，制定一個兩全其美的遠景目標。該目標既要確保能源供應，研發替代能源和節約能源的措施，降低能源對抗的可能性，減少能源衝突的成本，還要盡可能地幫助非洲等地區的石油出口國改善人權狀況、提高管治能力。作為世界三大石油消費國，美、中、日三國責無旁貸。

五、俄烏兩國的油氣戰

世界複雜多變，國與國之間的矛盾和衝突更是不會以人們的意志為轉移，無法預測，更無法阻擋。不管這種矛盾以怎樣的方式爆發，通過什麼手段解決，有一點是肯定的：即當事方都以維護本國利益為出發點，以爭取更好的地緣政治地位為目標。近來爆發的俄羅斯與烏克蘭之間的「天然氣危機」，看起來只是某種商品的定價問題，實際上卻是兩國地緣政治地位演變的結果，其中隱藏著重大的外交與戰略之間的較量。

烏克蘭是獨聯體成員國，原本屬於俄羅斯的地緣勢力範圍。在經濟上，就像和其他獨聯體國家一樣，烏克蘭與俄羅斯有著密切的關係。長期以來，俄羅斯以遠遠低於國際市場的價格向烏克蘭供應天然氣，這種經濟上的優惠政策是維繫俄烏關係的重要紐帶。但是，一場所謂的「顏色革命」徹底顛覆了這種由來已久的傳統關係。

經過以西方為背景的「顏色革命」後上臺的烏克蘭新總統尤先科，政治上傾向美國和西方，對俄羅斯持疏遠態度。烏克蘭地處俄羅斯與西方的敏感戰略地帶，烏克蘭的政治取向直接影響著俄美在這一地區的地緣政治地位。烏克蘭政治上的「西方化」，對作為本地區傳統大國的俄羅斯是一個沉重的打擊，烏俄關係在尤先科執政後出現倒退是預料之中的事。在這樣的境況下，俄羅斯提出將天然氣價格提高到接近國際市場水準的價格，由此引發了一場由「氣」而衍生的俄烏政治風波。

在本次風波中，俄羅斯總體上保持了比較強硬的態度。二〇〇六年一月一日，俄羅斯切斷對烏克蘭天然氣供應之後並未就此罷手，而是連續使出凌厲招式，力爭迫使烏克蘭早日就範。

因為烏克蘭是俄羅斯天然氣輸往歐盟多個國家的必經之地，而且烏克蘭此前曾發出威脅，宣稱一旦俄羅斯切斷對烏天然氣供應，將會截取俄輸往歐盟的天然氣。為此，俄羅斯外交部在烏燃氣供應被切斷後，緊隨其後發出聲明，警告「如果烏克蘭私自偷氣，將為此承擔一切後果」。

然而，二〇〇六年一月一日晚，俄羅斯天然氣工業股份公司發言人庫普里亞諾夫對新聞界說，最新情況表明烏克蘭已經開始非法截留俄通過其境內向歐盟國家輸出的天然氣，並表示將在二日公布烏方一日對俄天然氣的「竊取」量。隨著俄烏關係劍拔弩張，駐紮在烏克蘭境內的黑海艦隊也在一日深夜宣布進入戒備狀態，提高對包括燈塔在內各種水文設施的防護，以防止雙方能源衝突升級後發生意外事件。

俄羅斯狠狠地出了一拳，但烏克蘭政府不僅沒有示弱，而是做出了同樣強硬的回擊。不過，由於烏克蘭國內天然氣消費量的三分之一要來自俄羅斯，烏克蘭這種回擊多少顯得有些無奈，甚至有些力不從心。

烏克蘭總統尤先科於一月一日晚在新年致詞演講時，措詞嚴厲地批評了俄羅斯切斷對烏能源供應的做法，指責俄羅斯的表現就像在戰爭時期一樣。他甚至將這場能源爭奪抬高到「烏克蘭獨立之戰」的高度。尤先科還再次重申了本國的立場，稱每千立方米兩百三十美元的俄羅斯天然氣報價是不可接受的，這是符合烏克蘭國家利益的基本原則性立場，無論如何不會改變。不過他也表示，烏克蘭願意從一月一日起以合理的市場價格從俄羅斯購買天然氣。

與此同時，還不忘安撫國內民眾，強調烏克蘭居民不會感受到天然氣運輸管道系統內的送氣壓力下降的影響。「我們想聲明，烏克蘭保持著天然氣平衡，我們今天可以對烏克蘭公民說，他們不會沒有天然氣可用。目前，烏克蘭啟動了資源動員機制，並通過挖掘內部能力和動用儲備的方式，彌補一天內未從俄羅斯得到的一．二億立方米天然氣。」

烏總理葉哈努羅夫對於俄羅斯指責烏克蘭偷氣的說法，在一日則明確反駁稱「今天我們沒有使用一立方米俄羅斯天然氣」。烏石油天然氣公司發言人札尼烏科也再次保證說：「我們有足夠天然氣供應民眾及市政服務。」

烏境內許多民眾對俄羅斯的做法也十分不理解，許多人表現得非常憤怒。二十七歲的職員卡提娜此前並不支持尤先科政權，但在俄烏能源衝突之後，堅定地支持現政府。「我們必須團結起來，向俄羅斯展示他們絕對不會讓我們屈服。」而據俄羅斯《莫斯科回聲》電臺報導，目前已經有手機用戶在借發手機短信拜年之際，鼓動烏民眾「聯合起來，抵制俄貨」。烏克蘭手機用戶之間傳播最廣的一條短信內容是：「記住天然氣的事，不要購買俄貨！」不過烏克蘭當局對此態度明確，嚴禁手機用戶用這種方式煽動民族情緒，以釀成更嚴重的事件。

美國和歐盟一直保持著對於俄烏能源衝突戰的高度關注。對於美國而言，這涉及到自己鼎力支持的尤先科政府能否渡過難關，而歐盟則更擔心這場衝突會讓依靠俄羅斯天然氣過冬的一些歐盟國家斷絕了能源。

一日，美國政府在俄羅斯政府切斷對烏天然氣供應後表示，對俄羅斯的這一決定感到遺憾，因為俄羅斯此舉使這個地區的能源供應「不穩定」。美國國務院發言人麥克馬克發表聲明說：「俄羅斯突然採取這一行動，使當地的能源供應不穩定，同時也使人深切質疑，俄羅斯是否利用能源施加政治壓力。」麥克馬克說：「我們已經對俄羅斯與烏克蘭表示，我們支持在能源方面採取市場價格的行動，但是我們認為，這一改變應該在一段時間內逐步實施，而非突然片面宣布實施。」麥克馬克指出，俄羅斯與烏克蘭在維持良好聲譽方面的利益相同，美國希望雙方能夠化解爭執，「在能源供應的安全與穩定方面達成協議」。

與美國同時，歐盟表示，俄切斷對烏克蘭的天然氣供應，可能會影響歐洲地區，因為俄羅斯對歐洲國家供應的天然氣，大部份經由烏克蘭的天然氣管路輸送。為此，歐盟執行委員會已經決定召開會議，討論與此有關的問題。歐洲聯盟執行委員會發言人陶姆說：「執行委員會將請求俄羅斯與烏克蘭澄清目前的情況，顯然其中有許多問題。」陶姆表示，歐盟相信俄羅斯將會與烏克蘭化解爭執達成協定。歐盟二十五國的天然氣專家，也將於四日在布魯塞爾開會商討對策。

最後，俄羅斯和烏克蘭勢不兩立的天然氣之爭以俄恢復向烏供氣獲得解決。雖然歐洲社會普遍鬆了一口氣，但是歐洲並未因此產生如釋重負般的輕鬆。相反，卻就能源供應的可靠性、俄羅斯在歐洲的政治地位和信譽等帶有長遠影響的戰略性問題提出了一連串的疑問。輿論界和政界不僅僅紛紛質疑對俄羅斯天然氣的依賴是否會演變成一種政治風險，而且對俄羅斯把天然氣當作某種在歐洲建立或改善其政治影響力的武器產生很深的疑慮。因此，當俄羅斯說到做到，斷然關閉向烏克蘭輸送天然氣閥門時，「某些政治家們會感到脊背上冷汗直流」。

從經濟角度看，俄羅斯對天然氣漲價無可厚非，甚至對俄羅斯在與其鄰國的衝突中捍衛自己的利益也無可指責。正如有些報刊所說，天然氣是俄羅斯的，俄羅斯想賣多少錢原則上就可以賣多少錢。

然而，也同樣如許多報刊所指出的那樣，在與烏克蘭的爭端中，人們都嗅到某種「敲詐」、「威脅」和「懲罰」的氣味。

白俄羅斯總統盧卡申科曾經堅決反對俄羅斯國營天然氣公司在穿越白俄羅斯的管道參股，二〇〇四年俄羅斯就曾使用過關閉供氣閥門的殺手鐧迫使白俄羅斯屈服。盧卡申科經過與俄羅斯的艱苦談判，最後同意把一條輸氣管出售給後者，而作為回報，白俄羅斯得到每一千立方米天然氣僅四十七美元的優惠價格。

二〇〇四年，當烏克蘭還未發生「顏色革命」，其領導人還採取親俄立場時，俄羅斯政府曾要求其天然氣公司與烏克蘭簽訂為期五年的每一千立方米僅五十美元的供貨合約。尤先科成為烏克蘭領導人後，採取親西方立場，極力擺脫俄羅斯影響，顯然構成了這次引人注目的天然氣之爭的背景。

烏克蘭按俄羅斯的要求每年要為其購買的天然氣付出七十八億美元，而過去僅為十七億美元，其差距相當於烏國內生產總值的百分之十。難怪烏克蘭不能接受。同樣的俄羅斯天然氣，出售給西歐諸國價格為一千立方米兩百至三百歐元，出售給格魯吉亞、亞美尼亞為一百一十美元，出售給莫爾達瓦目前為八十美元。

就如德國的《經濟週刊》所說，俄羅斯天然氣公司完全是按照克里姆林宮的政治情緒確定其出口價格的，對特殊的朋友減價，對富裕的和政治上「不討人喜歡」的顧客就加價。西歐輿論指出，儘管普京總統曾表示不把天然氣和石油作為政治武器，但是俄烏天然氣之爭表明，即使還不能說能源已成為「大規模毀滅性武器」，至少已經成為「威懾性的經濟武器」。

西歐輿論普遍認為，俄羅斯仰仗其天然氣資源大國地位雖然在這次爭端中顯示了其強力地位，但其手段卻損害了俄羅斯的形象，尤其是作為可靠的、守信用的能源供應者的形象。在俄羅斯今年成為八國首腦會議主席國和爭取加入世貿組織之際，尤其不利。西歐各國，尤其是如德國這樣在能源方面對俄羅斯依賴程度較深的國家，雖然在俄烏爭端之外，而且官方一直保持低調，但實際上一直在緊張地注視著俄羅斯的舉動。

德國《法蘭克福彙報》的社論說，歐洲最大的能源供應者企圖用天然氣達到控制一個顧客的經濟基礎設施和影響其內政的目的，而這絕不僅僅涉及烏克蘭。德國自民黨名譽主席、前經濟部長奧托．格拉夫．拉姆斯多夫撰文認為，必須重新考慮不久前開工的俄德波羅的海天然氣管道工程。他問道，如果德俄關係緊張，俄羅斯會不會以此向德國施加壓力？因此，俄烏天然氣爭端投下的陰影絕不僅限於俄烏之間的雙邊關係。

西歐及德國從俄烏爭端得出的第一個結論就是，能源供應的來源必須多樣化，集中在少數幾個、政治上通常不可靠的國家手中是危險的。德國的初級能源來源中天然氣的比例為百分之二十二．四，大約一千七百萬個家庭靠天然氣取暖，從俄羅斯的進口的依賴比例在百分之三十五至百分之三十九之間，法國為百分之二十五．三，奧地利為百分之六十五，波蘭為百分之六十二，匈牙利為百分之六十八，捷克為百分之七十九，保加利亞最高，為百分之九十九。二〇〇〇年，經濟合作組織中的歐洲國家天然氣消費量的百分之三十六靠進口，估計二〇三〇年將達到百分之六十三。歐洲多數國家的天然氣進口主要來自俄羅斯一國。據國際能源組織的意見，這種依賴程度現在就太高了。有報刊甚至認為，這種依賴簡直就是對未來不負責任，是短視的表現。

德國經濟部長在俄烏爭端升級之後，提出要延長核電站的壽命，觸發了德國政界一場辯論，因為早在施羅德執政初期，當時的社民黨和綠黨聯合政府就決定了核電站關閉的期限。默克爾總理上臺之後，大聯合政府仍維持原議。現在參與執政的基社盟主席施托伊貝爾表示，這個辯論要繼續下去，而默克爾日前表示，仍遵守原議。俄烏爭端造成德國聯合政府內聯盟黨和社民黨的爭論，僅此一端，足以看出這場天然氣之爭的深遠影響了。

六、印度擠入中亞油管，鼻子扁了也不惜

印度為獲取高速經濟增長所需的能源，外交舉措越來越向石油和天然氣領域傾斜，正盡全力發展有可能成為其能源供應者或能源通道的國家間的關係。印度的能源外交是向北全方位發展與俄羅斯的能源合作，謀求俄羅斯油田開採權；向西不惜與宿敵巴基斯坦合作，建立伊朗經巴到印度的能源管道；向東佔有緬甸天然氣的大部分出口市場，修建從緬甸經孟加拉到印度的天然氣管線。

印度能源戰略是以獲取鄰近區域的油氣資源為基礎，進一步擴展到非洲、拉丁美洲，形成全球規模的印度能源供應體系。現在印度控股非洲石油開採的力度越來越大，並已取代加拿大成為蘇丹油田的主要投資者。

印度領導人目睹了俄羅斯與中國的能源合作繼續擴大及深入，所以他們的心情相當複雜，便設想鋪設一條從俄羅斯經中國到印度的油氣管道。因此，印度成了除美俄之外爭奪中亞油管新的競爭對手。

俄羅斯、中國、印度是世界上目前經濟發展最快的幾個大國，它們之間的任何合作都必然引起全球矚目，而中俄印三國的能源合作才剛剛起步，這條設想中縱貫亞洲南北的油氣管道一旦建成，將為三國和整個亞洲地區帶來怎樣的發展動力，令人產生無限遐想。

然而當時的局面是，印度作為貧油國家對中俄印油氣管方案非常支持；中國政府雖未表態，但

如果各方面條件成熟，會積極參與、促成；最關鍵的一方就是俄國，俄國作為管道源頭，過去幾年對此管線方案態度冷淡。現在印度態度熱切，但如果俄國不積極，中俄印建油管還是「紙上談兵」。

印度國防研究所一名能源戰略專家證實，印度設想的從俄羅斯途經中國到印度的油氣管道主要有三條，其中兩條從西伯利亞開始，分別為：西伯利亞—秋明—鄂木斯克—塞梅伊—德魯茲巴—烏魯木齊—庫爾勒—庫車—阿克蘇—喀什—塔里木—印度；西伯利亞—秋明—阿斯塔納—卡拉干達—比什凱克—伊蘇庫爾—喀什—印度。另外一條是從東西伯利亞開始，即伊爾庫茲克—烏蘭巴托—玉門—敦煌—和闐—印度。以上線路都需要以中國的烏魯木齊和喀什作為樞紐，然後才能到達印度。

印度人對開通俄中印油氣管道有著很大的興趣。有當地媒體積極評價說：「鋪設途經中國到俄羅斯的油氣管線，不僅可以使印度解決經濟發展所急需的能源需求，從長遠看，也可以使印度納入中亞經濟合作一體化的軌道上來，要知道中亞地區蘊藏著令人垂涎的戰略能源。」

有印度能源戰略專家還認為，「這個計畫對中國有利無害」。他說，中國不僅可以通過中轉收取一筆高額費用，相關建設還會推動中國這些地區經濟的發展，拉動中國與南亞諸鄰國的經貿合作。作為合作回報，印度可以向中國提供通往波灣地區的能源通道。他說，中國目前過分依賴途經麻六甲海峽和南中國海的海上能源通道，如果能夠借道印度從陸路輸送能源，「對於中國來講也是多了一個選擇」。不過他承認，這個計畫最大的困難在於地理障礙，「這些管道很難穿越喜馬拉雅山脈」。

儘管這樣，俄羅斯多數媒體對俄中印油氣管道問題選擇了沉默。二〇〇六年三月二十八日，只有俄新社採訪了印度尼赫魯大學俄羅斯和亞洲問題研究中心的專家，對方強調，「建成統一的基礎設施將俄石油和天然氣輸往中國和印度的必要性是顯然的。」

那麼印度為什麼會這麼積極地推出這個方案呢？最主要的原因在於印度屬貧油國家，對石油進口的依存度高達百分之七十，越來越跟不上印度經濟高速增長的節奏。普京訪中期間，中俄在能源合作方面達成重要共識，給了印度一個提示。因為俄不會把「雞蛋」只放在中國一個「籃子」裏面，印度同樣是俄多元化能源外交的重要目標，印度看到了中俄能源協議背後的巨大機遇，他們當然不會輕易放棄。

另外的原因是，印度提出從俄穿越中國抵達印度的石油天然氣管道，基本上是一條縱貫亞洲大陸的超長管線，其實現尚有一些困難之處。中國現代國際關係研究院研究員許濤從技術角度分析，他認為，印度專家提出的能源管道建設構想顯得有些倉促。

這是因為雖然是三條線，但在南下印度前全都集中在中國新疆的喀什、和闐地區，幾乎等於只有一個出口。其次，這一管道體系的修建成本也是不可忽略的。尤其三條管線的走向都由中國新疆南部進入印度北部，海拔五千～八千公尺的喀喇崑崙山是無論如何都繞不過去的地理屏障，這裏的大面積冰川、永凍層和高海拔「生命禁區」，不僅給施工帶來極大難度，管道建成後維護站點的工作也將十分困難。而且這些管線還須分別經過巴丹吉林沙漠、古爾班通古特沙漠、塔克拉瑪干沙漠等大段人跡罕至的地區，修建和維護成本也將大大高於常規狀況，這無疑是做賠本買賣。

因此，中國社會科學院世界經濟與政治研究所學者劉明女士指出，修建如此漫長的管道，一次性投資巨大，而且地跨三國，怎樣確定投資關係，會是一場複雜艱苦和耗時很長的談判。印度方案看來會建立在俄中油氣管道的基礎上，而即使是從西西伯利亞到中國新疆的輸氣管線，按照俄羅斯專家的說法，起碼也要到二〇一一年才能投入使用。再將其延長通入印度北部，又至少要十年以後了。時間如此之久，變化無人預知。

印度提出這樣一項雄心勃勃的計畫，並非突發奇想，而是醞釀了很久的。二〇〇五年六月，中俄印三國外長在俄羅斯符拉迪沃斯托克舉行三邊會晤，印度外長在會上就明確表示，能源合作是印度同中俄合作的重中之重，並主動提出由印度來主辦即將在二〇〇六年四月底在新德里首次召開的三邊商務會談。印度接近官方的專家透露，在這次會上，印度「一定會提出中俄印輸油管的計畫，而且不止一條」。

而且據此還得知，即使上述油氣管線因為天然屏障無法修通，印度還藏著不少備選方案。比如，通過現在連接新疆和西藏西部日土城的阿克賽欽公路鋪設管線，因為從日土到印度喜馬偕爾郡的距離不是很遠，而且地形相對平坦。而早在二〇〇五年十一月，印度石油和天然氣部長艾亞爾還在亞洲主要油氣生產國和油氣消費國的第一次圓桌會議上提出過修建泛亞石油天然氣管道的建議，他設想的藍圖是一條把俄羅斯、中國、日本、韓國、泰國、緬甸、孟加拉、印度、巴基斯坦、伊朗以及中亞和裏海地區連接起來的油氣輸送管道。真要建起來，長度有二萬兩千四百九十多公里，投資需要兩百二十五億美元，這真是一個世界上少有的龐大的工程。

印度媒體曾經這樣乾脆俐落地說：「現在哪裏有油田，哪裏就有印度的公司在競標；哪裡有天然氣，哪裡就有印度人的笑臉。」如此看來，這個說法真是一點兒也不誇張！

七、大國垂涎：火藥桶下的中東大油庫

一九〇八年，在伊朗發現了石油，中東的石油工業從此開始，至今已有近百年歷史。由於中東得天獨厚的石油地質條件，形成的油田數目多，儲量大，油井產量高，油層埋藏深度適中。加上便利的運輸條件，石油生產成本低，油氣開發效益極高，潛力巨大，於是這裏成了地球上的一個巨大寶藏。

中東最大的優勢就是儲量大，其石油儲量佔世界石油儲量的三分之二。據二〇〇五年統計，世界石油儲量為一千七百七十·六二億噸，僅中東地區就有一千零二十七億噸，佔百分之五十八。世界石油產量為三十五·九億噸，中東佔了近三分之一，為十一·五億噸。中東地區目前已發現五百六十個油氣田，其中油田四百八十四個，氣田七十六個。在全世界石油可採儲量大於六億噸的大油田（共三十八個）中，有二十六個在中東，佔世界此類大油田數的百分之六十八·四，而可採儲量在六千八百五十萬噸以上的油田多達九十五個。由此可見，中東油氣資源是多麼豐富。值得一提的是上面所說的這些僅是一部分，是已經鑽探的一百一十四個構造中的油氣儲量，另外有百分之七十的構造還未鑽探，其中的寶物更讓人垂涎三尺。

目前，全世界已發現並開發油田共四萬一千個，總石油儲量一千三百六十八·七億噸，主要分布在一百六十個大型盆地中。全世界可採儲量超過六·八五億噸的超巨型油田有四十二個，巨型油

田（大於〇・六八五億噸）三百二十八個。其中最大的當屬沙烏地阿拉伯的加瓦爾油田，它蘊藏的石油可採儲量為一百一十四・八億噸，天然氣儲量九千兩百四十億立方米，相當於全中國探明石油可採儲量的兩三倍，是中國天然氣已探明儲量的一半左右（百分之五十六・三）。世界第二大油田是科威特的布林甘油田，原始可採儲量一百零五億噸，世界第三大油田仍屬沙烏地阿拉伯海上的薩法尼亞油田，原始可採儲量為五十・五億噸。所以說中東是「世界油庫」是很有道理，也很符合實際。

現在，國際油價飆升嚴重制約全球經濟發展。各國紛紛致力於全球範圍內的石油爭奪。由於中東的石油產量位居全球之首。因此，大國在中東的石油爭奪便成為了各個國家實力的展示。而對中東石油的擁有量似乎已成為大國之間的政治、經濟博弈的籌碼。

美國「倒海珊」戰爭的勝利，為美國重新控制中東石油資源奠定了基礎。借助於這場戰爭，美國不僅控制了伊拉克石油資源，排擠了俄、法、德等國家在伊拉克的石油利益，而且通過扶持親美政權，控制中東的石油資源，逐步將其納入美國的戰略利益範圍，為其實現全球石油戰略，建立單極世界提供堅實的能源安全保障。由於海珊政權的垮臺，俄、法、德等國在伊拉克的利益遭受嚴重損失，但他們不會甘心，必將利用各種機會，角逐伊拉克乃至中東利益。

時下，伊拉克局勢依然動盪不安，以巴和談啟動無望，黎巴嫩政壇風雲激盪，使中東地區的形勢發展充滿變數。在此背景下，受政治、經濟、安全等諸多利益的驅使，大國競相介入中東，加大爭奪力度，把中東當作它們全球戰略的重要組成部分。

中東石油是大國發展經濟、提升其綜合國力必不可缺的戰略物資，因此美國、歐盟、俄羅斯和日本等均從自身的戰略利益出發，圍繞中東能源不遺餘力地進行明爭暗鬥，爭奪趨勢愈演愈烈。

蘇聯解體後，世界基本上是一超多強的格局。當然，美國希望在二十一世紀繼續維持這種領導地位，但是本世紀剛剛開始，美國延續了歷史上最長的繁榮結束了，高科技泡沫破裂了，美國股市大幅下跌，公司醜聞不斷，美元獨霸世界的形勢急轉。同時，歐元卻掉頭向上，歐盟東擴的趨勢更擋也擋不住，美國人在歐洲的主導地位岌岌可危。

為了挽回局勢，美國就要採取某種行動阻斷歐盟的上升勢頭，防止歐洲取代美國而掌握世界霸權，美國著眼於建立由其主導的世界新秩序，其總體目標是依託美洲、稱雄亞洲、控制中東，它通過「一張路線圖」、「兩個戰場」、「三個外交支點」，對中東步步緊逼。伊拉克之所以成為美國必欲得之始能稱心的真正原因，乃在於當今全球石油蘊藏量。有統計顯示，伊拉克一千兩百二十億桶蘊藏量堪稱全球第二，而如果伊拉克強化探勘，其蘊藏量將高達兩千五百億桶左右，從而成為真正的世界第一。另外，由於伊拉克被形容為「漂浮在石油大海上的陸地」，從而使伊拉克石油開採成本為世界最低，一桶只有二美元。因此，美國認為，只要取得了伊拉克石油，真正的超強才能具有確定的保證。

所以，從「九一一事件」到宣布伊拉克等國家為「邪惡軸心國」，美國一直在為開戰作準備，而最終美國面對全球如此強大的反對，仍欲征服伊拉克，並佔領其油田，可見這被其看作是它全球石油戰略最重要的一環，當它控制了伊拉克的石油，即可進而瓦解「石油輸出國家組織」，不但美國經濟將永遠有廉價的石油為支撐，並可以借著石油戰略做為全球支配的最主要武器之一。

中東對於歐盟來說，有著傳統和現實的雙重利益。面對美國可能武力攻打伊朗之前，為維護自己的石油等戰略利益，歐盟國家強烈反對開戰，而是堅持以談判解決。歐盟目前能源供應的百分之五十依靠進口，從中東進口石油佔總進口比重的百分之三十六。據歐盟估計，到二〇三〇年歐盟能源進口比例將上升至百分之七十，屆時從中東進口石油量無疑將更增多。其中德國為世界第三大石油進口國，每天需進口兩百八十萬桶，法國每天需進口一百九十萬桶。

儘管伊朗被美國列為「邪惡軸心」，但歐盟仍積極提倡對話與接觸，而不是孤立和遏制，目的是在失去伊拉克市場後，取得伊朗的能源供應。近年來，歐盟與伊朗就開發沿海氣田的贖買合同進行了談判，伊朗還提出了二十個石油、天然氣領域的投資項目供包括歐盟等國家的外商投資選擇。

俄羅斯視中東為其總體戰略的縱深，是緩解和平衡美在中亞地區擠壓其戰略空間的重要場所，打好中東牌，有望有效改善自己的地緣戰略處境，牽制北約和歐盟，俄以伊核、巴以問題等為切入點，展開中東務實外交，在一些問題上明顯站在與美以對立的立場上，抵制西方的滲透、控制和壓力。

為了能夠有效緩解「油荒」局面，我們中國不得不尋求更多的供應來源。二〇〇八年五月底，在北京舉行的中阿合作論壇第二屆部長級會議上，與會國家一致同意加強能源合作，增加對華貿易。分析認為這次會議是中國推動中東穩定以確保未來石油供應的戰略的組成部分。中國希望從中東獲得更多的石油。因此就有輿論指出，中國正在嘗試與美國敵對的政府接觸，以為其迅速發展的經濟提供足夠的能源。但中國表示並沒有意圖去削弱美國在中東地區的影響力。中國與阿拉伯世界的貿易額在過去的十年中增長了十倍，二〇〇五年達到五百一十三億美元，主要集中在石油、機器以及紡織領域。

此外，其他國家對於中東石油的需求也很迫切。日本能源需求中約百分之八十來自進口，幾乎所有石油都依靠進口，其中多數來自中東地區。日本與伊朗簽署了聯合開發阿札德干油田的協定。該油田是日本在中東地區自主開發的最大規模油田，日本和伊朗於前年簽訂了開發合同，但實際開發工作遲遲沒有開始。對於日本堅持開採，美國明確表示反對，美國是希望像日本這樣的美國盟國停止為伊朗提供資金援助。

通過以上分析，我們不難看出，目前的世界正處於一種新舊世界秩序的交替、轉換過程，大國的較量將決定整個世界的未來秩序安排。因此，如果美國的所謂石油戰略阻礙甚至威脅到歐元和歐盟的發展，歐盟國家必然產生相當的反彈，至於是否會形成歐、美之間的直接衝突甚至上升為軍事鬥爭，那要看雙方的政治、經濟、軍事的台前、幕後的較量和博弈。而中國在這個過程中恰恰扮演了一種平衡各方的角色，責任會更加重大！

《第三章》

能源危機下的各國應對之策

PART3

一、美國的能源多元化戰略

面對當前緊張的全球能源環境，美國早已捷足先登，在能源結構方面基本實現了多元化。在二〇〇四年美國的一次能源消費調查中，煤炭佔百分之二十四，石油佔百分之三十九，天然氣佔百分之二十三（油氣共佔百分之六十二），核能佔百分之九，水能佔百分之一，可再生能源及其他佔百分之四。美國石油總進口量佔全部國內終端石油消費的比例從一九八五年的百分之三十二上升到一九九五年的百分之五十和二〇〇〇年的百分之五十八，對進口石油的依賴越來越大成為近幾屆美國政府最關心的重大問題之一。

一、減少單一品種依賴

為了能夠減少對單一能源品種的過度依賴，美國首先力圖通過不同的能源品種之間的替代作用，實現能源品種的多元化。在基本實現能源多元化的基礎上，美國能源供應的重點在於已有主流能源的並行擴張。美國鼓勵增加化石燃料、水電、核電、可再生能源等各種能源的供應，並進口液化天然氣作為重要補充。美國計畫使二〇一〇年天然氣供應量增長一千七百億立方米，非水力可再生能源的發電能力達到兩千五百萬千瓦以上。

此外，美國的核電也出現了複生的趨勢，不但正在採取措施將既有核電站的壽命從四十年延長到六十年，而且正在考慮建設新的核電站。與歐盟不同，美國力圖通過強化開發新一代能源技術，從而減少當前對化工能源的過度依賴。這條發展之路的選取，是和美國綜合國力世界第一，具備全球領先的科學研究實力這一背景分不開的。

近年來，美國重點投資研究的能源技術：一是提出了氫能經濟的研究計畫，力圖通過開發氫能經濟體系降低對國外石油的依賴。二是提出了 Future Gen 計畫，可提高煤炭的利用效率。三是提出第四代核裂變反應堆的設想，為進一步發展核能做技術準備。四是重返國際熱核聚變堆的合作研究，更重視核聚變能的開發，將為熱核聚變堆的建設和運行投資幾十億美元。此外，美還關注天然氣水合物的研究，力圖早日使天然氣水合物成為可用的能源資源。

二、大幅增加儲備數量

在美國遭受歷史上最嚴重的「九一一」恐怖襲擊之後，布希政府立即認識到，作為美國經濟命脈的石油供應，一旦由於突發事件中斷，可能會給美國帶來災難性的影響。因此，在二〇〇一年十一月中旬，布希就下令能源部迅速增加戰略石油儲備。

可以說，戰略石油儲備是石油消費國應對石油危機的最重要手段。美國戰略石油儲備的目標是五．八億桶，可供三〇〇天使用。在對伊動武時已決定將石油戰略儲備從五．八億桶增至現有儲存能力極限的七億桶，以避免石油供應危機。

節能，作為一種特殊的能源來源，已高度受到美國的重視，不但政府帶頭注入研發資金，而且對剛剛邁入商業化的新技術給予各種政策優惠措施。二〇〇一年的《美國能源政策》中，高度重視建築節能問題和交通節能問題，並強調了通過高技術提高能源利用效率。文中還特別解釋了熱電聯產、混合動力汽車技術，顯示了對採暖所用油氣和汽車用油的關注。

美國的四大石油供應國主要是：加拿大、沙烏地阿拉伯、委內瑞拉和墨西哥，二〇〇二年美國從上述四國進口石油佔進口總量約百分之五十六。尼日共和國、伊拉克、英國、挪威、哥倫比亞、安哥拉、科威特等國也是美國重要的石油供應國，共佔美進口量的百分之三十左右。此外，還有百分之十五的石油以更小的規模從更多的國家進口到美。除了排名前六位的加拿大、沙烏地阿拉伯、委內瑞拉、墨西哥、尼日共和國和伊拉克以外，剩下的進口國每個國家所佔比例均低於百分之三，進口呈多元化分布。

三、提高能源利用率最大化

近三十年是美國能源市場經歷巨大衝擊和變化的時期，也是美國政府痛下決心進行能源戰略性結構調整的時期。目前美國能源結構從總體上看比較合理，供應也比較穩定，安全性明顯提高，從而對美國經濟的持續增長起到了重要的保障作用。在一系列能源政策中，提高能源使用效率以控制能源需求增長成為關鍵。

上世紀七〇年代前期發生的第一次石油危機曾對美國經濟造成巨大衝擊，並導致美國經濟陷入長時間的衰退。這使得美國政府大力調整能源政策和能源結構，其中一項重要內容便是制定嚴格的能源使用效率法，目的是提高能源使用效率。在眾多的節能措施中，提高汽車燃油效率的政策最具有代表性，它對控制美國的能源需求尤其是石油需求的過快上升起到了重要的作用。

在美國，幾乎人手一車，這個被形容為「車輪上的國家」，目前各類汽車的保有量達二・三億輛左右，汽車用油自然也成了美國能源消耗的「大頭」，因此不斷提高汽車能耗標準就成了控制能源需求的重中之重。在第一次石油危機過後，美國政府對汽車能耗的要求越來越嚴格，從而促使汽車生產商大力開發低能耗汽車。據美國能源部統計，一九七三年美國汽車每消耗一加侖汽油平均只能行駛十一・九英里（一英里約合一・六公里），其中保有量最多的小汽車和輕型卡車每消耗一加侖汽油分別可以行駛十三・四英里和十・五英里。而到了二〇〇二年，美國汽車每消耗一加侖汽油平均可以行駛十七英里，其中小汽車和輕型卡車每消耗一加侖汽油可以行駛的里程數分別提高到了二十二・二英里和十七・六英里。三十年前，每輛小汽車平均每年行駛九千八百八十四英里，耗油七百三十七加侖。而到了二〇〇二年，每輛小汽車的年行駛里程上升為一萬兩千兩百多英里，而油耗則降至五百五十一加侖。

對於美國這樣一個汽車超級大國來說，提高汽車的能耗標準，每年可以節約的能源是相當可觀的。也正是由於實施了諸多節能政策和措施，美國在經濟出現大幅增長的同時，能源需求僅出現有限的增長。美國能源部的統計顯示，以二〇〇〇年的美元價格計算，一九七三年美國的國內生產總值為近四・三四一五兆美元，二〇〇三年升至十・三九八〇兆美元，是一九七三年的二・四倍。而從美國的能源消耗量來看，二〇〇三年僅為一九七三年的一・四倍。從能耗產出來看，一九七三年美國每生產一美元的產值需要消耗一萬七千四百四十英國熱量單位（約合〇・四七八升柴油）的能源；而到二〇〇三年，一美元產值的能耗只有九千四百四十英國熱量單位（約合〇・二五九升柴油），減少了近一半。

四、能源來源全球化

美國能源走出去的全球化戰略也很明確：

1. 加強同俄羅斯的能源合作。俄羅斯是世界第三大石油生產國和第二大石油出口國，能源已成為俄羅斯對美外交的一張大牌。二〇〇二年，布希與俄總統普京發布聯合聲明，美俄兩國將共同探索實現國際石油市場穩定的道路，美國準備擴大與俄羅斯在石油開發、生產、運輸和銷售上的合作。

2. 加強北美、拉美的貿易往來。加拿大和墨西哥將依然是美國石油進口的重要來源。

3. 搶佔非洲。幾內亞灣新油田的發現，使尼日共和國石油儲量由一九九七年的九十二億噸增加到二〇〇〇年的一百零二・六億噸，原油產量在二〇〇一年達到八百七十萬桶／日，佔世界石油總產量的百分之十一。美國的埃克森和埃索等大石油公司搶先與西非產油國簽訂長達幾十年的合約，這一地區已成為美國海外能源供應的重要來源。目前，美國從撒哈拉以南的非洲國家進口的石油，已相當於美國從沙烏地阿拉伯進口石油的數量。據美國國家安全委員會預測，到二〇一五年美國從非洲進口石油比例將上升到百分之二十五，超過美國從波灣國家進口石油的總量。

4.著手控制中亞—高加索—裏海石油區。裏海地區和各中亞共和國蘊藏著約兩千億桶石油（佔世界總儲量的百分之八）和七·九兆立方米天然氣，被譽為第二個「中東」。美國裏海能源戰略的核心就是確定一條避開俄羅斯的能源出口管線，甩開俄羅斯和伊朗，為美國直接獲取裏海地區的石油奠定基礎。此外，控制阿富汗今後可能的油氣運輸線更是向這個「大寶盆」插入了一根導管。

5.加強中東。伊拉克戰爭的結束使位居世界已探明石油儲量前四名的沙烏地阿拉伯、伊拉克、阿聯、科威特都處於美國的掌控之中。

二、法國的節能政策

法國可以說是一個能源資源相對匱乏的國家，其石油和天然氣儲量有限，而煤炭資源已趨於枯竭。但是，通過發展替代能源、積極鼓勵節能並以重稅抑制能源消耗，法國政府逐漸形成了一套符合本國國情的節能政策。

能源的節約，已被法國視為能源的一種來源，而節約能源的最佳途徑則是提高能源的利用效率。為了節約能源，近年來法國從多方面採取了措施。以政府法令的形式，為一系列消耗能源的設備和系統制定節能標準，是法國為節約能源而採取的措施之一。自一九九四年以來，法國依據歐盟的標準，通過頒布政府法令，先後對鍋爐和相關設備、供熱和製冷系統、汽車和家用電器等作出了本國化的規定。多年來，法國奉行使能源發展和需求增長相平衡的能源政策，一方面積極發展能源工業，以滿足社會日益增長的對能源的需要，另一方面努力節制能源消耗的增長，把能源需求的增長控制在能源供應可以滿足的範圍內。

制定並實施節能計畫也是法國節能一個重要措施。二〇〇〇年十二月，法國政府通過了新的「全國改善能源消耗效率計畫」，以減輕多次出現的國際石油市場動盪給法國帶來的消極影響，提高法國在能源上的獨立能力，並為法國實施的「預防氣候變化計畫」提供支持。在這一計畫的框架內，法國建立了緊貼基層的資訊網——「能源資訊點」，為個體經營者、小型企業和地方政府提供服務。

二〇〇一年，法國耗資三千萬法郎，通過新聞媒體開展了關於節能的宣傳活動，此外還設立了環境保護和節制能源消耗基金，幫助中小企業進行節能性投資，並制定了可再生能源開發計畫。法國計畫在二〇一〇年將可再生能源發電在電力生產中的比例從一九九七年的百分之十五提高到百分之二十二．一，其中除水力以外的可再生能源發電所佔的比例由百分之一．二提高到百分之八．二。為此，法國政府對可再生能源的科學研究投入、技術應用和市場化等各個環節都給予了大力支持。

由於可再生能源的技術在應用初期運營成本比較高、風險大，導致其價格相對於傳統能源處於劣勢。多年來，法國政府一直採取投資貸款、減免稅收、保證銷路、政府定價等措施扶持企業投資可再生能源的技術應用項目。多年的政策激勵使法國的可再生能源發電初具規模。二〇〇〇年法國政府出臺了《新電力法》，規定電力運營商有義務以政府規定的價格購買可再生能源所發的電力，保證可再生能源所發電力進入電網和銷售網路。二〇〇一年法國政府又對小水電站及利用風能和生物燃料等生產的電的收購價格作出補充規定，保證每個可再生能源項目都可獲得為期十五年的銷售合約，其中最初五年將以事先規定的價格保證銷路。

進入二十世紀八〇年代，法國的煤炭儲量幾近枯竭，致使開採成本昂貴，再加上環保等因素，法國開始陸續關閉煤礦。二〇〇四年四月，隨著法國最後一座煤礦的關閉，宣告了煤炭工業在法國的終結，而且按照原定時間表，曾經風光無限的法國煤炭公司也將在二〇〇七年年底解體，並留給法國政府一筆近四十五億歐元的巨額債務。但如今，隨著全球原油需求量的持續上升，石油資源的日漸枯竭，國際市場上油價不斷攀升，加之發生了多次跨國天然氣供應風波，天然氣的穩定供應也開始受到歐洲民眾的質疑。雖然法國的電力供應有近百分之八十來源於本國的核電，為維護法國的能源安全提供了有效的保障，但法國政府還是清楚地意識到，「後石油時代」正給法國經濟的持續發展帶來挑戰。

正是在這樣的背景下，在法國已經淪為昨日黃花的煤炭，又有了重展姿采的機會。因為，近來有越來越多的專家和學者呼籲，要重新審視和定位煤炭在法國能源結構中的地位。煤炭和核電都是應對能源供應潛在危機的有效方法。現在要做的只是更經濟、更環保地在法國和歐洲開採和使用煤炭。在繼續維持現有的以煤炭為能源的熱電站的同時，還計畫對這些熱電站實行現代化更新。

法國政府為了節約能源，制定了一系列建築業、汽車製造業等行業的標準，法國工藝的能耗率大降，法國的居民及生產的能源使用效率大大提高。

為了提高建築物的能源利用效率，二〇〇〇年一月法國開始實施「預防氣候變化全國行動計畫」，同年十二月又出臺了「全國改善能源消耗效率行動」方案。根據這兩項計畫，法國政府二〇〇〇年又通過了建築節能規範，即根據不同地理位置的光照、溫度和濕度等自然條件，評估不同建築材料的能源利用效率。這套規範細緻入微，並在網路上公布。為了方便諮詢，環境與能源管理局還在各地設立「能源資訊點」，地方政府、個體經營者、小型企業和居民都可與之聯絡，獲得免費服務，了解建築材料及設計方案的能源效率等資訊。如果要蓋新樓，投資及施工方都必須依照節能規範行事，否則無法過關，拿不到施工許可證。

為了鼓勵人們在建房修房時充分利用新能源，法國政府為建築物安裝生物能、太陽能、風能、光伏發電等新能源設備提供補助，能源與環境管理局還聘請專家審核建築施工專案的節能措施及新能源利用效率，對達標者予以獎勵，獎勵金額可達施工總額的百分之五十。

此外，法國政府還鼓勵建築節能的新技術研究。「全國改善能源消耗效率行動」計畫在二〇〇二至二〇〇四年間開發二十四項建築節能新技術，政府給中標者全額研發資金，並資助其技術應用和市場化。炎夏又至，法國環境與能源管理局的網頁增添了「涼爽家居全套招數」的鏈結，向居民介紹建築物夏季防暑降溫的小竅門，宣傳法國發展節能建築的大方針。

交通領域可謂是法國的能耗大戶。面對原油價格居高不下的狀況，法國政府實施了多項降低油耗舉措，「清潔汽車免稅政策」就是其重要內容之一。購買該類型汽車的法國公民可享受免稅一千五百歐元至兩千歐元的優惠。與此同時，為限制高污染大型車的使用，法國政府將採取徵收雙倍的行車執照費措施。

法國政府在大力鼓勵節能的同時，還對能源產品課以重稅來抑制能源消耗。法國政府規定，石油公司在法國每出售一升石油產品（如汽油、柴油等，天然氣除外），就必須向國家交納〇·五八九二歐元的石油產品國內稅，這使得法國成為全球高油價國家之一。目前，石油產品國內稅已成為法國政府第四大收入來源，僅次於增值稅、個人所得稅和公司稅。高油價的壓力也迫使法國民眾自覺減少燃油消耗。一個顯著表現就是法國街頭的小排量汽車比例大大高於美國。此外，法國多數大城市居民以地鐵和公共汽車為主要交通工具，這有效降低了法國的石油消耗。

三、日本通過「節能法」促使企業提高能源使用率

日本這個國家，能源極為匱乏，幾乎所有的石油、天然氣和煤炭等能源都依賴於進口。煤炭、鐵礦石、鋁礬土（煉鋁原料）和磷礦石可以說是百分之百進口，石油對進口的依存度也高達百分之九十九・八，等於完全靠進口。而且日本的進口石油管道相對單一，從中東的進口比重近百分之九十。以至從波斯灣到日本的一・一萬公里海上運輸線上，幾乎每隔一百公里就有一艘日本的超級油輪在忙於運油。此外天然氣日本也幾乎完全依靠進口。日本的核電佔很大比重，但核電的主要原料鈾，也完全靠進口。對很多尖端產品來說不可或缺的稀有金屬，日本也基本上靠進口。

因此，日本政府對於能源的節約十分重視，並通過立法促使企業提高能源使用效率。早在一九七二年，日本就設立了日本熱能源技術協會，並於一九七八年成立了「節能中心」，全面協調和指導國民和企業的節能以及節能技術的研究開發。一九七九年，日本頒布實施了《節約能源法》（下稱「節能法」），又分別於一九九八年和二〇〇二年對「節能法」進行了修改。

「節能法」根據能源消耗多少對能源使用單位進行分類，指定年能源消耗折合原油三千升以上或耗電一千兩百萬千瓦時以上的單位為一類能源管理單位，年能源消耗折合原油一千五百千升以上或耗電六百萬千瓦時以上的單位為二類能源管理單位。「節能法」要求上述單位每年必須減少百分之一的能源消耗。對於一類能源管理單位，「節能法」規定其必須建立節能管理機制，任命節能管

理負責人，向國家提交節能計畫，定期報告能源的使用情況。對能源的消耗標準「節能法」也作了嚴格的規定，並獎懲分明。對於節能達到標準的單位，政府在一定期限給予減免稅的優惠。而對於未達標準者，政府會依據「節能法」公布單位的名稱，並處以一百萬日圓以下的罰款。

通過採取上述措施，日本單位能耗的產出大大提高了。有數據顯示，日本的能源消費總量雖然低於中國，但經濟總產出卻約相當於中國的四倍。

對辦公樓以及住宅等建築物，「節能法」也提出了明確的節能要求，並制定了建築物的隔熱、隔冷標準。從二〇〇三年四月開始，新建或改建項目必須向政府有關部門提交節約能源的具體措施。另外，在二〇〇七年三月底之前，建築面積在兩千平方米以上的新建辦公樓和住宅等，必須將建築物的熱、冷損失係數降低百分之二十以上。日本環保節能型建築的標誌性建築——位於日本神奈川縣橫濱市的東京煤氣公司港北NT大樓，除了在室內裝修上大量採用了再生材料製成的壁紙、現場廢棄的混凝土再生品等以外，更是從設計一始，即在如何充分利用太陽能，減少冷暖空調、照明等機械、設備的能耗及其對環境的污染方面下足了功夫。為了減少照明的負荷，大樓南面大的展廳採用了全玻璃的屋面和棚頂；北面的辦公間則通過設置中間庭院，自然採光充足。為減少空調特別是夏天空調的負荷，南面玻璃牆面和棚頂採用的全是隔熱性能良好的玻璃；展廳內還設置了室內綠化，用以淨化室內空氣，降低室內溫度。經檢測證明，此大樓較之一般大樓，不僅二氧化碳的排放量減少了百分之三十四，而且能耗量也大為減少。

為了達到節能的目的，一些大型建築的地下室照明系統，也開始使用太陽光能。其特點是用導管將太陽光傳輸到安裝在地下室天棚上的白色丙烯樹脂光板上，束光經過光板擴散後再照射到地下室的水泥地面上。光板上還同時裝有電燈和地面亮度鐳射感知器，每當夜晚或是傳輸進來的自然光線不足時，鐳射感知器會自動啟動電器照明系統。據統計，這一舉措能夠解決地下室百分之六十的照明需求。

新修改的「節能法」還提高了汽車、空調、冰箱、照明燈、電視機、影印機、電腦、磁片驅動裝置、錄影機等產品的節能標準。到二〇〇四年度，錄影機的能耗標準必須比一九九六年度降低百分之六十一．二，冷暖空調機必須降低百分之五十。到二〇〇五年度，電腦的平均能耗必須比現行標準降低百分之五十六，磁碟機必須降低百分之七十二，照明器具的平均能耗必須比一九九六年度降低百分之二十。到二〇〇六年度，影印機的能耗必須比一九九七年度降低百分之三十一。到二〇一〇年度，轎車的平均能耗必須比一九九五年度降低百分之二十二．八。達不到國家規定標準的產品將被禁止上市銷售。目前，日本的節能技術，特別是電器產品的節能技術取得了飛速的進展。

現在，日本絕大部分空調的耗電量已降到十年前的百分之三十到百分之五十，一台適合十五平方米房間使用的空調耗電只有約〇．四千瓦時。松下冷機公司的新型節能冰箱，節能效率比政府規定高出一倍，一台容量為四百六十一立升的冰箱一年的耗電量只有兩百千瓦時，相當於該公司十年前同類產品的七分之一。日本廠家還在大力開發錄影機、音響等電器產品的定時、待機狀態節能電路，計畫將定時、待機狀態的耗電量降低到目前的百分之一。

在日本，節能不僅是國家的戰略目標，更是一種行動，一種遍及社會的實際行動。

在衣著方面，日本環境省從二〇〇五年起提倡夏天穿便裝，男士不打領帶，秋冬兩季加穿毛衣，女性放棄裙子改穿褲子，等等。這樣夏天可將空調的設定溫度從原先的攝氏二十六度調到攝氏二十八度，秋冬可調到二十攝氏度。據統計，僅夏天空調溫度設定調高二攝氏度一項，辦公室可節能百分之十七，如果換算成石油，日本全國每年七月到九月可節約原油一百五十五萬桶。

在飲食方面，日本人總結了一整套從購買、保存到烹飪再到廢棄各個環節詳盡的節能竅門。在購買食物環節，提倡消費者購買應季蔬菜和水果，因為生產反季節的蔬果往往耗費更多能源。盡量選擇產地較近的產品，這樣可促使商家增加從鄰近地區進貨，從而節省運輸中消耗的能源。保存食物時，不將冰箱塞得過滿，以免影響冷氣循環，冰箱溫度應隨季節調整。冰箱放置在遠離爐灶、通風陰涼的地方，每年可節約電能四十五千瓦時。在烹飪食物環節，日本人的能源賬也算得一清二楚：假如每天三次每次將一升二十攝氏度的水煮開，那麼用中火煮比用大火煮每年可節省二・三八立方米燃氣；蔬菜先用微波爐加熱至半熟，然後再煮，消耗的能源總量較少；全家人一起做飯，每頓比分別做飯節省六百二十八千焦熱量。

在居住方面，日本人從房子建造開始就充分考慮到牆壁、地板的隔熱性能，怎樣設計窗戶的數量、大小和位置才能最大限度地利用自然光，如何使房屋通風良好等。日本人喜歡在院子裏種一些植物，如果是種樹，他們會選擇落葉樹，這樣夏季枝葉繁茂可遮陰，冬季樹葉落盡，陽光就可以登堂入室，植物發揮了天然空調的作用。此外，日本家庭在有效利用排放的熱量方面也各有絕招。比如，有的家庭自己用天然氣發電，在此過程中排放的熱量被用於加熱暖氣管內的循環水；一些家庭把洗澡的熱水過濾後用水泵抽入洗衣機再利用等等。

在出行方面，多數日本家庭的轎車只在外出遊玩時使用，平時上下班人們更願意搭乘公共交通工具。開車時他們會注意保持「經濟速度」，不急起步，不猛加速，時常檢查車胎氣壓是否合適，不運載無用的負荷等。

日本人精打細算地節能成效顯著。據統計，二〇〇三年至二〇〇五年的三年間，日本全國節約下來的家用能源折合成石油就達四十四・九億升，二氧化碳排放量減少七百七十二萬噸。

四、印度制定大型能源投資計畫

印度是石油消費大國，每天石油消耗為兩百多萬桶，居世界第六。據國際能源情報預計，隨著經濟的不斷增長和車輛的增加，在未來十五年內，印度的石油需求有可能增長一倍，到二〇一八年將增長到每天四百萬桶。現在，印度正處於經濟快速發展的關鍵時期，國際油價居高不下，不僅加大了印度的經濟運行成本，而且增加了外匯支出負擔，導致巨額貿易逆差。印度財政部官員最近說，石油價格每上漲五美元，將使印度經濟增長率下降〇．五個百分點，通貨膨脹率增加一．四個百分點。

石油部長艾亞爾二〇〇四年十二月二日在議會下院的發言中就曾警告說，如果印度不能繼續發現新的油田，那麼目前的石油儲藏量只能用到二〇一六年。他指出，截至二〇〇四年四月一日，印度的石油儲量為十六．六億噸。印度目前每年消費一．二億噸石油。假設印度不能發現新的油田，那麼，按照目前的石油生產和消費水準，印度的石油儲量到二〇一六年將告罄。當然，他這種說法並沒有把印度的進口量考慮進去，但印度的能源危機卻日益明顯。

正是在這種嚴峻的形勢下，印度開始加快能源安全戰略的制訂。如今，印度國有企業和私有企業正在雄心勃勃地制定大型能源投資計畫，以滿足國家與日俱增的能源需求。

印度共和國首都——新德里宣布，第十一個五年計劃期間（二〇〇七年～二〇一二年年），將在油氣領域投資二・七兆盧比（折合六千六百多億美元），這比第十個五年計劃期間的投入（一・〇四兆盧比）增加了百分之一百六十。新德里還制定了一項新的勘探授權政策：外國公司可以競標心儀的油氣區塊。二〇〇七年八月，印度推出八十個油氣區塊讓企業競投。印度能源公司已經在世界多處廣泛開發能源資源，以確保能源供應的多樣化，這些地方包括敘利亞、俄羅斯、葉門、伊朗、伊拉克、尼日共和國、埃及、斯里蘭卡、緬甸、孟加拉、蘇里南河、土耳其和中亞等。

有關調查顯示，印度的電力和上游電力產業，如煤、石油和天然氣等，在未來五年內需要注入一千兩百億～一千五百億美元的資金。印度國有石油天然氣公司計畫投資二十四・四億美元，勘探東北部特里普拉邦、米左拉姆邦、阿薩姆邦和那加蘭邦的油氣資源。印度石油天然氣公司計畫在第十個五年計劃的基礎上，增加百分之一百五十一以上的投資，即在二〇〇七年至二〇一二年年間投入八千三百億盧比。該公司不僅計畫投入七百億盧比擴大它在卡納塔卡邦門格洛爾的煉油廠，還計畫耗資二十五億美元在南部安德拉邦的卡基納達建一個一千五百萬噸的煉油廠。

印度國營天然氣管理局，計畫在未來的五年內投資兩千五百億盧比鋪設新管道並擴大石化業務。該公司財務總監戈爾說：「這筆開支當中，有一千億盧比由公司出，其餘的一千五百億盧比將從國內外籌集。」印度天然氣管理局擁有一個包括天然氣管道、石化產品、石油和天然氣勘探等新項目的投資組合。印度天然氣管理局制定了宏偉的目標，即在未來四年內將收益增至現在的三倍，達到一百一十億美元。同時，該公司還計畫在阿薩姆邦修建一個耗資五百四十億盧比的綜合石化廠。

印度頭號煉油商印度石油公司則計畫投資兩千五百六十億盧比，在東部奧里薩邦的帕拉迪普港修建一個日煉油三十萬桶的石化煉油廠，並升級現有的煉油設施。據悉，該公司還計畫在勘探和經銷等新項目方面投資三百二十七．五億盧比。私營能源公司也在擴大投資規模，該公司去年兩次最大型的股票上市集資紀錄，就是由凱恩印度和信實石油創下的，它們分別集資五百七十八．九億盧比和兩百七十億盧比。

作為印度首個市值超過五百億美元的公司——信實工業有限公司，最近表示，將投資九十二億美元開發東南沿海氣田的天然氣，並把它們用管道輸送出去。信實工業有限公司油氣部門負責人普拉薩德說：「本公司將從二〇〇八年六月開始日產四千萬立方米天然氣，並在五個月後將日產量提高到八千萬立方米。」該公司還將投資四十億美元，在東南部的安德拉邦與古吉拉突邦之間，鋪設一條一千三百八十六公里長的管道運輸天然氣。據介紹，該公司二〇〇八年將建成全球最大的煉油廠，屆時每天將能輸出五千萬立方米的天然氣。二〇〇六年～二〇〇七年，該公司的煉油和石化產品收入增加了百分之二十四，達到了一．一兆盧比。

安賽樂米塔爾公司則計畫投資十億美元，與國營印度斯坦石油公司攜手建立一家合資企業，這是它在印度的最大的投資之一。合資企業建成後，安賽樂米塔爾將持有百分之四十九的股份。新建的合資企業將投資四十四億美元，在旁遮普邦修建 Bhatinda 煉油廠。該項目包括修建一座年產九百萬噸的煉油廠、一座一百七十五兆瓦的電廠，以及在古吉拉突邦的蒙德拉港和旁遮普邦的珀丁達市之間，修建一條長一千零十一公里的原油管道。此外，埃薩全球集團打算在埃及北部投資三十四億美元，修建一個日煉油量達三十萬桶的精煉廠。塔塔鋼鐵公司也計畫在埃及投資九億美元。

據國外媒體報導，在與美國民用核電廠交易成功的鼓舞下，印度計畫在西部邦建設大型核電廠。美國計畫幫助印度進入國際核燃料和技術市場。

印度國有核電公司計畫用歐洲壓水堆 EPRs，如法國、德國和芬蘭，建設裝機一千萬千瓦核電廠。該壓水堆屬於第三代，安全性好，出事故時能最大限度地控制核輻射。所建核電廠包括六台機組，每台裝機一百六十五萬千瓦，耗資一百一十四億美元。印度目前核電裝機很小，僅為四百萬千瓦，主要原因是缺乏合適的核燃料供應。四十五國核燃料供應集團拒絕其成員向印度輸出核燃料，因為印度未簽訂核不擴散條約。二〇〇七年國會清除了與美國協定的障礙，該協定在於取消限制。受印美這項交易的鼓舞，印度計畫在二十年之內把核電裝機擴大十倍，達三千萬千瓦。如果印度要實現該目標，該國需要允許民營公司進入核電領域，目前核電只限國有公司。

印度不斷在海外拓寬新的能源進口管道，印度過去的主要石油進口管道是波灣國家，而目前，從中亞到非洲到拉丁美洲，都有印度石油公司的身影。印度石油天然氣公司下屬的海外分公司維德希公司目前在俄羅斯、緬甸、越南、敘利亞、伊拉克、伊朗、蘇丹和利比亞的勘探開發區中擁有部分權益，其中大部分油田到二〇〇七年將開始進行生產。該公司的目標是在二〇一〇年每年生產兩千萬噸的石油和天然氣，並在二〇二五年達到每年六千萬噸的目標。印度在自己的後院——南亞地區，更是大打能源外交牌，以緩解國內不斷增長的能源壓力。

五、德國節能減排的方法和手段

德國是一個世界上公認的節約型國家，凡事講究節約早已成為德國人的風尚。為了使經濟發展維繫在一個更加高效、清潔的能源系統上，實現經濟社會可持續發展，增強其經濟競爭力，德國政府非常重視節能減排，提出了高於《京都議定書》和歐盟要求的節能減排目標，到二〇二〇年能源利用率比二〇〇六年提高百分之二十，二氧化碳排放量降低百分之三十，可再生能源佔能源消費總量比例達到百分之二十五。為了能夠實現這個目標，德國政府採取了一系列的方法和手段。

一、加大宣傳，增強全民節約意識

德國政府認為，沒有民眾的廣泛參與，節能減排的目標是不可能實現的。因此，提高民眾的節能意識非常重要。他們非常重視通過各種宣傳手段來提高民眾的節能意識。如：政府高級官員不定期與民眾舉行研討會，就政府的相關政策進行研討，聽取意見，並鼓勵民眾對政府、企業在節能與環保領域的工作進行監督；負責組織全國節能工作的德國能源局不僅開設了免費電話服務中心，解答人們在節能方面遇到的問題，還設有專門的節能知識網站，以便更好地向民眾介紹各種節能專業知識，並製作展板在全國各地進行節能宣傳，活動中政界名人都積極出席；每年在全國開展節能知識和技能競賽，對優勝者給予獎勵，不僅提高了民眾的節能意識，還宣傳了節能知識。

二、加強節能服務體系的建設

1.深挖管理節能潛力。

德國的節能機構研究得出結論，通過加強企業的管理可為企業減少百分之十五～百分之二十的能源消耗。因此，企業為了減少能源消耗，降低生產成本，紛紛通過專門的節能諮詢機構，謀求科學管理方法。很多企業還採取合約能源管理方式，委託節能機構對本企業進行能源管理，達到節能減排目的。為加強節能管理，企業普遍設立了專職的節能人員，負責企業節能降耗工作。如德國賓士汽車公司發動機生產製造部有專職節能人員六十多人，各分廠還配有兼職的節能員，並建有一個監控中心，負責對全廠能源情況進行監控，及時處理各種問題，最大限度降低能耗。

2.加快節能減排技術研發。

對於德國政府而言，通過技術開發與創新，實現節能減排，是他們非常高興看到的。如在建築節能方面，他們通過材料革新、採用高效通風設備和照明節能等措施等，使其在使用壽命週期的採暖能耗降到只有十五 KWH/m2a，並只在特別寒冷的天氣下才使用採暖設施。德國鋼鐵協會下屬的鋼鐵研究中心，將節能減排作為重點研究課題，通過優化工藝流程、研發新型鋼材和提高廢鋼材重複利用率實現節能減排。德國目前每噸鋼用電量由一九九〇年的630KWH 下降到二〇〇六年的345KWH，二氧化碳排放量比一九九〇年下降百分之二十。

3.建立完善的統計體系。

能源統計不僅能準確掌握能源消耗量和利用水準，更重要的是對提高經濟效益有幫助。德國堅持統計資訊的共用、公開，為社會服務。資訊主要是通過每日的新聞通報、月統計報告和網路等方式向社會免費提供服務，企業和用戶隨時都能通過以上方式了解需要的資訊。德國非常重視能源統計工作，聯邦政府設有聯邦統計局，其十六個州也都設有統計分局。統計局的編制在政府機構中是最大的，僅巴符州統計局就有六百三十人，分設六個部門，二十三個統計領域，出版兩百八十多種統計資料（報告）。

德國統計項目有百分之六十是由歐盟規定的，百分之四十是由聯邦政府規定的。各州沒有統計立法，但歐盟和聯邦政府的統計任務均由各州統計局執行，各州的統計資料有的直接報歐盟統計部門。由於自上面下的統計體制，統計工作者能接觸最終用戶和企業，從而保證了統計的客觀性和準確性。

三、高度重視建築節能

建築供暖和熱水消耗的能源佔德國能源消耗總量的三分之一左右，因此德國十分重視建築設施的節能。

1.通過立法提高標準並加強國家監控。

在德國的節能法中，明確的規定了新建建築必須符合的能耗標準要求。消費者在購買或租賃房屋時，建築開發商必須出具一份「能耗證明」，告訴消費者這個住宅每年的能耗，主要包括供暖、通風和熱水供應。通過政府機構、專業人士及鑒定專家對在建及已建成建築進行嚴格的監控，保證所有建築的能耗符合現行法律的規定和要求。

2.通過資金補助和低息貸款，促進既有建築的節能改造。

德國擁有的很多老式建築，對於它們的節能改造，政府則拿出三十億歐元作為補貼。同時，為建築節能改造項目提供低息貸款，而且能耗降得越低，貸款利息也越低。德國通過房屋節能改造，每年可節油五百五十萬立方米，節能經濟效益顯著，同時也為建築業帶來前景廣闊的市場機遇。

3.組織並實施示範項目。

為了更好地促進建築標準的推廣和認知，德國政府利用示範項目來展示節能建築和改造工作所取得的巨大成果。從二〇〇四年起，共選擇分布在全國各地的一百四十三座老房屋進行改造，成為節能樣板房，起到了很好的示範作用。

4.加強對專業人員培訓。

為了培養專業的建築節能人才，德國政府在高等院校開設了城市規劃、建築設計和建築工程等專業課程。保持建築設計和施工的一致性，如設計者設計的房屋沒有達到節能標準，設計師將承擔賠償責任，嚴重的取消設計資格。同時，加強對建築工程及專業工種的培訓，以提高使用現代化的新型建築材料和建築構件的能力，確保工藝品質。

四、高度重視可再生能源開發利用

更重要的是，德國也非常注重能源的可持續性發展。不僅把發展可再生能源作為確保能源安全和能源多元化供應以及替代能源的重要戰略選擇，而且也把它作為減少溫室氣體排放和解決化石燃料引起的環境問題的重要措施。德國政府已制定了發展再生能源的目標，各州也都制定了具體目標，如巴符州規定從二〇〇八年起，住宅百分之二十熱電供應必須由可再生能源提供。

德國政府提出了一系列的激勵政策措施，來促進可再生能源的發展，如任何可再生能源項目，都能得到政府資金補貼。小型的太陽能設備，政府給予一定數量的財政補貼，對於大的可再生能源項目，政府提供優惠貸款，甚至將貸款額的百分之三十作為補貼，不用返還。對於家用太陽能利用系統一次性補貼四百歐元。由於德國是一個木材豐富的國家，因此鼓勵遠離城市的家庭用木材作為取暖能源，並每年給一百五十歐元的補貼。在供電方面，鼓勵用可再生能源發電，凡用可再生能源發電的可得到資金補貼。目前，德國風能發電和太陽能利用水準都處世界領先水準。

再生資源的回收利用不僅能夠節約資源，而且由於生產流程的減少，還能使生產過程的能耗和污染排放大大降低，達到節能和環保雙贏目的。德國非常重視再生資源回收利用，他們通過加強立法、政策推動、財政補貼、稅收優惠和規模化經營等方式，推動再生資源產業發展。目前德國廢紙回收率為百分之七十一，廢鐵回收率為百分之九十三，年再生鋁佔鋁生產總量的比例為百分之五十三。

六、韓國政策引導全民大節能

韓國是世界第五大石油消費國，它們的全部能源均仰賴進口，如今持續攀升的國際原油價格，給這個以出口產品製造為大宗的國家經濟增長蒙上了陰影。

隨著家用電器的普及，並伴隨著「私家轎車時代」的來臨，家庭能耗量與日俱增，抓好家庭節能成為當務之急。據韓國能源部門測算，每位國民一年節能百分之一，其效果相當於每年減少八億美元原油進口。韓國的基本做法是政策引導和國民參與緊密結合，最大限度地提高家庭節能的實效。

韓國政府在大力宣導提高節能意識的同時，也十分重視節能知識的普及，並傳授節能竅門，讓每個家庭養成節能習慣，堅持從細節入手，不忽視細小的浪費。

政府、能源管理部門及「消協」等民間團體大力合作和共同努力，全面啟動電視、廣播、報紙、宣傳品等各種媒介，並舉辦形式多樣的展覽會、組織現場演示體驗等，廣泛宣傳、普及節能常識和具體做法，讓人們一看即懂、一學即會。有「家庭節能十五法」的材料，上面教給的辦法在家庭日常生活中隨時可用，簡便易學，立竿見影。比如夏季室內空調溫度調到二十六～二十八攝氏度、安裝室外遮陽窗、使用高壓鍋做飯、不使用集束螢光燈、燈泡附加反射罩、電器不用時拔掉插頭等，甚至連炒菜使用寬底鍋、適當調節火苗、及時擦掉燈泡上的灰塵、牆壁使用明亮漆等都包括在內。

為加快推廣使用高效節能電器，韓國政府對家電生產企業全面實行「能源消耗等級標誌制度」

和「高效節能器材認證制度」，規定政府採購時須優先購買高效節能產品，公共機關使用節能產品「義務化」，並規定建築五十戶以上公共住宅時，必須統一安裝、使用高效節能燈。由於政府的政策導向，企業生產高效節能電器的積極性不斷提高，計畫到二〇一二年年將汽車平均能耗效率提高百分之十五以上，二〇〇八年以前將冰箱、電視、空調、洗衣機、微波爐、電鍋、電腦的能耗效率至少提高百分之二·六。

對於家用電器的節能，韓國政府則把重點放在大力扶持企業開發、生產和推動消費者家庭普及使用高效節能產品上。韓國按耗能量大小把家用電器能耗效率分為五個等級，同種電器如購買一級產品，會比五級產品節電百分之三十~百分之四十五。一級產品價格相對貴一些，但家用電器屬耐用消費品，通過節電減少的費用日積月累就是一筆大錢。因此，越來越多的家庭認識到，購買和使用高效節能家電更加合理也更為合算。

在各種不同版本的「節能竅門」中，關於家庭住宅建築本身的節能竅門幾乎都排在前列，可見韓國政府對家庭住宅建築本身節能的重視程度。據測算，使用隔熱建材和採取隔熱措施的住宅，與未使用隔熱材料和採取相關措施的住宅相比，空調能耗可節省百分之五十以上。一個家庭一個月可節約費用七·二五萬韓元，一年節約八十七萬韓元，全國節約額達一·一三兆韓元。因此，韓國在住宅建設和裝修方面大力鼓勵和推廣使用節能型建材，房屋的地面、牆壁、天棚要求按隔熱原理施工，窗戶盡可能安裝雙重窗。

為了提高全國人民的參與節能的積極性，韓國能源管理工團還具體測算了使用各種節能方法在每月、每年節省下來的錢數，讓家庭直觀地了解節能所帶來的經濟效益。比如，用高壓鍋做飯比用電鍋節電百分之六十～百分之七十，每年可節省一・六萬韓元；使用高效節能型家庭鍋爐每月節省近一萬韓元、年節省十多萬韓元；夜間使用電器每月可節省五・七萬韓元，一年節省六十八萬韓元；使用太陽能熱水器每月可節省近二萬韓元，一年節省近二十四萬韓元；連及時關燈、集中洗衣和熨燙、減少冰箱開關次數、冰箱內不放滿東西、用電風扇替代空調等的節約效益都有精確計算。不少家庭主婦說，「看到這張節能效益換算表，無形中就繃緊了節約的神經，讓你不由得不精打細算。」

韓國的私家車已實現「一戶一車」，而且「一戶多車」的家庭也呈現出持續增長的勢頭，全國汽車擁有量已超過一千萬輛。在無法減少汽車總量的情況下，節能出路唯有設法讓「有車族」減少開車次數，從個量上去壓縮能耗。

為了減輕環境污染，首爾市實行了「汽車星期制」。所謂「汽車星期制」就是讓有車家庭從星期一至星期五自願選擇其中一天不開車，形成市民運動。參與活動的家庭可在網上向市政府申請，或到住所附近的區、廳、洞辦事處直接辦理。完成登記手續後，即可領取一張標記本人選擇的不開車日的標牌，貼在汽車窗玻璃上，每到那一天必須自動放棄開車。首爾市私車擁有量已突破兩百萬輛，如果全市居民積極回應，每天能有四十萬輛汽車不上路，按一周五天計算，即可節省汽油一百三十九・二萬升，年節油量達三・三四〇八三億升，價值約四千六百七十七億韓元，不但能緩解交通擁擠，並可顯著改善環境品質，經濟和社會效益十分可觀。

為達到最大的宣傳效果，首爾市原市長李明博和各區廳官員走上街頭向市民宣傳「汽車星期制」，並且要求市、區政府部門和公務員率先實行，做出表率。然而，這一運動能夠迅速鋪開並且逐步見效，主要依靠的還是經濟槓桿。

而且，為了提高市民的參與熱情，市政府對參與「汽車星期制」活動的市民給予一系列的優惠，包括免費車檢、過隧道費減百分之五十、修車費減百分之十、在居住地有優先停車權、在市營停車場及公園綠地停車場停車費減百分之二十等。市內一些區和地方還實行汽油費、洗車費降價。如今，對加入「汽車星期制」家庭的汽車稅減免幅度由百分之五提高到百分之十，一些城市銀行和儲蓄銀行為支持「汽車星期制」活動，還將參與活動者的存款利率上調百分之〇・四。由於這項活動既有利於國民經濟和社會公益，也能給居民帶來實際利益，參加者的隊伍日益擴大。如今，在市內道路上貼有「汽車星期制」標誌的車輛隨處可見。

為了應付日漸急升的石油和能源使用量，二〇〇八年七月七日，韓國總理韓升洙在主持當天的內閣會議時，公布了《應對超高油價節能對策》。韓國政府決定提前啟動應對高油價的第一階段危機管理措施。這些措施包括：本月十五日起，韓國八百一十九個公共機構保有的公車將實施單雙號出行制；推出公務員班車；政府建築內的空調設定溫度在夏季、冬季分別調低和調高一攝氏度；規範公共部門用電等。此外，韓國政府部門公車將逐步削減百分之三十；二〇一二年年前，半數公車將換成節能型氫動力車或經濟型轎車。韓國政府還呼籲民眾自願減少駕車出行以及夜間商店和餐館的商業照明。韓升洙說，隨著國際原油價格持續在高位運行，「連原油生產國也在節能，我們必須比他們付出兩倍的艱辛」。

韓國曾在一九八八年漢城奧運會期間實行車輛單雙號出行限令。這回是韓國政府首次直接針對能源消耗下達限行令。韓國政府希望，公車限行等節能措施能使公共機構的能源消耗減少百分之六・六。

七、歐盟提出長期能源發展措施

對於歐盟這樣高度依賴能源進口的經濟體，在能源供求日趨緊張和價格波動的情況下，提高能源效率勢在必行。為此，在二〇〇七年的歐盟理事會通過了二〇〇七至二〇〇九年《歐盟未來三年能源政策行動計畫》（EPE）。歐盟各方在解讀該行動計畫時認為，其中長期能源政策主要包括五大措施。

一、保障能源供給的穩定與安全。

「行動計畫」提出，要將保障整個歐盟國家的能源安全供應問題看作一個整體，歐盟需要能源供給的多樣化和穩定的貿易夥伴，這將有助於使進口能源更具市場競爭特性，建立更有效的能源危機反應措施，加強石油生產、成品供應和市場消費預測系統的資料交換和資訊溝通，進一步完善能源儲備和相關的安全預警機制。

為了促進保障成員國間能源供給的安全，尤其是有效應對能源供應危機，「行動計畫」要求歐盟委員會進一步加強能源委員會的政策工作職能。並委託歐盟技術專家對俄、烏的天然氣管線改道進行評估，探討建立新輸送管線的可行性，或採取其他運輸方式以確保天然氣供給的安全。

二、提高能源效率與擴大核能利用規模。

提高能源效率對於緩解全球的能源供需矛盾，提高經濟增長品質和效益，減少環境污染，保障全球經濟持續、快速和健康發展將發揮著重要作用。「行動計畫」強調要提高能源效率，以達到歐盟至二〇二〇年減少能源消耗百分之二十的目標。按照「行動計畫」，歐盟將要求各國明確節約能源的「責任目標」，依照各國的經濟與能源政策特點，確定主要的節能領域以便迅速採取落實措施。如，對民眾家庭、公共場所、政府機構、旅遊飯店及商業建築、城市燈光景觀和道路照明等電力消耗領域，鼓勵盡快更換節能燈與節能器材。如果進展順利，歐盟僅此一項就可節省百分之十至百分之二十的電力消耗。歐盟還將進一步擴大對核能的利用與開發，增加安全性保障、減少核廢料污染等技術研究的資金與人力投入。

三、建立歐盟統一的天然氣與電力市場。

經過共同努力，歐盟首腦會議終於批准了歐盟委員會關於進一步在成員國內部建立統一的天然氣與電力市場的文件，從而促使歐盟內部能源生產與供給市場更加開放，為解除成員國之間現有的壁壘提供法律依據，從而通過市場競爭達到平抑與降低能源價格、鼓勵壓縮生產成本和節能降耗的行為，同時確保有效的市場監管措施，使社會與消費者共同受益。

該措施同時還提出擴大和完善與能源相關的債券投資市場、相關政策和管理機制的建議。考慮到各國的煤氣和電力行業的特點以及國家和地區間市場的差別，「行動計畫」還採納了能源供給系統與生產系統經營分離，建立獨立的能源經營與電力網絡運營的監管制度，保證在歐盟範圍內能源市場的公開與平等，能源生產企業和運營商可以自主決定基礎設施投資與市場運營戰略，進一步完善歐盟獨立於國家的能源和電力的合作機構與監管機制，為跨國界的國家重大決策提供保障，更高效和更規範地開展跨境貿易和電力網運行，包括制定統一的技術標準、加強供應保障，通過促進競爭和市場融合構建新的電力網，使歐盟範圍內的電力生產、銷售更加經濟、安全與高效。

四、實施全方位國際能源戰略。

歐盟目前能源供應的百分之五十依靠進口，從中東進口石油佔總進口比重的百分之三十六。據歐盟估計，到二〇三〇年歐盟能源進口比例將上升至百分之七十，屆時從中東進口的石油數量無疑將進一步增加。「行動計畫」要求歐盟共同開發能源的對外政策必須加快落實，包括通過對話和建立夥伴關係進行更加緊密的能源合作，如與OPEC、經合組織及大型跨國能源集團等的合作。

為此，「行動計畫」強調要從以下三方面實施全方位的能源發展戰略：首先，通過與俄羅斯建立夥伴關係及簽署合作協定以確保歐盟能源供給的穩定，特別要保證歐盟中長期的能源安全；其次，歐盟還將強化對中亞、裏海與黑海地區能源產業的項目評估、商業投資與技術合作，進一步使能源供給的來源多樣化；最後，歐盟將與其他能源消費大國進行雙邊和多邊能源政策對話，在能源開發、平衡供給、穩定價格和新型能源研究與使用領域進行必要的合作，爭取保持歐盟在能源戰略領域處於主動和優先的地位。

五、研究新能源技術與開發綠色能源。

「行動計畫」將大力推動新型能源與綠色能源的開發和使用工作，規定未來三年要達到百分之十的可再生能源與自然能源的使用目標，並根據不同國家進行目標分解。專家認為，目前通過植物分解生產再生能源的技術已經日漸成熟，歐盟要在降低成本與技術推廣方面採取更加積極的鼓勵政策，給使用綠色能源與節能設備的用戶以資金補償或獎勵，相關措施已經在比利時、荷蘭等國試行。

目前，在歐盟成員國內已經有近一百家研究機構和企業重點從事綠色能源和可再生能源的研究與開發工作。風能、太陽能、地熱等自然能源的使用已經由工業、農業向商業和民用領域普及，並逐漸進入到民眾的日常生活之中。

八、西班牙節能家電有補貼

西班牙能源資源不足，所需能源百分之八十多要靠進口，每年進口能源相當於一・三九多億噸原油。超出歐盟能源對外依賴百分之五十的平均水準。能源進口產地的政局不穩和世界原油價格暴漲使得西班牙對國家能源安全感到焦慮。同時西班牙也面臨減排二氧化碳的壓力。這些都促使西班牙政府把節約能源確立為其能源發展政策和環保政策的重要一環。

家庭是耗能大戶之一。據馬德里自治區的統計，該區家庭耗能約佔全區的百分之二十五，為耗能第二大戶，而洗衣機、洗碗機、電冰箱等又是家電中的耗能大王。西班牙大部分家庭使用的這類家電仍是過去生產的高耗能產品。現在，西班牙市場上出售的這類家電A級產品耗能比過去的老產品平均節能百分之五十以上，而且更節水，更環保。因此，西班牙政府積極在家庭中推廣A級節能家電。

為鼓勵公眾購買節能家電，西班牙政府規定，購買一台A級節能產品替代老產品，給予消費者一定的優惠。優惠幅度由各自治區確定，一般在七十五到八十歐元之間，約相當於一台家電價格的百分之十五到百分之二十。獎金由政府補貼。替換下來的舊家電將統一回收處理。全國計畫在兩三年內更新兩百萬台老家電。此外，按照新規定，新建住宅配備的家電都必須採用達到A級的節能產品。政府將為推廣節能家電計畫投入資金二億多歐元。

「給您一份節能知識便覽，供您購買家用電器時參考。」在馬德里的任何一家超市，人們都能看到服務人員所散發的節能知識宣傳單。宣傳單裏說，家電耗能分七級，用字母A到G代表，每個級別同時也用一種顏色表示，A級，深綠色，效率最高，最節能，然後依次向下，最低是G級，紅色，效率最低，耗能最多。

節能家電由於採用新技術，每台價格高出不少，怎能讓人相信多花錢而物有所值願意買呢？針對人們的疑慮，宣傳單裏以冰箱、洗衣機和電燈為例分別算了一筆賬。冰箱的賬是這樣算的：一台A級冰箱平約售價六百歐元，以使用壽命十二年計，耗電四千兩百千瓦時，折合五百四十六歐元；一台C級冰箱平均售價四百三十歐元，同樣以使用十二年計，耗電六千八百八十五千瓦時，折合八百九十五歐元；結論是A級冰箱比C級節電百分之三十九，節省費用一百七十九歐元，同時還少產生二氧化碳一噸以上。而A級洗衣機不但節能、省錢、少產生二氧化碳，在使用壽命期內每台還可節水三．五萬升！

為節能燈算的一筆賬也讓人信服。節能燈比白熾燈更節電，使用壽命長十五倍以上。一隻節能燈與白熾燈比，使用一萬個小時節省的電能相當於一百三十七升石油或一百五十六千克煤，少產生三百八十八千克二氧化碳。同樣亮度照明，白熾燈要七十五瓦的，節能燈只要十五瓦的。如果使用一．五萬個小時，節能燈只需一個就夠了，白熾燈則要十五個，白熾燈連燈泡帶電費共要支出兩百八十二歐元，節能燈僅六十九歐元就夠了，節省兩百一十三歐元。為盡快普及A級節能家電，淘汰老舊耗能家電，眼下西班牙全國許多自治區都在實行家用電器以舊換新政府給補貼的政策。

節能宣傳加補貼政策，讓人們願意多掏錢購買A級家電。在首都馬德里自治區，以舊換新給補貼政策剛開始實行幾天，就有四萬多個家庭購買了A級家電。

西班牙家庭主婦伊內斯家裏的洗衣機還是十五年前結婚的時候買的，她一直想買台新的。新型洗衣機節電、節水，還環保，可買台新洗衣機畢竟要花幾百歐元，她有點捨不得。不久前，伊內斯下決心要買一台新洗衣機了。原來，伊內斯聽說，她所在的瓦倫西亞自治區給購買新型節能家電的人每台優惠七十五歐元。

推廣A級節能家電是西班牙二〇〇五到二〇〇七年節能行動計畫的一個具體措施。二〇〇五到二〇〇七年三年的節能行動節能達到百分之八．五，節約的能源相當於一千兩百萬噸原油，減少原油進口百分之二十，減少二氧化碳排放三千兩百五十萬噸。

西班牙各自治區根據各自特點負責落實這個行動計畫。馬德里自治區節能計畫的目標是，將全區能源消耗減少百分之十。除了面向消費者的散發節能宣傳單活動，馬德里自治區政府還發起了其他針對不同對象的五項活動：面向政府機關、企業和居民的「馬德里照明節能活動」，主要是推廣節能燈和宣傳節電知識，目的是降低公共部門和家庭照明用電；面向工業部門的「馬德里工業節能活動」，主要是在生產單位推廣採用效率更高的生產技術，以達到節能目的；面對旅館業和住宿客人的「馬德里酒店節能活動」；面向學生的「馬德里學校節能活動」，目的是提高學生的節能意識；面向全體市民的「馬德里生活節能活動」，目的是讓所有市民了解能源是有限的，節約能源人人有責。

改造老舊居民住宅用電系統和電器設備是馬德里自治區節能計畫的重要部分。據介紹，馬德里現有居民住宅百分之四十五是上世紀七〇年代前修建的，其中百分之十二．七是已經有五十五年歷史以上的老房，改造和更新這些老房的用電系統和電器設備，可節能百分之二十以上。

為將節能進行到底，二〇〇七年年底，西班牙又制定了樓盤節能標準，新建樓房也將像電冰箱、洗衣機、剃鬚刀和空調一樣，必須具有向用戶說明其節能功效和向大氣中排放二氧化碳級別的標籤。

七個字母和七種顏色將告知用戶樓盤的評定級別：綠色的A表示節能，紅色的G代表污染。建築技術法規生效後，現在進入市場的樓盤的設計標準至少為D或E，這兩個級別是最低節能標準。低於這個標準的樓盤屬於非法建築。

破土動工之前，有關部門將根據樓盤一年的設計節能計畫判定其節能標準。這個計畫必須考慮到樓盤的具體情況，例如地理位置和天氣狀況，以確定滿足樓盤一年的耗能需求的最佳方式。此外，計畫還要考慮到住戶生活習慣對耗能造成的影響。公共建築的級別標籤必須被安放在明顯位置。住宅樓盤的開發商在銷售過程中也必須提供有關節能級別的資料，以便客人根據需要進行選擇。

《第四章》

中國出手：能源安全關係國家發展的命脈

PART4

一、國際合作是一個永遠的命題

中國長期可持續發展戰略的一個十分重要的問題是：能源與能源安全問題，能否獲得穩定的能源供應，確保國家能源安全，將直接影響到中國經濟社會發展前景。當前國際形勢日益錯綜複雜，使這一問題顯得更加尖銳。因此，構建全球合作背景下中國能源外交戰略勢在必行。

能源可以說是世界經濟發展極為重要的推動力，它直接影響世界數十億人的生活品質和未來。而近年來全球經濟復甦所帶來的對能源需求的持續增長也促使各方加強了對能源安全問題的重視。能源安全是多層面的，能源消費國和能源生產國對這一概念有不同的理解。許多人認為，能源安全指的是一個國家的能源獨立程度，也正是這種看法致使全球能源爭奪不斷加劇，世界能源安全面臨著諸多威脅。

與此同時，日益嚴重的生態問題、恐怖主義、氣候變化、資源枯竭等都在加劇，能源安全面臨著巨大挑戰，能源的未來難以預測。

二〇〇三年，中國超過日本，成為全球第二大石油進口國。中國的石油需求增幅已經佔到了全球增幅的近百分之四十。據國際能源組織的預測，中國的石油需求量在二〇二五年將升至每天一千四百二十萬桶，其中一千零九十萬桶需要進口。為滿足迅速增長的石油需求，保障國家能源安全，中國必須積極拓寬利用國外石油資源的途徑，採取跨國油氣勘探開發，在海外建立原油生產基地；通過國際貿易，獲得原油和成品油等方式，科學合理地利用好國內外兩種石油資源。

中國向來都宣導以能源合作取代能源競爭，各國應本著互利互惠的原則在能源領域充分合作創造雙贏乃至多贏的局面。中國在吸取他國經驗的基礎上，以加強政治友好為先，重視經濟貿易，並輔以經濟援助等多種方式，通過與能源生產國建立全面合作夥伴關係，為國內經濟發展獲得穩定而可行的能源保障。保證中國石油安全的一項重要舉措就是：能源進口多元化戰略。通過與能源消費國聯合開發資源，確保能源消費國的能源供應安全，保證世界石油供應和價格的穩定。

從全球來看，各國能源消費水準極不平衡，除中國、印度這兩個快速發展的發展中國家外，處於能源消耗總量排名前列的國家皆為經濟發達國家。在全球石油資源有限的情況下，加強能源消費國間合作，變能源競爭為攜手共贏，合理開發和利用世界資源就顯得尤為重要。目前，中國和世界第一大能源消費國美國在石油和天然氣領域共有二十個聯合開發項目，美國在這些項目中的總投資已經達到五十億美元。此外，與同為發展中國家的印度攜手在美洲的能源開發項目也成了世界各國關注的焦點。

一直以來，中國非常重視雙邊合作並積極開展地區性多邊外交。與石油生產國的政治友好關係、經濟合作關係、貿易往來及援助活動都借此完成。如中國與俄羅斯之間的中俄兩國總理定期會晤制度，及下設的能源分委員會的設立、中國與哈薩克斯坦的中哈合作委員會的成立等雙邊合作機制的建立，既為中國開展能源雙邊外交提供機制保障，同時，也是中國能源外交雙邊機制化的表現，為中國從能源生產國直接獲得能源進口提供了最堅實的保證。

在地區性的多邊能源外交方面，中國採取一系列多邊能源合作來確保中國能源安全。通過與波灣合作委員會和東盟的友好關係，使中國與中東和東亞各國在政治、經貿、文化等各個方面關係得到了穩步發展。上海合作組織與中非論壇的建立也在相當程度上有助於深化中國與中亞及非洲的互利合作，推動成員國經濟振興和社會的和諧發展。

除此之外，中國在吸取他國經驗的基礎上，以加強政治友好為先，重視經濟貿易，並輔以經濟援助等多種方式，通過與能源生產國建立全面合作夥伴關係，為國內經濟發展獲得穩定而可行的能源保障。除通過併購、參股、投標並舉等途徑直接與能源生產國進行能源項目合作外，還與國際石油公司和其他國家的石油公司建立戰略聯盟，利用多種方式獲得項目。與此同時，中國還積極開展多種形式的經貿合作，直接參與當地交通、通訊、水利、電力等基礎設施建設領域的合作，進一步擴大承包工程業務規模，逐步建立承包工程的多、雙邊合作機制。

就拿非洲來說：過去十年，中國對非洲的投資、貸款、援助和經貿往來促進了非洲大陸的經濟發展，在開發利用資源的同時，中國同時也對非洲的基礎設施、製造業建設投入了鉅資。一九九九年，中國與非洲貿易的價值為二十億美元；到二〇〇四年就增長到兩百九十六億美元，二〇〇五年達到三百九十七億美元。專家預計，今年中國和非洲大陸的貿易額將達到五百億美元。

目前中國以中東為主油源的現實還難以改變，但正在努力實現多元化，今年前八個月對中東的依存度已由去年同期的百分之四十八降到百分之四十五。近期還正在努力增加非洲、俄羅斯和哈薩克斯坦的石油來源，遠期則考慮委內瑞拉重油和加拿大的油砂。在進口方式方面，中國可從石油生產國進行直接進口，發展到開拓海外基地，到產油國直接投資、設廠，取得「份額油」。其中到海外取得「份額油」已經成為中國石油發展「走出去」戰略實施的一個重要舉措。

在進口品種方面，隨著國內技術及設備水準的提高，中國的石油進口不僅僅是原油，還有成品油；從原油的品種上，除了非洲、東南亞的低硫油，還有中東、南美的高硫油。供應管道則涵蓋海運、陸路、管道運輸等多種方式。通過直接的能源經濟合作來獲得能源進口的方式運用規模還比較小，除直接投資與能源相關的項目外，往往過多的專注於包括基礎設施建設及製造業，資本運作手段單一，在其他經濟合作領域缺乏切實有效的舉措。

中國雖然採取政治、經濟、援助等多種方式來尋求能源進口，以保證中國的能源安全。但這些能源外交方式之間的發展並不平衡，具體的能源合作項目落後於國家間能源合作的願望。在多種方式中，政治上的高層互訪是最主要的，經濟方式運用則較少，確切地說是通過直接的能源經濟合作來獲得能源進口的方式運用規模還比較小，除直接投資與能源相關的項目外，往往過多地專注於包括基礎設施建設及製造業，資本運作手段單一，在其他經濟合作領域缺乏切實有效的戰略和措施。

當今國際社會發生了重大變化，中國與石油消費大國的雙邊及多邊合作還十分有限，石油安全所處的國際環境同樣發生了重大改變。今天，國際石油安全的關注點更多地集中於能源價格的穩定上。在全球化經濟中，石油安全仍將是大的石油消費國和生產國複雜而有效的相互關係互動的結果。石油市場的平穩發展是關鍵；有效市場、安全投資和合理的價格目前已成為理解石油安全的基本要素。

中國與很多西方大國一樣是世界能源消費大國，在保障能源安全、謀求能源利益，應對國際能源危機，操縱國際能源市場的貿易與交易，追求國家利益最大化的過程中與這些國家又有著許多共同利益。各能源消費大國應當共同發展全球能源市場的基礎設施，以形成具有統一規則的全球能源市場為最終目標，共同努力解決包括消除供求失衡；所有國家在能源領域承擔共同義務；主動共用利潤和共擔風險；建立防範衝突的市場能源結構等在內的能源方面問題。

中國在國際大宗能源商品貿易方面的經驗顯然非常缺乏。加上企業未能預先妥善規劃，伴隨著參與全球能源交易的日益深入，導致中國常常只能在現貨市場高價購買能源。要想通過國際市場獲得更大的利益，中國就要通過更加全面地利用長期合約以及期貨等市場工具，針對需求採取有的放矢的行動。

現在中國的能源消耗遠遠高於必要水準，原因就在於中國對能源的利用效率極低。要控制能源需求合理增長，就需要採取各種措施和政策，鼓勵企業和消費者更清潔和更節約地使用能源。因此，在決策過程中要運用各種必要的調控手段，借鑒其他國家的能源消費合理化措施，使其服務於中國的長遠利益，而不是只顧眼前利益。

中國未來能源外交所應著重考慮的重點就是，參與國際多邊能源合作，加入國際石油俱樂部。中國應將能源戰略作為其國家戰略的重點，由專門機構，制定一個包括能源發展戰略、能源安全戰略和能源外交戰略等在內的國家中長期能源戰略，並付諸於實際行動之中。

目前國際能源合作中最為重要的合作方式是多邊國際合作，國際能源機構也為世界能源消費大國提供了能源多邊外交合作的場所和機制，如今，世界關注的石油安全問題已經不僅僅是一個供應安全和運輸安全的問題，還有世界石油市場的波動及其他問題。為此，中國要從根本上保障自己的石油安全，僅依靠自己的能源外交是很難達到預想結果。而且，作為世界能源消費大國，中國與其他的石油消費大國有著共同的利益。因此，參與國際多邊能源合作、加入國際石油俱樂部是中國未來能源外交所應著重考慮的重中之重的問題。

中國的能源外交更應該重視手段和地區的平衡性，應多以全面合作的經濟手段為主，輔之其他必要的直接及間接經濟援助。另外，在尋求能源進口多元化的過程中，應加強對中亞、俄羅斯、非洲地區的投入比例，增加石油來源管道，降低石油運輸安全，這些行動不是一日就能完成的，而是需要我們長期的不間斷的努力。

二、中俄聯手能源開發

俄羅斯是世界第二大石油出口國，其境內蘊藏的石油佔世界石油總儲量的百分之十三。隨著中國經濟的迅速發展，中國對石油的需求也日益增加。中俄兩國在石油領域互補性很強，加之兩國又是關係密切的鄰國，因而在發展石油合作方面擁有巨大潛力和許多優勢。

從俄羅斯進口石油，能夠直接改變中國石油大部分進口自中東的現狀，也是中國石油進口多元化的重要步驟。中國目前進口石油的結構是，百分之五十六來自中東，百分之十四來自亞太地區，百分之二十三．五來自非洲，百分之六．五來自其他地區。而伊爾庫茲克經赤塔到大慶的輸油管線建成後，到二〇一〇年，將給中國穩定地提供兩千萬噸至三千萬噸左右的原油。根據預測，到二〇一〇年，中國的石油淨進口量將達到一億噸。這意味著，屆時中國百分之二十到百分之三十的進口來自俄羅斯，避開了戰事頗多的中東，中國的石油安全問題也將得到緩解，這是一個非常好的機遇。

中國東北地區的原油加工能力很強，而目前的油田儲量只能滿足煉油廠的百分之七十，來自俄羅斯的原油也將直接緩解東北地區用油的「燃眉之急」。如今，石油、天然氣雙管齊下已經成為中俄能源合作的主題，兩方面合作的深入開展讓中國抱有很大的期望。

儘管都屬於能源貿易，但是，中俄天然氣貿易和中俄石油貿易之間卻存在著微妙的差別，在天然氣貿易中，中俄供需的結構性互補使得合作成為主流；但在石油貿易中，中俄利益的競爭性卻讓衝突夾雜於合作之中。中俄能源合作在衝突中共赴雙贏也閃現著博弈論的思想火花，這對於雙方都有著很大的好處。

一、天然氣：互補中的合作

中俄天然氣貿易，其增長的核心動力主要是來源於雙方在供需結構上的高度互補性。中國是能源消費大國，天然氣作為一種清潔能源，勢必將在中國未來的能源供應結構中佔據重要地位，預計到二〇二〇年，中國的天然氣消費量將會達到兩千億立方米。

然而，中國需要正視的問題是，與需求激增相矛盾的是，中國的天然氣供給明顯不足。從蘊藏情況看，中國天然氣資源並不豐富，品質也不高，兩個最主要的氣田都有先天不足的尷尬：鄂爾多斯盆地屬於低滲、特低滲氣田，四川盆地則屬於碳酸鹽岩的裂隙和次生孔隙氣田，開採難度很大。中國天然氣田多處於經濟落後地區，運輸成本居高不下。在供需存在缺口的背景下，中國進口天然氣就勢在必然。而鄰近的俄羅斯正是最好的進口對象，這對於中國來說是一個好消息。

從供給能力看，俄羅斯是世界上天然氣蘊藏量最豐富的國家，根據美國能源諮詢署的統計數字，俄羅斯的天然氣蘊藏量佔據了世界總量的百分之三十之多。

從政策取向看，俄羅斯對出口天然氣一直持鼓勵態度，普京政府計畫通過對東亞地區的天然氣出口發展東西伯利亞的經濟，提高當地居民的生活水準，換取更多的政治支持。同時，俄天然氣出口商也面臨傳統的出口地歐洲和獨聯體國家市場飽和的困境，抓住中國這個潛力巨大的市場意味著未來的出口將會獲得穩定的增長。預計俄羅斯未來在東西伯利亞和遠東地區的天然氣年開採量將達一千一百三十六億立方米，俄國內需求僅為三百零二億立方米，以中國為主要市場擴大出口成為該地區天然氣產能的必然出路。

從供需結構互補性的基礎上來看，中俄天然氣合作似乎勢在必行。但博弈論中有一條令人無奈的結論：「個體理性不一定能帶來集體理性」。如果中國在天然氣貿易中喪失主動性，那麼俄羅斯可能的得寸進尺也許會讓合作陷於困境。畢竟自從天然氣市場開始進入賣方市場以來，大量的進口就意味著處處受制於人，誰都不希望自己被壓制，一個國家也是如此。

在這樣激烈的競爭之下，中國制定了圍魏救趙式的能源戰略，透過在周邊國家收購豐富的油氣資源，給俄羅斯施加潛在壓力。中國先後在伊朗和哈薩克斯坦取得了天然氣田的開採權；中哈之間簽署協定鋪設油氣輸送管網；土庫曼斯坦也有意向中國出口油氣資源。這些舉措使一向趾高氣揚的俄羅斯認識到其在中國市場並非一家獨大，離開俄羅斯，中國的天然氣供應照樣不愁。正是在這種潛在壓力之下，中俄天然氣在彼此珍重的合作氛圍下更有希望達成共識、實現雙贏。

二、石油：衝突中的合作

雖然中俄石油貿易也在供需結構上存在著互補性，但從增量角度來看，中俄在供需兩方面的發展勢頭還存在很多的差異。

從需求方面來說，伴隨著中國對節能型增長模式的推崇，石油消費激增的狀況正在逐漸改善，國際能源組織（IEA）近日發表報告，把二〇〇五年中國石油需求量預測，由九月預測的每天六百六十五萬桶，下調至六百六十四萬桶。該報告指出，中國今年八月的石油使用量較去年同期減少十萬桶。該組織同時預測，中國明年的石油需求量將上升百分之七，至每日需求量七百一十萬桶，但比前期預測的七百一十五萬桶要低一些。

俄羅斯與中國能源需求穩中有降的形勢不同，它的石油產能在總量和結構上都趨於過剩。俄羅斯能源工業總調度局十一月一日公布的最新資料顯示，二〇〇七年的頭十個月，俄羅斯石油和凝析油開採量為三・九億噸，比去年同期增長百分之二・四。更重要的是，這段時間內，俄羅斯對獨聯體以外國家的石油出口為一・六八億噸，同比增長百分之十一・八；對獨聯體國家的石油出口量同比減少百分之六・五，降至三千一百一十一萬噸。俄官方預測，今年俄石油產量將達四・七四億噸，比去年增長百分之三・三；石油出口將達二・六八億噸，可望比去年增長百分之四・三。產能擴張下俄羅斯面臨著對出口的高度依賴，特別是對非獨聯體國家出口的高度依賴。

然而，這種供需格局並沒有帶來中國的相對主動，也沒有帶來和諧、迅捷的石油合作。相反，中俄石油博弈之中卻出現了複雜的衝突局面。這種複雜性表現在衝突主體的眾多。中俄石油博弈本質上看是中俄日三國的博弈，中國和日本都是石油需求國，都希望與俄羅斯建立長期、便捷的貿易管道。

在這種中日暗自較勁、俄羅斯搖擺不定的格局中，衝突不僅展現在中國與日本對石油管道建設的爭奪上，還展現在俄羅斯利用日本對中國的潛在施壓上。儘管壓力大，競爭激烈，中國也很聰明地運用了二〇〇五年諾貝爾獎獲得者賴以成名的「謝林定理」，也就是「主動約束自己的隨意性和自主性，反而會增強自我主動性」。中國並沒有直接和日本爭個你死我活，也沒有對俄羅斯輕易低頭，相反，中國「退一步海闊天空」，採取了「以迂為直」的進口多元化策略。

在中石油成功收購PK公司、中哈石油管道即將貫通的背景下，中國的石油戰略重心出現了向裏海地區轉移的跡象。當然，這是試圖利用中日博弈坐收漁翁之利的俄羅斯最不願看到的。俄羅斯總統普京不顧日本的撤資威脅，近日專門簽署專項政令，要求俄總理弗拉德科夫協助加速「泰納線」的建設進程。俄羅斯將會在距中俄邊境僅六十公里的斯科沃羅季諾首先建設一條通往中國的支線。「迂直之計」為中國石油供需矛盾的緩解提供了巨大幫助。預計第一階段，泰納線輸送能力為每年三千萬噸，而普京希望其中的兩千萬噸通過支線輸送到中國大慶；第二階段泰納線的輸送能力將達到每年五千萬噸，最終這個數字將達到八千萬噸。工業血液流通和供應的保障，無疑將為中國經濟穩健增長提供持久動力。

總之，在合作和衝突之中，中國憑藉著不卑不亢、行之有效的戰略不斷增強自我主動性，並在不斷達成共識的過程中將中俄能源合作逐步引向雙贏，並且合作指日可待。中俄能源合作現已不只是簡單的買賣關係，其合作的深度與廣度在不斷拓展，正在從一般貿易逐步向生產合作與相互投資方向發展。

三、中國與中東的能源合作

中國是一個典型的「富煤缺油少氣」的國家，能源短缺不是總量短缺，而是結構性短缺。近年來，為滿足中國經濟快速增長的需要，中國石油供應的對外依存度不斷提高。中國高層領導為此積極開展了能源外交活動，有力地促進了中國與中東產油國的能源合作。在當前條件下，開展與中東產油國的能源合作不僅具有必然性，而且具有一定的安全性。中國同中東產油國長期保持著友好合作的關係，政治上互助，經濟上互補，文化上交融，從而為中國開發中東能源，獲取中東石油創造了良好的合作環境。

一、中國的石油供應安全與中東石油

中國能源發展戰略的重要方針之一就是多元發展、加強國際互利合作。在中國的能源發展中，石油產業有其特殊性，不同於其他能源的發展及利用。在中國的能源消費結構中，煤炭所佔的比例長期居高不下，二〇〇五年佔百分之六十八．七，油氣佔百分之二十四，水電和核電等佔百分之七．三。石油與煤炭之比接近一比三，但兩者對於中國經濟發展的貢獻率是不言而喻的。

以煤炭為主的消費結構，表明我們直到現在仍處在低效率和低效益的煤炭時代，游離於世界能源的發展潮流之外，這對中國的經濟運行和能效利用以及改善生態環境和提高人民生活品質等並不是什麼好事。

最近幾年，為了填補不斷擴大的石油供應缺口，以滿足中國經濟快速增長的需要，中國的石油進口也隨之水漲船高，對外依存度問題因此引起了專家學者們的廣泛關注。英國BP石油公司發佈的資料顯示，二〇〇六年全球的能源消費增長了百分之二．四，而中國的能源消費增長了百分之八．四，其中石油消費增長了百分之六．七，接近過去十年的平均增長率。相對石油消費的增長，國內石油生產的增速卻相對緩慢，近年來的產量增幅大致維持在百分之一．五～二。促使中國石油對外依存度不斷增長的原因，除中國經濟快速增長因素外，石油生產的資源條件本身就是一個重要的制約因素，我們必須重視起這個問題來。

中國目前的原油年產量已接近二億噸，增產空間已經非常小了。這意味著在未來的歲月裏，要切實解決好日益擴大的石油供應缺口問題，繼續加大與海外石油生產國家的能源合作幾乎是中國不二的選擇。合作開發是首選之道，其次才是做進口貿易。對於開發利用中東的油氣資源問題，中國國內一直存在分歧。由於中東地區局勢錯綜複雜，反復多變，長期動盪不安，因此，國內不少業內專家都主張盡快實現石油來源多元化，不要過分依賴中東油氣。他們還主張，中國的石油對外依存度應控制在三分之一的範圍內，然後分別從俄羅斯、中亞、中東等地方引進，以便解決中國存在的問題。

中東產油國在世界油氣儲、產領域的主力軍地位已經不可動搖，無論從油價油質，還是從地域、運輸考慮，中東石油都應是中國的主要石油來源地。儘管近些年中亞、非洲的石油產量都在增加，但中東原油仍在世界石油市場上佔主導地位，特別是中亞地區的資源條件和產量，怎麼都滿足不了中國的三分之一對外石油需求。

那麼在當前條件下，把開展石油合作的基點放在中東產油國或將中東石油列為中國的主要石油來源具有一定的必然性，而實際上目前中國的主要油源恰恰就是來自中東產油國。從原油進口地區看，二〇〇六年中國原油進口仍主要來自中東地區，其進口量達六千零七十三萬噸，比上年增長百分之一・五；佔全國原油進口總量的百分之四十一・八。其次是非洲地區，其原油進口量為四千三百五十一萬噸，比上年增長百分之十三・五；佔全國原油進口總量的百分之三十，與上年基本持平。來自前蘇聯地區的原油進口，增長較快，其進口量為一千八百六十五萬噸，比上年增長百分之三十二・六；佔全國原油進口量的百分之十二・八，比上年提高了百分一・七。目前，中國正在積極推行能源來源多元化政策，從能源供應現實看，中東石油已是中國的海外主要來源，其他地區資源只是戰略性的多元化補充資源。

中國與中東產油國加強能源合作不僅是必然，而且還安全。中東產油國以阿拉伯國家為主，以往的阿拉伯民族向心力和伊斯蘭穆斯林特有的凝聚力，一直是過分集中能源來源的軟肋，但如今中東的地緣政治早已物是人非，阿拉伯國家原有的民族凝聚力和傳統文化在西方強權政治與強勢文化的衝擊和影響下，已渙散殆盡，再加之原本就與另一個中東產油大國伊朗的關係長期不睦，所以當今與中東產油國合作，不應把中東看成是一個嚴密的整體，而是一個個堅持不同利益的獨立國家。

如今的中東產油國已不再是鐵板一塊，像上世紀七〇年代那樣採取聯合行動對付西方世界的時代已屬歷史。在這樣條件下開展與中東產油國的能源合作，完全不必為不斷增大的對外依存度多慮，而是應該進一步加大對中東地區的能源外交力度，做好開發利用中東石油的的最好準備。

從中東獲取石油，本身就應該被視為石油來源多元化的一個有效舉措。無論哪方面來講，從中東獲取油源，都是非常安全的，也是非常必要的。

二、中國與中東能源合作的新進展

自從二〇〇四年七月開始，中國一直在同阿拉伯海灣合作委員會就建立自由貿易區展開談判。二〇〇五年十二月底，科威特石油大臣率領 OPEC 代表團訪華；二〇〇六年一月，沙烏地阿拉伯國王阿卜杜拉接踵而至。四月，胡錦濤主席率團先後回訪了沙特以及 OPEC 另一重要成員國尼日共和國。

通過雙方高層領導如此頻繁接觸很容易發現，在能源合作領域，中國需要源源不斷地獲得中東的石油供給，而中東產油國則想牢牢抓住中國這一巨大的能源消費市場，增加能源輸出的安全度。中國高層領導的能源外交活動獲得了立竿見影的效果。中石化在對沙烏地阿拉伯某沙漠地帶開發天然氣的項目招標中，一舉擊敗美國公司，成為該區域有權開採的四家公司之一。

另外，中國石油企業在中（國）緬（甸）石油管線久議不決的情況下，決定另闢蹊徑，經巴基斯坦的瓜達爾港，將沙特、伊朗石油輸入中國新疆，以此緩解麻六甲海峽海運安全困境。在中國福建，一項由中石化、埃克森—美孚和沙烏地阿拉伯石油公司共同投資三十五億美元的煉油廠已動工修建，此外，沙烏地阿拉伯還準備對海南、青島、大連的一些石油儲備和煉油項目進行投資，這些項目構成了中沙能源合作的基本框架。二〇〇五年前，沙烏地阿拉伯石油在美國的總進口額中約佔百分之二十，在中國約佔百分之十七，是中美兩國最大的石油供應國，地位相當重要。

科威特石油公司於二〇〇六年三月二十九日在北京設立了辦事處，真正實現零距離接觸中國石油企業。這是個雙贏結果，中國的「走出去」戰略不僅可以到產油國共同開發合作，也可以同時引進產油國的資金和技術，從事中國的石化項目，由此形成與石油輸出國的「共生」依存關係。

科威特不顧美國的看法和行動，毅然決然地投資中國，開展能源合作，在中東產油國中產生了一定的示範效應和榜樣力量，導致中東地區的石油輸出國紛紛緊跟，涉足東方，促使中國與中東的能源合作不斷升溫。

中國燃氣集團在二〇〇七年五月二十二日與其戰略性股東阿曼國家石油公司簽署合資公司協議，從中東進口能源產品，幫助中國燃氣集團穩定獲取能源供應。合資公司的法定資本四千萬美元，雙方各持合資公司的百分之五十權益。五月二十三日，世界級的乙烯供應商——卡塔爾石油化工有限公司在繼北京、上海、臺灣和香港之後，在廣州設立了它在中國地區的第五個辦事處，其主打產品乙烯現在在華南市場正供不應求。

二〇〇七年六月二十日，伊拉克總統賈拉勒·塔巴拉尼訪中，期間隨團前來的石油部長就中國在伊拉克石油領域裏的投資進行了磋商。這次協商雖未導致產生具體的協議，但伊拉克駐華大使明確表示，即將誕生的伊拉克《石油法》將向國際公司開放伊拉克油田，中國將成為受惠國之一，伊中之間一份被凍結的、簽署於一九九七年的石油合約將很快被啟動。這些事實都足以說明，中國與中東產油國之間的能源合作已進入了一個嶄新的階段，是人們期盼已久的。

三、中國開展中東能源合作面臨的挑戰和存在的問題

中東局勢一直都是夏天的天氣一般，變化無常，地區矛盾異常複雜，世界大國在中東地區的爭奪，世界各大石油公司的能源角逐在全球化背景下不斷深化，日趨激烈，因此，中國在推進與中東國家的能源合作中，遇到了各種各樣、越來越複雜的制約因素。主要有以下幾種：

1.大國競相介入中東，對中國開展中東能源合作形成掣肘。

複雜多變的地區局勢也增大了中國與中東國家開展能源合作的風險，中東既是全球的「能源庫」，也是世界的「火藥桶」，是連綿半個多世紀衝突的旋渦，更是民族、宗教、政治等紛爭的是非地。這都給中東的安全和穩定構成強烈衝擊，使地區格局孕育著深刻複雜的嬗變，不確定因素增多，安全隱患凸顯，中國對此應有充足的思想準備和對應措施。

2.境外民族分裂勢力的威脅。

個別中東國家對「東突」等分裂祖國的勢力睜一隻眼，閉一隻眼，甚至只要不危及本國政權，放任「東突」分子在其境內自由活動。這種態度助長了民族分裂勢力的能量和氣焰，對中國國內的穩定產生了潛在的影響。此外，中東地區的局部戰亂和動盪，對中國在這一地區的投資以及勞務和商品的出口等也起破壞作用，所以中國也要有心理準備，以防不備之需。

3.中東產油大國沙烏地阿拉伯、科威特等雖都有與中國進行能源合作的願望，但要使其能源出口潛力變成現實還須解決諸多問題。

中國進入中東國家開展油氣合作已進行多年，近年來，每年往返於這些國家去談油氣項目的各

級各類代表團不可謂不多，但結果不理想，進展緩慢，不能令人滿意。由於多方面原因，除個別問題國家如蘇丹、伊朗以外，實際進展十分艱難，缺乏實質性的大型開發合作項目，有的則尚處於技術經濟論證階段。即使是伊朗，據了解，在處理與中國的關係時，也存在利用能源牌的傾向，缺乏實質性的合約或訂單，所以這也應該引起我們的注意。

4.中國石油企業與外交駐外機構須進一步加強協調和溝通，密切合作。

二十一世紀初期，前外長唐家璿曾說，今後一個時期中國的外交將是石油外交。自此，隨著中國高層領導的適時出訪，中國的石油外交便有聲有色、如火如荼地開展了起來，並取得了可喜的成就。

二〇〇六年中國的能源外交更是達到了高潮，四大外交開局皆為石油，隨後的一系列外交部署也與之密切相關。中國的石油外交戰略追求和諧世界下的良性競爭，一方面要與OPEC、俄羅斯和美國等能源領域的強勢者「連橫」，分享現行國際規則的好處；另一方面，也要同伊朗、蘇丹、安哥拉以及印度這樣的弱勢者「合縱」，促進新規則的建立。但是，與此形成鮮明對比的是，涉外石油企業與駐外機構的合作缺乏默契與溝通，彼此互有抱怨，這是中國開展石油外交和中東能源合作中不應出現的一個不和諧因素，中國因該據此分析自身存在的問題。

5.中國政府面向全球的長期能源發展戰略至今尚未出臺，對中國公司參與國際能源合作項目的地位和影響力估計不足，外交政策指導不力。

由於存在這種情況，中國公司在國際市場競爭激烈和行情變化迅速的條件下，常顯現出經驗不多，互相拆臺，或反應遲緩等失誤，導致合作項目很難迅速見效；第二，一些中國公司缺乏對資源供應國認真的調查研究和充分的物質與心理準備，從國外獲取真實資訊的辦法和途徑不多，因而常輕信西方代理商提供的資訊，結果導致上當受騙；第三，中方部分參與談判人員素質不高，缺乏隨機應變的能力和外事經驗，只說好的，不談問題或故意繞開問題，有時甚至不能針對對方不合理的要求，針鋒相對地予以反擊，從而使談判效果受到很大影響。

四、中國開展中東能源合作的歷史性機遇

「九一一事件」以後，美國和沙烏地阿拉伯等中東國家的關係出現裂隙，伊拉克戰爭更使中東產油國與美國關係蒙上了一層陰影，從而給了中國石油企業同中東產油國加強能源開發合作的最佳機會。

首先，伊戰嚴重激化了中東的民族和宗教情緒，美國的大中東民主改革計畫，使中東各國在日夜擔心西方式民主改革會動搖他們的君主制政權基礎的同時，還擔心受美國操縱的後海珊政權不僅有可能恢復伊拉克在波灣戰爭前日產原油約五百萬桶的能力，而且還有可能使伊超過沙烏地阿拉伯成為全球第一的產油大國，從而在 OPEC 內主宰石油定價和份額分配，危及他們的重要收入來源。在這一點上，美國與沙烏地阿拉伯等中東產油大國的利益並不一致，因此，這些產油大國急於另尋合作夥伴是情理之中的事。

其次，中東需要擁有一個穩定的市場，中國作為一個經濟正在快速增長的發展中國家，能源消耗巨大，市場潛力誘人，而且還與中東國家一直保持著長期友好的合作關係和友誼。目前，沙烏地

阿拉伯、科威特、伊朗等中東產油大國，都在逐步打破國家對能源部門的壟斷，對本國的能源項目進行國際招標。因此，國內的能源專家普遍認為，中國與中東產油國逐步加強能源合作的時機到了。除上述條件外，中國開展中東能源合作還得到了另外的條件的支持：

1.中國奉行不偏不倚的中東政策，受到該地區國家的普遍好評。

中國作為安理會常任理事國和最大的發展中國家，在國際舞臺上和中東事務中發揮著越來越重要的作用，贏得了多數阿拉伯國家的讚賞與支持。迄今，中國已和中東地區的所有國家都建立了正式的外交關係，與各國都保持著長期友好合作的關係。這些都為中國開展與中東國家的能源合作奠定了堅實的政治基礎，並為中國成功地從中東進口石油營造了良好的大氣候和整體環境，對中國是十分有利的。

2.中國經濟的騰飛和綜合國力不斷增強的事實，令中東地區國家感到羨慕，他們對與中國合作充滿信心，因此他們願意看到石油流向中國市場。

九一一事件以後，中東產油國普遍看好中國巨大的石油需求市場，阿拉伯一些產油國出於對以美國為代表的西方國家的強烈不滿，力圖改變長期以來過分依賴西方大國、在經濟上受制於人的被動局面，遂提出「能源東向」的經濟能源發展合作戰略。其主要考慮是確保能源輸出安全，通過擴大和中國為代表的亞洲國家在石油等領域的合作，努力實現石油勘探、開發、生產、銷售體系和市場流向等方面的多元化，以此借助包括中國在內的其他各方力量牽制美國的霸權行徑，緩解來自美國的壓力，實現政治目的。

五、中國開展中東能源合作的對策建議

1.積極貫徹構建和諧世界的中國外交理念，為中國與中東國家的能源合作創造良好條件，為加強雙方石油企業間的能源合作鋪平道路。

中方在複雜多變的國際政治和經濟形勢之下，應密切注意中東形勢，抓住有利時機，認真分析研究這些國家能源戰略和政策的動態與變化，及時調整相應的戰略、策略，同時深化改革，建立責權利一致，反應快捷、敏銳的相應管理機制。

此外，還應認真研究美國長期的總體戰略和地區戰略，及時了解其策略的變化和實質，建立自己的綜合應對機制，以在政治、安全、外交和經濟方面及時採取相應的戰略和策略，利用矛盾，運用智慧，作好自我防範，盡量避免陷入被美國等西方國家圍困、堵截、排斥和遏制的窘境。

2.改變思路，確立新的利益觀和安全觀，要在考慮本國利益的同時，兼顧合作方利益乃至國際社會的整體利益；要在考慮本國安全的同時，兼顧合作方安全乃至國際社會的整體安全；雙贏佳果才是確保雙邊能源合作得以可持續發展的可靠保證。

3.在中東產油國中，石油資源量和產量參差不齊，有多有少。

在當前條件下，中國開展能源合作不能以量小而不為。某些中東產油大國出於政治目的，希望中國能夠在中東問題仗義執言，而在能源問題對中國表示出願意加強合作的傾向，對此，中國方面應保持清醒的認識，採取靈活、務實的對策。

在當前條件下，要想馬上進入沙烏地阿拉伯、科威特、阿聯酋、伊拉克等中東產油大國創造巨

大的業績，開展合作開發存在難度，因此應首先堅守陣地，保持已有的基礎，然後再求發展。像蘇丹就是一例，二〇〇六年新增石油探明儲量居世界第二，這對中國石油企業而言，是一個非常有利的因素。

4.中國石油企業參與中東能源的合作開發，中國政府應給予外交上的支持，並加強宏觀指導。

在這方面，中國首先需要盡快制定從中央到地方協調一致的、面向世界市場的長期能源發展戰略，盡快建立相對獨立的能源管理部門。對於中國石油企業在工作、運營中暴露出來的問題，政府應給予經常性的監督檢查和指導，同時要創造盡可能多的條件，確保中國企業把參與項目的風險降至最低，以減少國家利益的損失。

5.涉外石油企業與外交機構應加強協調和合作，特別應該引入適當、靈活、必要的激勵機制，充分發揮外交機構的仲介、橋樑作用。

在這樣的激勵機制下，中國的外交部門和駐外機構應緊跟高層領導的步伐，積極開展能源外交，大力促進中國的中東能源合作。

6.要堅持「走出去」和「引進來」兩條腳走路的方針，在中國石油企業「走出去」開展能源合作的同時，也要積極引進中東產油國的石油資金，用於國內石油項目的投資，其結果就是能夠大大減少世界石油市場的變動給中國帶來的風險。

四、多管齊下力保石油安全

「黑色黃金」石油一直是國際上的熱門話題。中國在大力發展經濟的同時，確保石油安全是必不可少的。中國是石油生產大國，也是石油消費大國，而且進口量在逐年增加，因此石油安全對中國十分重要。

否則，一旦石油價格大起大落，會對經濟產生負面影響。中國石油安全問題涉及多個方面，包括石油市場化以及市場的穩定供應等。總體上，與目前的體制改革有關係，是一個體制改革問題。

一、推進市場化改革。

專家建議，中國石油市場在對外開放之前首先應對內開放。一方面，政府在放開石油價格的同時，應建立起宏觀調控機制，真正掌握住市場管理和調控權；另一方面，打破國內石油市場的地域壟斷，積極培養市場主體。

專家認為，中國石油問題千頭萬緒，其中有技術問題、投入問題、資源問題，但最重要的還是缺乏一種高效、靈活的機制，制約了石油工業的發展。中國石油行業市場化進程遠遠落後於市場經濟的形勢發展，由於壟斷，石油天然氣等價格長期受到管制，產業准入受到嚴格限制。

中國石油石化行業在經歷了一九九八年的重組以後，打破了上下游分割的行業性壟斷，組建了中石油和中石化兩個上下游一體化的大型企業集團，加上原有的中海油和中化集團，初步形成了中國石油石化行業的競爭格局。然而需要注意的是，這並不等於國內市場形成了有效競爭。

目前，中國石油產業的市場結構仍然存在著一些缺陷，制約了石油產業組織效率的提高。石油消費方市場程度的迅速提高和石油供應方的過度壟斷成為當前中國石油市場中的主要矛盾。一方面隨著中國社會主義市場經濟體制改革的不斷推進，中國經濟的市場化程度已經達到了相當水準，絕大多數商品價格已經開放，用油企業的經營銷售也已實現市場化；另一方面，中國原油、成品油供應仍然處於兩大集團的壟斷之中，原油、成品油定價機制仍然處於「與國際接軌階段」，不能充分反映國內市場供求關係。

所以中國應放鬆石油市場准入管制，放開石油終端銷售市場，建立科學的現代石油市場。石油銷售屬於一般競爭性業務，具有較低的進入壁壘和退出壁壘，比較容易形成充分的市場競爭，完全可以通過優勝劣汰規律，自動調控企業進入和退出，實現市場的高效率。

在國際石油市場資源豐富的大背景下，開放的市場是中國獲得穩定、廉價石油的重要手段和途徑，否則，就無法保證對國際資源的利用，也無法形成吸引國際資源的市場，不利於提高石油供應安全。

因此，有專家建議，中國石油市場在對外開放之前首先應對內開放。一方面，政府在放開石油價格的同時，應建立起宏觀調控機制，真正掌握住市場管理和調控權；另一方面，打破國內石油市場的地域壟斷，積極培養市場主體，從開放市場、完善和規範市場入手，制定市場規則，形成合理的、有序的競爭格局，比如將分別隸屬於鐵路、交通、民航、農業、林業等系統的石油專項用戶的油品供應系統剝離出來，組建獨立的石油銷售公司，並享有石油進出口權，使之成為真正的石油市場主體，增強石油市場活力。同時，鼓勵其他社會資金進入石油流通領域，或以自願互利為原則，通過參股、控股、聯營、收購等方式，整合社會力量，營造健康有序的石油市場。

由全世界來看，多數石油進口國採取了市場化的道路解決石油供應問題。在經濟全球化的條件下，市場化是石油進口國解決石油供應保障的基本方向。作為增長最快的石油消費大國，中國石油消費的品種需求和地區差別十分巨大，形成中國自己的石油交易市場和報價系統意義重大。中國有必要建立國內石油現貨和期貨交易市場，達到規避風險、跟蹤供求、調控市場的目的，正確快速引導石油生產、經營和消費。甚至有市場人士建議，現在中國可以在現有的期貨交易市場中增設石油交易品種，這也可以納入考慮範圍之內。

二、實施「走出去」戰略

中國石油和化學工業協會會長譚竹洲認為，積極實施「走出去」戰略，就應該利用現有技術、資金到非洲、南美洲等地區去開發石油，實現石油供應的多元化，規避當前石油集中帶來的風險，避免價格波動帶來的影響。

面對中國石油需求的大幅增長，為了擴大供給，中國企業除了不斷在境內開採石油外，還通過各種方式從國際市場尋找穩定的供貨管道，積極實施「走出去」戰略。

中國石油和化學工業協會會長譚竹洲認為，積極實施「走出去」戰略，就應該利用現有技術、資金到非洲、南美洲等地區去開發石油，實現石油供應的多元化，規避當前石油集中帶來的風險，避免價格波動帶來的影響。

譚竹洲說：「只要有充足的海外石油產量，就可以在很大程度上抵消和抵緩原油高價位對經濟發展的衝擊，穩定國內石油化學工業的發展。」

到現在為止，中國和海外油源的合作範圍已擴展到中亞俄羅斯、阿塞拜疆、哈薩克斯坦，東南亞印尼、緬甸，中東利比亞、伊朗、阿曼和中南美洲委內瑞拉，非洲蘇丹等地。中國和國外很多合作項目都採取「份額油」的方式，即中國在當地的石油建設項目中參股或投資，每年從該項目的石油產量中分取一定的份額。這樣一來，中國拿到手的是實物，石油進口量不至於受價格波動太大。因此國內普遍的看法是「走出去」買油不如「走出去」採油。

在國內三大石油企業中，以原油及天然氣勘探、開發與生產為主要業務的中石油成為「走出去」的先行軍，在開發海外市場方面行動最積極，所開展的海外重大合作項目也最多。據介紹，目前，中石油已經成為這一戰略的受益者。該集團至今已累計在海外生產原油近六千萬噸，累計獲得權益原油三千萬噸，獲權益天然氣近三十億立方米。其海外投資項目主要分布在亞洲、非洲、北美洲和南美洲地區，形成了中東及北非、中亞及俄羅斯、南美等三個具有規模的投資區域，海外業務涵蓋了油氣勘探開發、地面建設、長輸管道、石油煉製、石油化工和油品銷售等領域。

二〇〇三年，在中東—北非地區，中石油的蘇丹區項目建成了年生產能力一千萬噸以上的大型油田，並獲得了超過四億噸的探明地質儲量，建成了一千五百零六公里的長距離輸油管道和年加工能力兩百五十萬噸的蘇丹煉油廠，形成了集石油勘探開發、煉油化工管道輸送與終端銷售為一體的完整石油工業產業鏈。以此為基礎，相繼開發了利比亞、阿爾及利亞、阿曼、敘利亞和伊朗等中東—北非國家市場。

擅長海外圈地的中海油二〇〇三年通過其旗下全資子公司中海油 Muturi 有限公司與英國天然氣集團簽署《銷售與購買協議》，收購該公司在印尼 Muturi 產品分成合約中擁有權益中的百分之二十・七七，收購價為九千八百一十萬美元。中海油在 Muturi 產品分成合約中持有的權益由此從原有的百分之四十四增加到百分之六十四・七七，這使中海油在整個東固液化天然氣項目中的權益相應地由原來的百分之十二・五增加到百分之十六・九六。

中石化在中東地區加大投資力度，二〇〇四年三月七日中石化與沙烏地阿拉伯石油和礦產資源部簽署了沙烏地阿拉伯南部勒巴・哈里北部地方B區天然氣田開發項目合約。這塊天然氣田面積為三・八八萬平方公里，初期投資達三億美元。目前，中石化又厲兵秣馬競標伊朗油田開發項目的計畫。根據規劃，該公司爭取到二〇〇五年在海外獲得兩百萬噸～三百萬噸份額油，到二〇一〇年實現更大的發展。

近年來，中化集團也積極回應國家「走出去」的戰略，開始了海外油氣田的開發。中化集團總裁劉德樹建議，中國可採取一系列措施鼓勵國內企業「走出去」。他建議國家對企業在海外的油氣投資活動予以稅收政策優惠；中國的外交政策和外交活動要更加向經濟目標傾斜，支持中國企業在海外的經營活動；建議國家針對中國企業海外石油直接投資項目設立投資基金，並設置政策性保險政策；進一步改變海外投資管理體制和外匯管理體制；建議國家盡快開展包括《石油法》在內的有關石油天然氣資源開發的各種立法和修訂工作。作為中國四大石油公司之一，中化集團在中國國家石油安全及戰略中扮演著重要角色。

三、建立石油戰略儲備

很多專家經過分析研究認為，石油戰略儲備的建立應以國家為主，企業共同參與。在中國石油儲備基地建立之初，發揮公司優勢相當重要。由於在市場經濟條件下，儲備石油會影響相關企業的效益，因此在運用法律手段明確企業義務的同時，應給予一定補償。

在加大市場化改革和積極實施「走出去」戰略的同時，中國的石油戰略儲備也在緊鑼密鑼地進行。為逐步建立和完善石油儲備制度，國家發展改革委員會於去年組建了國家石油儲備辦公室，並從二〇〇三年十二月五日正式開始辦公。在這之後的第二天，國家發改委宣布中國將在沿海地區建設四個國家戰略石油儲備基地。目前，能儲備一千萬立方米石油的一期工程已經動工。

在中國建立戰略石油儲備基地問題上，中石油、中石化、中化集團等公司共同參加了國家石油戰略儲備計畫。專家認為，石油戰略儲備的建立應以國家為主，企業共同參與。在中國石油儲備基地建立之初，發揮公司優勢相當重要。由於在市場經濟條件下，儲備石油會影響相關企業的效益，因此在運用法律手段明確企業義務的同時，應給予一定補償。

從國際上的一般經驗來看，石油儲備已成為穩定石油供求關係的重要環節，發達國家在經歷兩次石油危機後，普遍重視和建立了本國的戰略石油儲備體系。

美國於第一次石油危機後的一九七五年，由國會授權政府開始興建龐大的應急石油儲備體系。到一九九一年已為戰略石油儲備撥款一百九十億美元，其中用於購買原油一百六十億美元，其餘用於儲備設施建設。在儲備規模方面，其初期戰略儲備目標為五億桶，相當於九十天的進口量。後來將儲備目標修訂為七．五億桶。一九九七年美國實際戰略儲備量為五．六四億桶，相當於六十七天的進口量。一九九一年的波灣戰爭中，美國動用戰略石油儲備，每天向市場投放一百一十二萬桶原油，起到了穩定市場、平抑價格的作用。

在日本，石油儲備已成為一項基本國策。日本的石油儲備分為政府的戰略儲備和民間的商業儲備兩種。政府儲備目標為九十天的進口量。目前已建立了十個國家石油儲備基地，並採取統一管理模式。日本用於石油儲備的事業費，加上給予民間的儲備補貼，合計已達二兆日圓。這筆龐大的開支被認為是必不可少的「國家安全成本」。到一九九七年，日本政府的石油儲備可供一百五十四天使用，若加上民間儲備，則可在石油進口中斷的情況下，維持國內半年左右的需求量。

據權威專家實證研究，有一點需要澄清的是，從國際經驗看，石油戰略儲備從來都不是以平抑油價波動為主要目的，而是在戰爭或自然災難時以保障國家石油的不間斷供給為目的。

戰略儲備油的成本是昂貴的，昂貴到比國際原油四十多美元一桶的高價位還要高，其收益是國家經濟安全。所以，單純地以平抑油價波動為目的的石油儲備不是戰略儲備，而是平準庫存。但是，這樣的實踐卻很難成功。中國石油戰略儲備絕對不是平准庫存，其目的是為原油的不間斷供給而不是平抑價格波動。

五、加快完善能源儲備制度

能源歷來是人類文明的先決條件，人類社會的一切活動都離不開能源。能源是人類生存和發展的重要物質基礎，歷來備受世界各國所重視。對一個國家來而言，能源是工業的血脈，是經濟增長和社會發展的重要物質基礎，是發展國民經濟和提高人民生活水準的重要保障。

因此，中國必須建立自己的造血機制，建立自己的血庫，才能保證血脈暢通，才能維持國家實力穩定上升。

中國是一個煤多油少、優質資源不足、經濟仍處於工業化階段的發展中國家。在經濟全球化、世界政治格局多極化的今天，如何保障能源持續供應是中國國民經濟和社會可持續發展亟待解決的重大戰略問題。

一個國家或地區的能源安全程度取決於其經濟發展和社會進步對能源的需求以及能源資源的儲備情況。因此，能源儲備是國家能源安全的重要保障，能源儲備制度是國家能源安全制度體系的重要組成部分。

中國能源發展後勁不足，能源開採、儲備減少是中國國家能源安全面臨的挑戰。因此，加強中國能源儲備，特別是加強石油儲備立法，完善和健全中國能源儲備法律制度體系已經刻不容緩。

能源儲備是一項造血工程，也是一項保險政策，是從當前使用中轉移出來某些資源以在將來發生緊急事件的時候使用。

根據應急的類型，能源儲備可分為國防儲備和經濟儲備。國防儲備又稱為戰略性和關鍵性儲備，是一種由政府控制的資源，庫存只對於在延長的軍事衝突直接涉及到國家佔有的儲備資源，以及在戰爭或自然災難時才投放，用以保障國家能源的不問斷供給為目的。經濟儲備是一種準備應付經濟緊急情況的儲備，經濟儲備強調的是物資的民用性，以平抑價格波動為目的。

能源安全是一個國家或地區可以持續、穩定、及時、足量和經濟地獲取所需能源的狀態或能力。能源安全包括能源的經濟安全（供應安全）和能源的生態環境安全（使用安全）。能源的經濟安全是指滿足國家生存與發展正常需求的能源供應保障的穩定程度，包括三方面：保障供給、隨機應變以及可持續利用。這些都需要國家防範之於未然，做足能源儲備工作。因此，能源儲備是國家能源安全的重要保障，能源儲備制度是國家能源安全制度體系的重要組成部分。

如今，能源安全問題既是經濟問題，更是政治問題，應從國家大安全的高度加以認識與研究。能源安全最重要的標誌是，滿足國民經濟和社會發展所需要的能源資源。保證能源安全一定涉及儲備安全。作為世界上第一大能源消費和進口國，中國的能源儲備問題和能源儲備戰略的實施是中國保持持續平穩發展所必須認真面對的重要課題和基本任務。因此，加強能源儲備立法，完善和健全中國能源儲備法律制度體系，是建立健全國家能源安全體系的重要內容。該領域的理論和實證研究具有重大的宏觀經濟意義和戰略意義。

根據中國發展狀況很容易看出，中國能源發展後勁不足、能源開採儲備減少以及能源管理體制分散是中國國家能源安全及能源管理體制面臨的挑戰。隨著中國經濟發展對能源需求量的增加，中國的能源需求與供給必然產生缺口。有專家測算出中國國內能源的缺口量：在二〇三〇年約為二．五億噸標準煤，到二〇五〇年約為四．六億噸標準煤。顯然，中國的能源缺口在逐年增大，進口依存度正在逐步擴大。

中國作為世界上最大的發展中國家，是一個能源消費大國。基本能源消費佔世界總消費量的十分之一，僅次於美國，居世界第二位。然而中國人均能源可採儲量遠低於世界平均水準。二〇〇三年人均石油開採儲量只有二．六噸，人均天然氣可采儲量一千零七十四立方米，人均煤炭可採儲量九十噸，分別為世界平均值的百分之十一．一、百分之四．三和百分之五十五．四。

能源問題一直是中國國民經濟和社會發展中的熱點和難點，中國國家能源安全及能源管理體制面臨著巨大的挑戰。當今社會是法制經濟，要把能源儲備工作搞好就必須從源頭抓起、抓立法，然後依法行政、依法行事。否則一來國家能源儲備的權威性合法性受到質疑、二來國家能源儲備的運行空間受到限制同時不利於此項工作的規範運做，有背於依法行政的行政基礎。新中國成立以來，中國在能源立法方面也卓有成效。目前已制定了《節約能源法》、《電力法》、《煤炭法》、《可再生能源法》。但是有關專門的能源儲備法律制度方面卻仍然是一片空白。建國五十多年來一直沒有一套完整的法律體系、法規。

截至到現在，國家在戰略能源儲備上對儲備規模、地域分布、資金保障收投規則、日常管理等等方面在法規方面都沒有任何規定，可以說是無章可循、無法可依。因此，建立能源儲備迫在眉睫、勢在必行。

當前最重要的任務是制定國家能源儲備法律。具體來說，能源儲備相關法律應該著重考慮建立國家資源戰略儲備制度的功能定位、主體與機構、資金來源、種類與規模、儲備方式等問題。

功能定位方面，應該是保障關係到國計民生、國家經濟正常運行的基礎性資源的有效、穩定、持續供給，具體做好能源資源儲備（主要是石油儲備）。儲備主體與機構方面，應以國家和企業為雙重儲備主體，國家應成立專門的機構負責資源戰略儲備計畫的制訂、儲備地點的選擇、儲備種類與規模的確定、儲備資金的籌措、儲備資源的動用以及動用的程式和數量等一系列與資源儲備相關的問題；儲備資金來源方面，應以國家資本為主、民間資本為輔，國家可以通過發行國債等方式籌集部分資金；儲備種類和規模方面，不僅要依據經濟發展的需求量進行科學計算而制訂，還要根據國際資源市場的供求狀況、資源價格靈活處理，在價格逢低時可以超量買進，在價格過高時則可以適量賣出；儲備方式上，除了國家定點儲備外，還要充分利用企業的庫存空間發展資源儲備，把企業的庫存儲備納入國家儲備，並對這類企業儲備給予適當的補貼與政策優惠，同時還可以考慮發展民間個人儲備，這類儲備在緊急時刻比從國外進口資源的方式更為安全一些。

一、國家能源儲備立法應當考慮以下幾方面：

1.要充分考慮中國的國情國力。不能照搬照抄別國的法律，要制定具有中國特色的國家石油儲備法律。

2.要保證國家對能源儲備的有效控制和不受干預性。這是因為國家能源儲備是國防安全和經濟安全重要的物資保障。

3.要確立國家能源儲備的非贏利性。國家能源儲備不同與經濟生活中的一般物資購銷、經營行為，能源儲備收儲投放的目的不是一般的經營活動，既不能以贏利為目的，也不能用是否贏利來評價。

二、建立專項法規及管理條例用於戰略能源儲備運作，並需要建立國家能源安全法規體系，在出現國際能源危機及局部戰爭時，依法行使海關、運輸、油田、油庫、煉油廠、加油站、市場價格等多種管制許可權，這可仿照西方國家經驗，針對石油能源建立《石油特急法》。

鑒於能源的地位日漸突出，國家應加快研究制定能源安全戰略，多種措施並舉，如戰略石油儲備、國內石油勘探、海外石油資源開發和相關立法建設等。研究合理利用和保護國內能源儲量，通過政策傾斜，儘快轉向海外能源的開發利用應作為中國能源戰略的重大調整方向，而建立戰略能源儲備週期短、見效快，屬保障能源安全的當務之急。

三、能源的所有權應該有明細的分配，能源不能隨意開採，在立法過程中，對不同的能源應該有清晰的劃分，並且行政機構應限制開採、開發，而能源的所有權應該屬於國家。

四、作為法律制度方面的空白點，在能源安全立法方面可以通過分層次立法或者直接立法。分層次立法就是將不同的能源做不同立法，也可以直接將所有的能源放在同一部法律中。

六、讓核電在節能型社會中顯神威

人類一百多萬年進化發展的歷程，就是一部不斷向自然索取更多能源的歷史。在現代社會中能源的人均消耗已經成為衡量一個國家生產水準和生活水準的重要標誌之一。按現在的開採水準估計，世界上的煤、石油、天然氣資源將在幾十年內逐漸枯竭。如果不加緊開發新能源，幾十年後，我們的後代的生活狀況不言而喻。

中國現在還是一個發展中國家，人均能耗僅為發達國家的幾十分之一。國民經濟要大發展，能源首先就要有個大發展。中國的煤、石油、水力等資源雖然豐富，但是人口眾多，人均佔有量不到世界平均值的二分之一。而且，中國能源資源分布極不均勻，百分之六十以上的煤礦集中在華北，百分之七十的水力資源在西南。而人口、工業多集中在東南沿海地區。

「北煤南運，西電東送」的難題一直是制約中國經濟發展的巨大障礙。煤、石油、天然氣還是重要的化工原料，用作燃燒非常可惜。同時，由於大量燃燒煤炭和石油所引起的環境污染和生態平衡問題也越來越受到人們的重視。因此，需要有新型的能源來代替，否則中國將面臨著能源的巨大挑戰。

核能是一種可以大規模使用的安全的、經濟的工業能源。從二十世紀五〇年代以來，美國、法國、比利時、德國、英國、日本加拿大等發達國家都建造了大量核電站，核電站發出的電量已佔世界總發電量的百分之十六，其中法國核電站的發電量已佔該國總發電量的百分之七十五，在這些國家，核電的發電成本已經低於煤電。國際經驗證明，核電是一種經濟、安全、可靠、清潔的新能源。

目前，全世界的總發電量中，核電佔到了百分之十七，有四百餘座核電站在進行商業運行，分屬於三十多個國家和地區，核電價格與火電價格相當。發達國家核電裝機容量在其全部裝機容量內所佔的比例更高，比如法國，百分之七十八的供電量來自核電，日本這個比例是百分之三十六，美國是百分之二十，韓國則是百分之四十二。而中國，目前僅建有秦山、大亞灣和深圳嶺澳三座核電站（另有一座正在建設的連雲港田灣核電站），裝機容量僅佔全國總裝機容量的百分之一．七而已。應該說，這麼低的比例，與我們這個能源大國、經濟大國的地位是極不相稱的，也是遠遠不夠的。

核電雖然投資大、技術高、見效慢，但是一旦投入使用，就成了一本萬利的好買賣，屬於「一勞永逸」型的投資項目。更重要的是，核發電不消耗氧氣，不排放二氧化碳，不會加劇地球的溫室效應，更不會產生粉塵、二氧化硫之類的環境污染物，只要處理好核廢料，就是一種極乾淨的能源。

《核電中長期發展規劃》中指出，要在二〇二〇年前後，把中國核電裝機容量佔全部裝機容量的比重，由現在的不足百分之二提高到百分之四，看起來好像這個比例並不高，但由於中國是數一數二的能源消耗大國，這個比例就已經意味著天文數字了，對全世界的影響不可小視。此外，中國這個廣大的市場，對世界各核電企業集團，都是一個極大的誘惑，由此連帶產生的經濟效益將是不容小覷的。加快核電發展的意義和作用，可以概括為以下五個方面。

一、發展核電是中國滿足電力需求、優化能源結構、保障能源安全，促進經濟持續發展的重大戰略舉措

共產黨的「十六大」提出全面建設小康社會的宏偉目標，到二〇二〇年國內生產總值將比二〇〇〇年翻兩番。為滿足經濟和社會發展對能源電力的需求，到二〇二〇年全國電力裝機總容量要達到十億千瓦左右。這對加快電力建設、增加電力供給，提出了更高要求。

核電作為一種清潔能源，技術已經成熟，安全可靠性得到了實踐驗證，供應能力較強，已成為國家能源電力戰略的重要組成部分。加快核電發展，發揮核電在電力供應中的更大作用，是中國電力發展的必然選擇，是滿足經濟和社會發展的重要保障。

中國現階段電源結構中，火電比重過大。這種格局不僅受到資源儲量和開發的制約，而且受到環境容量和運輸能力的嚴重限制。中國一次能源集中在北方和西部，而經濟發達、人口稠密的沿海地區卻缺乏常規能源。加快核電發展，構造「北煤、西水、東南核」的國家能源新格局，有利於優化能源結構，緩解運輸壓力，對提高能源效率和電網運行的安全可靠性，保障國家能源安全乃至經濟安全，具有重要戰略意義。發展核電，對保障沿海發達地區的經濟快速增長，具有突出的作用。

二、發展核電是減少環境污染，實現經濟和生態環境協調發展的有效途徑

與常規電站相比，發展核電的根本優勢，還在於經濟和環保。核電是一種清潔能源。目前的環

境污染，大部分是由使用化石燃料引起的。一座一百萬千瓦的燒煤火電站每年要燒三百萬噸煤，產生大量煤灰以及二氧化碳、二氧化硫和氮氧化物，而核電是零排放。

比方說法國，一九八〇年至一九八六年間該國核電站發電總量比例由百分之二十四提高到百分之七十，二〇〇三年，全世界核發電量相應減少了二十多億噸的二氧化硫排放。大規模發展核電，對於保護生態環境，促進能源與經濟社會的可持續發展，將起到更加重要的作用。在此期間法國總發電量增加了百分之四十，而排放的硫氧化物卻減少了百分之五十六，氮氧化物減少了百分之九，塵埃減少了百分之三十六，環境明顯改善。

三、發展核電是寓軍於民、促進核科技工業發展，保持和提高國家核威懾能力的主要手段

核科學技術是現代科學技術的重要組成部分，是國家科技實力的重要標誌。核科技工業是國防建設的重要基石，是國家安全的重要保障，核戰略是無可替代的最重要的國家戰略。

國外經驗和中國實踐證明，和平時期特別是在禁產禁試的形勢下，能夠替代核武器研製生產又能完整保留一支與核大國相適應的核科技力量並不斷提高，有效的辦法就是發展核電。自主地、較大規模地發展核電，有利於維護中國核科技工業體系的完整性，帶動和促進中國整個核工業產業的發展，從而進一步增強中國的核威懾力量，實現中國的核戰略目標。

四、發展核電是促進裝備製造業產業升級的重要措施

核電是高技術密集的產業，核電發展涉及材料、冶金、化工、機械、電子、儀器製造等眾多行業。由於核電的特殊性，對這些行業提出了技術水準很高的要求。發展核電，有利於推動這些行業的技術改進，提高技術水準和管理水準。

一座百萬千瓦雙堆核電站，按比投資一千五百美元／千瓦計算，造價即達三十億美元，約合人民幣兩百五十億元。推進核電建設的自主化、本土化，有利於為中國裝備製造業提供較大市場，促進整個國民經濟的發展。

五、發展核電符合世界能源利用的趨勢

世界核電發展已經走過半個世紀的歷程。截至二〇〇四年六月，全世界共有四百四十二台核電機組在運行，裝機容量達到三・六三億千瓦。核電佔全世界發電總量已經連續十七年穩定在百分之十六左右。二〇〇三年有十六個國家的核電比例在百分之二十五以上。核電在發達國家的電力供應中的比例，法國為百分之七十七・六，德國百分之二十八・一，日本為百分之二十五，英國百分之二十三・七，美國百分之二十，俄羅斯為百分之十六・五。

進入新世紀以來，美國公布了新的能源政策，支持核電發展，並將核電作為國家能源政策重要組成部分，計畫二〇一〇年起建設一批新的核電站。俄羅斯二〇〇〇年批准的核能發展戰略，規劃

建設一批更大容量的壓水堆和新型快堆機組，計畫在二〇二〇年前建造四十台核電機組。亞洲地區的日本、韓國和印度都有宏偉的核電發展計畫。

英國能源政策也發生了重大改變，計畫重新發展核電。德國等西歐某些國家停止發展核電後，出現了一些深層次難以解決的問題，正在重新考慮核能發展的政策。從世界核電發展趨勢看，新的核電技術正向著更安全、更經濟的方向發展。西方國家開發先進核電技術的工作一直沒有停止過，目前正在開發第四代核電反應堆。

國外核電發展從商業化應用至今已達半個世紀，核電同火電、水電等是完全一樣的，都是在市場競爭的環境下求得發展。其投資、融資體制遵循資本市場的運作規律，並未因核電對安全的特殊要求而對核電的投資、融資體制提出特殊要求。但是，中國核電投資建設體制從發展核電初期至今，始終以核工業部門為主，將核電民用工業軍事化。在國家核電技術公司成立之前，一直是在計劃經濟模式下，形成部門的壟斷。

其實，通過控制投資來保安全是沒有必要的。投資、融資與核電設計、建造、運行是兩個層面的問題，核電安全問題交給相應監管部門就可以。只有加快核電行業的體制改革才有可能進一步解放與發展核電的生產力，實現核電建設的投資、建造、製造等機制創新，才能吸引中國國內各部門的財力、人力、物力和各方面的積極性，實現積極發展核電的戰略目標。

七、能效時代，節電勢在必行

時至今日，中國已成為繼美國之後的世界第二大電力消費大國，但電力對中國經濟發展的制約作用已開始顯現，二〇〇六年一季度，電荒已經「洗劫」了大半個中國，全國已有二十四省市被迫拉閘限電。缺電讓寧波稅收損失四十億元人民幣，國民生產總值損失兩百億元人民幣。有專家分析認為，中國這一次面臨的電力短缺實際上是資源不足、體制失效、觀念落伍的併發症，應該引起中國的注意了。

由於中國長期以來電力行業缺乏競爭，從而導致了電力的不均衡發展，它所帶來的直接後果就是長期性的電力短缺。近年來中國用電連連告急，好多地方已經實施了限制用電的措施，來自國家電力調度中心的資訊顯示，全國除西北、東北、山東電網的電力供應略有盈餘外，華東、華北、華中、川渝、廣東等地電網都出現不同程度的供應緊張。而最近，中國國家電網公司發布的電力市場預測報告說，明年全國電力緊缺的局面不僅不會得到改善，反而會更加嚴重，其中浙江、江蘇、上海和長沙將是缺電的重點地區。

除此之外，據日本能源研究所的一項研究報告指出，中國目前的電力缺口是百分之九．九三，到二〇一〇年將劇增至百分之十五。而且每年政府都在節電改造上投入巨資，以求有效地解決中國在電力資源上潛在的隱患。同時，隨著全球經濟一體化進程的日益加劇，中國的企業也不斷感受到國際競爭的壓力，如何加強成本控制也成為企業不得不面對的問題。在各種解決策略中，節能相對與新能源開發等其他策略而言投資少、見效快，已成為中國在節能方面的主導性策略。但是，要節能首先要節電，在這個能源效益時代，節電是中國必須要做的第一件大事。

從二〇〇〇年開始，中國電力工業已經出現七年電力消費彈性係數大於一，出現了連續七年萬元GDP電耗上升；中國的電氣化水準有了很大提高，電力佔終端能源消費比重已經從一九九〇年的百分之八．六，約為經濟合作組織國家（OECD）的二分之一，到目前已上升到百分之十九～百分之二十，大致與OECD國家持平，略高於世界平均水準。中國單位GDP能耗下降，單位GDP電耗卻上升的原因主要有：

一、能源消費結構的變化

即能源終端消費結構的變化。中國的二次能源消費結構以煤為主在短期內很難變化，這幾年經濟發展很快，能源需求增長快，煤炭比重還有上升的趨勢，要想改變煤煙污染，唯一的辦法是把更多的煤炭轉換成電力，因為電力是最善於解決煤炭污染的行業，在電力富餘的條件下，實行以電代油、以電代氣可以節約油氣資源；以電代煤可以減少、分散燃煤造成的煤煙污染；以電代柴可以避免過量使用秸稈、薪柴造成的生態環境破壞。

以電代油氣具有環境和經濟效益，但不一定有節能效益；以電代煤、柴，對終端具有環境效益，但不具有節能和經濟效益；特別是用電替代做飯、電煤熱水、開水，電熱採暖能源利用效益極低。

二、非生產性電力消費增長較快

據統一顯示，居民生活用電的增長高於全國電力消費，這都與城市裏為促銷電力宣傳用電比用天然氣和液化石油氣便宜，在農村實行以電代柴發展電炊有關，非生產用電不受宏觀調控的影響，非生產用電的過快增長，會使產值電耗上升。

三、一些高耗電的產業發展快速

在當今，高耗電行業是國家宏觀調控的主要對象，如清理不合理優惠電價，實行差別電價；發改委發文限定高耗能企業的部分產品的生產，特別限制部分低水準、重污染產品。但是用電結構重型化趨勢沒有改變，鋼鐵、有色、化工和建材耗電量大的四大行業仍呈快速發展態勢，是帶動全社會用電量快速增長的主導力量。高耗電行業發展速度偏快，必然會促使產值電耗上升。

二〇〇〇年開始，電力就呈高速增長，維持七年的電力消費彈性係數大於一，維持七年萬元GDP電耗連續上升，在世界各國工業化時期並非特例，對於一次能源以煤為主，缺乏石油、天然氣等優質能源的中國而言，用電替代優質能源是一條現實可行的道路，在一定程度上解決了優質能源不足的矛盾，同時也可以在一定程度上解決能源利用與環境的矛盾，但是這麼做存在的一個突出矛盾是能源利用效率低下，可能影響「十一五」節能減排目標的實現。中國這七年電力增長的出現固然與經濟發展階段有關，也與中國在這個時期對電力工業採取的一系列政策措施有著很大的關聯。

1.在保留優惠電價的基礎上，實行城鄉同價，進一步擴大了交叉補貼。

市場經濟要求價格公正、公平，盡量減少交叉補貼，但是在取消價外加價的時候，不僅沒有扭轉原來電價中存在的交叉補貼，沒有取消優惠電價，反而在保留農村農業生產、排灌等優惠電價的基礎上，實行城鄉同價（主要是降低農村居民生活用電、工業用電的電價），進一步擴大了交叉補貼。最近為了節能減排，清理了耗電工業領域的不合理優惠電價，並實施差別電價，讓電力工業的電價承擔起政策性任務，但並沒有取消一切優惠電價。

2.取消了電力工業的一切加價項目。

漸進式的電力體制改革在相當長的時間內採取價外加價的辦法徵收電力建設資金和維持電力工業的簡單再生產，如徵收電力建設基金、電費保證金、電錶保證金等等，在二〇〇〇年前基本上取消了一切價外加價，基本連改革開放前徵收的供電工程貼費也取消了，這等於大幅度地降低了電價。

3.電力與其他能源的比價不合理，使得能源消費向電力傾斜。

電力與石油、天然氣、液化石油氣、煤氣、煤炭等在一定程度上具有互相可替代性，如炊事、燒熱水、採暖等可以用電力或其他各種能源，電力是由各種一次能源轉換而來的二次能源，是一種高級能源，使用電力不會污染環境，不會排出廢物和廢氣，且易於控制，因此一般電力都比其他能源貴，以保證電力在必須用電的領域使用，所以必須始終保持電力與其他各種能源的合理的比價。

自從二〇〇三年開始，國際石油、天然氣價格猛漲，中國基本沒有用油氣發電，發電能源是煤炭、水能和核能，受石油、天然氣漲價的影響小，電價水準低，電價與石油、天然氣、液化石油氣等比較明顯偏低，在很多領域用電比用油、氣便宜，成為以電代油、代氣的基礎條件，再加上電價的優惠措施，使以電代煤、以電代柴成為可能。由於比價不合理，以天然氣為燃料的熱電聯產、熱電冷聯產等分散式能源系統難以與電熱鍋爐、電力空調匹敵，致使夏季東南沿海地區電力空調負荷佔總負荷的百分之三十~百分之四十，造成電力供應緊張，這對中國很多地方產生了很大影響。

4.城網、縣網、農網的全面改造完成，為近幾年的電力消費猛增創造了基本條件。

中國長期以來電力工業中存在著重發輕供不管用的偏向，改革開放之後，為了扭轉缺電局面，一些電力改革政策也都傾向電源側，如徵收電力建設資金，主要用於電源建設，所以輸電、配電設施長期落後。中國國務院為了扭轉電網落後局面，從一九九八年起用三年時間開展大規模的城網、農網改造，後來又專門開展縣域電網改造，並且在農村廣泛開展村村通電和戶戶通電工程，使得全國城鄉電網大為改觀，為近幾年的電力消費猛增創造了基本條件。

5.降低電力工程的資本金比例，允許電力公司提高負債率，擴大了電力工程的建設規模和投產規模，為高速度發展電力消費開闢了道路。

二十世紀七〇到八〇年代，電力工程投資要由建設者全額自籌，那時每年建設投產五百萬千瓦都很費勁，現在電力工程建設資本金降為百分之二十，百分之八十的資金可以由銀行貸款；過去電力工業既無內債又無外債，現在電力公司的負債已經達到百分之五十~百分之七十。這幾年電力工程迅速發展，電價能夠維持在較低的水準，與資本金比例低和大大提高負債率有著很大的關係。

6.節能減排重視電力的供應側，對需求側的能源替代和非生產性電力消費的節能減排重視不夠。

因為中國電力工業在一次能源和煤炭消費中佔極大比重，所以國家對電力工業的節能減排非常重視，但對電力工業的節能減排的重點放在供應側，例如上大壓小、關停小火電，實行節能、環保、經濟調度，降低小火電的上網電價，對自備電廠徵收政府基金，加快發展水電、核電和可再生能源發電，規定在五大電網不再建設六十萬千瓦以下的燃煤發電機組，應當說在電力工業供應側的節能減排措施很到位，供應側節能減排成效顯著。

在電力工業節能減排對需求側的措施主要是對高耗電工業的，如清理不合理的優惠電價，實施差別電價，對於電力與其他能源替換和非生產力性電力消費的節能減排措施不多，而且需求側的政策措施效果不及供應側顯著。

要達到科學用電，提高電力利用效率，就要處理好電力與其他能源替代問題。在社會主義市場經濟條件下，正確的能源替代要依靠合理的能源價格，最近循環經濟立法中提出電價要實行階梯電價，除了對弱勢群體實行較低價格外，對其他用戶都要實行正常的、合理的價格，要研究電價的合理化。

毫無疑問，電力是高級優質能源，至少應規定在有天然氣及燃氣可利用的地方，禁止使用電力燒熱水、開水和電熱取暖。近年來天然氣、煤層氣和沼氣等燃氣發展很快，在有天然氣及燃氣供應的地區，應當盡快把電淋浴器、電開水器、電熱取暖替代下來；設法把舊式能效低的電冰箱、電空調器等耗電大的家用電器替換下來，大力加強節電力度。與此同時，中國也應該展開全民節電，減少電能的不必要耗費。

八、分散式能源——能源可持續發展的鑰匙

顧名思義，分散式能源是一種相對集中供能的分散式供能方式。

根據國際分散式能源聯盟的定義，分散式能源是指安裝在用戶端的高效冷／熱電聯供系統，它以分布在用戶端的熱電冷（植）聯產為主，其他中央能源供應系統為輔，實現以直接滿足用戶多種需求的能源梯級利用，並通過中央能源供應系統提供支援和補充；在環境保護上，將部分污染分散化、資源化，爭取實現適度排放的目標；在管理體系上，依託智慧資訊化技術實現現場無人職守，通過社會化服務體系提供設計、安裝、運行、維修一體化保障；各系統在低壓電網和冷、熱水管道上進行就近支援，互保能源供應的可靠。分散式能源實現多系統優化，將電力、熱力、製冷與蓄能技術結合，實現多系統能源容錯，將每一系統的冗餘限制在最低狀態，利用效率發揮到最大狀態，以達到節約資金的最終目的。

近年來，分散式能源作為一種高效的供能系統在國際上發展迅速。各國政府克服種種阻礙，為分散式能源提供了一系列支持鼓勵措施，為其發展創造了有利的環境。分散式能源在各國電力市場中的比重也逐年增加。根據國際分散式能源聯盟二〇〇六年的一份報告，分散式能源佔電力市場的比例在丹麥已達到百分之五十三，在芬蘭、德國、荷蘭捷克已達百分之三十八，日本和印度分別達到百分之十四和百分之十八。英國雖然目前只有百分之七，但倫敦為了爭取二〇一二年年奧運會，

特別制定了倫敦城市能源發展規劃。而這一發展規劃的核心之一就是大力發展分散式能源，可見其重要性。

最近幾年，分散式能源發展十分迅速。正如個人微型電腦進入家庭，並逐漸取代巨型電腦的統治地位一樣，在不久的將來，分散式能源有可能取代集中式能源，成為未來能源工業發展的主力軍之一，它有著非常大的開發潛力。

大概在五六年前，分散式能源的概念就已經進入中國，中國學術界和業界就對分散式能源開始了深入地研究和實踐，各地也先後建設了幾十個分散式能源的項目。但政府和業內對分散式能源卻爭論不休。由於反對方大權在握，無論支持方怎樣使出全身解數，至今，仍未能使分散式能源在中國得到其應有的合法市場地位。另外，關於分散式能源的爭論大多圍繞併網、能效、供電品質、容量儲備、燃料供應等問題。這些爭論主要集中並停留在技術層面，但忽視了三個相當重要的因素：

1. 市場經濟原則下的自由選擇權利。

能源安全主要有兩層含義：國家能源安全和用戶能源安全。國家能源安全體系應是對最終用戶能源安全的保障。最近美國紐約再次大面積停電的事實，進一步說明了集中供電系統的脆弱和對用戶能源安全保障的不完整性。

分散式能源系統實際上是對單一的集中供能系統的補充，它可以使用戶更有效的計畫能源消費和避免電網停電給自己帶來的經濟損失。在電網有供電的社會職責、卻無斷電賠償責任的條件下，用戶自由選擇供能方式應是用戶在市場經濟原則下的基本權利。

2. 分散式能源可以為國家節約大量的發電和輸配電投資。

比如我們以百分之八～十的輸電線損計算，中國每年輸電線損達三個三峽水電站全年的發電量。建在用戶端的分散式能源系統由於不需要通過電網供能，因此可以避免輸電線損和節約大量的輸配電投資。如考慮建設電廠的費用，節約的資金將更為驚人。另外，分散式能源系統的投資出自用戶，而電廠和輸配電投資出自國家，能節約線損和國家投資，這對於國家來說，應該是一種大好事。

3.分散式能源是國家電網的一種有益補充。

我們從國家方面來分析，分散式能源系統的全面發展，與電力部門沒有根本的利益衝突，而且在很大程度上可以減輕發電和輸配電部門的壓力，應視為集中供能的一種有益補充，特別是在電網無力覆蓋的邊遠地區和其他公用事業領域。這一點在絕大多數國家都得到了很好的證明。

從分散式能源的發展歷程再來分析一下，各國的電力部門最初也對分散式能源冷眼相看，百般阻撓，不屑一顧。但隨著市場的發展，各國政府不斷推出針對分散式能源的鼓勵和支持措施，電力部門對分散式能源的態度也發生了很大的改觀。

然而，我們在中國還沒有看到這種積極的改觀。中國電力部門對分散式能源的本能抵制，反映了他們意識和經營方式的落後。以前，中國消費者安裝家用空調也需要到電力部門申請，得到批准後才能安裝。燃氣部門當時對家用煤氣熱水器的安裝也有類似的規定。在當今的英國，百安居銷售的即插（併網）即用的小型風力發電系統實際上就是一種分散式能源，安裝這種系統不僅不需電力部門審批，用戶還可以申請每套系統約一千英鎊（佔總費用的三分之一）的政府補貼。那些現在聽起來荒唐的歷史在當今中國分散式能源領域似乎正在重演，大有逆國際潮流之勢，與世界趨勢大相徑庭。

總之，分散式能源的發展在中國存在著兩個主要障礙，即併網與售電。分散式能源系統設計的一般原則是以熱定電，這樣才能保證較高的系統能效。但這樣設計的結果可能會出現餘電或缺電現象，因此分散式能源就需要借助公共電網來吸收餘電或是補充缺電，以最終確保系統的高能效，同時，也需要把電網作為備用電源。

但是電力部門總是以電源品質不穩為由，阻撓分散式能源系統的併網，國家在分散式能源併網問題上，也沒有明確的支持政策（上海除外）。但據人們了解，全世界絕大部分分散式能源系統都在併網運行，中國現有的幾十個分散式能源系統中有很多都被允許併網，但不許上網，也就是說用戶只許從網上買電，不得上網售電，多餘的電可以免費送給電網公司。

此外，不允許分散式能源系統賣電是「有法可依」的。根據中國的《電力法》，除電力部門外，任何單位和個人都不得售電。中國最大的分散式能源項目—廣州大學城經過努力，最終與當地電力部門達成協議：廣州大學城將所發電力全部以「有一定利潤的價格」售給電力部門，同時，按市價從電力部門購入其所需電力。電力部門的「仁慈」說明，這些障礙都是「人為的」和「觀念性的」，經過努力是完全可以實現甚至是超越的。

經過幾十年的發展，分散式能源的技術已非常成熟、可靠。分散式能源設備的生產廠家多數是世界頂級的電力設備廠家，如美國通用電氣、卡特比勒、索拉、康明斯、芬蘭的瓦錫蘭、德國的MAN等等。中國也有一些著名的廠家，比如山東勝動和瀋陽黎明。各國根據各自的國情，利用不同的技術發展了多種形式的分散式能源，積累了寶貴的實際運行經驗，對中國分散式能源的發展也提供了一條很好的道路。

今天，來自中國國內外的氣候變化、節能減排的壓力是不斷增加的，以傳統和守舊的觀念看待一種高能效、技術可靠、世界通行的供能方式，即不符合市場經濟原則，也不符合國家利益，更不利於中國對外承諾的減排義務的實現。只要中國改變守舊觀念，以積極的態度，借鑒各國豐富的經驗，依託分散式能源成熟的技術，根據中國的經濟發展水準和不同應用領域的需要，衝破傳統思想的束縛，中國就能克服發展道路上的技術和行業監管障礙，探索出一條符合中國國情的分散式能源發展道路，使分散式能源得到快速和健康的發展，從而使其真正成為集中供能方式的一種有益補充，為提高能效和節能減排貢獻一定的力量。

從以上的研究分析，我們可以得出這樣一個結論，分散式能源技術是中國可持續發展的必須選擇。中國是一個人口大國，自身資源有限，按照目前的能源利用方式，依靠自己的能源是絕對不可能支撐十三億人的「全面小康」，使用國際能源不僅存在著能源安全的嚴重制約，而且也使世界的發展面臨一系列新的問題和矛盾。中國必須立足於現有能源資源，全力提高資源利用效率，擴大資源的綜合利用範圍，而分散式能源無疑是解決問題的關鍵技術，是緩解中國嚴重缺電局面、保證可持續發展戰略實施的有效途徑之一，發展潛力巨大。它是能源戰略安全、電力安全以及中國天然氣發展戰略的需要，可緩解環境、電網調峰的壓力，能夠提高能源利用效率。如果能掌握它，中國將受益匪淺。

九、化解中美之間的能源危機

當下，全球能源市場正在經歷深刻變革、國際油價停留在歷史高點附近，在這個緊要關頭，美國的當權者開始將中國的能源需求視為新威脅。作為全球最大的兩個能源消費國，中美能源衝突在所難免。但是，兩國在這一問題上相對抗將對雙方不利，同時雙方在能源問題上存在利益交匯處，只要調整各自的能源政策，加強對話與合作，兩國也可能在競爭中達到雙贏，這並不是難以攀登的高峰。

一、各保能源安全，中美摩擦加劇

中美關係中正發揮著日漸重要的作用就是確保各自的能源安全，但同時這也使兩國在一些地區問題上的摩擦不斷加劇。古巴政府日前開放包括中國及印度等外國公司開採位於古巴西北海岸附近的海底油田，該處油田鄰近美國佛羅里達州，在油價飆高之際，竟然有人在美國家門口開採油田，而美國企業卻只能眼睜睜看著而無法參與，這就觸動美國那根最為敏感的神經，使他們提高了警惕。

蘇丹石油是中國目前最大的海外產油基地，半數以上的蘇丹石油都運往中國，佔中國原油進口總量的百分之五。由此，蘇丹問題也成了其中的爭議之一。美國對蘇丹南部產油基地達爾富爾（Darfur）發生的種族屠殺表示關切，並建議聯合國（United Nations）對蘇丹進行制裁。二〇〇四年九月，聯合國安理會（Security Council）投票決定，如果蘇丹不能約束達爾富爾地區的 Janjawid 武裝力量，就將對蘇丹的石油工業進行制裁。但投票後不久，中國便宣布將動用否決權來阻止安理會對蘇丹進行制裁。

其實，這還算不上什麼，因為伊朗對於中美關係的考驗就更為嚴峻、也更為危險。伊朗目前是中國最大的海外原油供給國，雙方在政治、經濟和軍事領域的關係也不斷加深。中國加大對伊朗的能源投資、兩國貿易取得重大進展，顯然與美國的《伊朗—利比亞制裁法案》是恰恰相反的做法。

中國不得不第一次讓站出來就「伊朗核問題」維護自己的能源安全。這也充分說明，隨著中國與世界經濟聯繫的緊密，中國將會更進一步的考慮自己的能源安全。包括必要的時候出動軍事力量。東海問題，南海問題，中哈石油管道等一大批牽涉到能源安全的項目，將會更多地看到中國軍事力量的保護行動。

要知道，蘇丹和伊朗的原油供應佔中國原油進口總量的百分之二十，由此可見，美國若試圖制裁這兩個國家，也就是要置於與中國的能源安全政策展開正面衝突的境地。

事實上，這只是兩國一小部分的衝突而已。美國對近年來中國與拉美關係發展迅速表現出「非常不安」，以至於負責西半球事務的助理國務卿香農破天荒地跑到北京，「專門與中方商討有關拉美問題」。墨西哥國立自治大學國際關係學教授貝塞拉．拉米雷斯說，美國擔心中國與它爭奪拉美的能源（特別是石油）。中國這幾年在拉美的投資有一半以上用於能源合作和鐵礦開發，但美國不會甘心其「後院」的部分資源拱手讓給別人。

兩國最大的衝突其實還是在於由來已久的臺灣問題。中國政府將之視為生死攸關的大事；但布希政府一方面敦促日本發展軍備力量，一方面向臺灣承諾如果大陸動用武力阻止臺灣宣布獨立，美國將不惜為之一戰。如果中美在臺灣問題上的「冷戰」到了一定程度，美國和日本就有可能採取行動，切斷麻六甲海峽的石油供應。這對中國來說不啻重大打擊，一場更大規模的能源戰就是不可逃避的了。

二、存在共同利益，中美應拓展合作

雖然衝突是無法避免的，但在爭奪能源的同時，中美在能源事務上的共同利益也越來越多。兩國面臨同樣的難題：國內石油資源日漸稀少，國內能源供不應求，進口需求日益增長。兩國都希望獲得穩定的能源供應，希望國際市場價格公平合理。

對於中國來說，在能源安全方面展開國際性合作應該納入能源安全戰略大綱。中國的決策人應該謹記能源安全是一項國際性事務，沒有任何一個能源進口國能夠免受能源危機的衝擊。在這個日益全球化的時代，單獨一個國家的政策已經不能妥善地處理能源安全問題了，必須加強國與國之間的合作關係。

所以，美國及其盟友也應該逐步引領北京走上正軌，比如說吸納中國加入「石油俱樂部」，即國際能源署（International Energy Agency），促使中國的單邊能源政策轉變成多邊政策。這不但能減輕美國對中國單邊能源外交的擔憂，也有助於阻止可能發生的能源危機，將能源安全問題上的風險因素降至最低。加入「石油俱樂部」會讓中國得到或分享能源市場訊息。通過與西方國家的合作，中國能獲知能源勘探技術，投資理念和環保知識，這些都是中國能源新戰略的要點。最重要的一點就是，通過合作，中美之間就能夠盡可能地化解未來可能發生的能源紛爭和衝突，通過一種較好的方式來促進各方的利益。

與「中國能源威脅論」同時，也有不少美國人認為，中美之間在能源問題上需要的是合作，如果兩國在能源問題上相對抗，對於中美這樣的兩個能源消費大國來說都是非常短視的，而且說不定會兩敗俱傷。這是因為：

1. 穩定的能源市場對中美有利。

當今的中美兩國經濟都處在上升階段，雙方都需要穩定而可靠的能源供應，這是雙方在能源問題上的最大利益交匯處。如果中美兩國在多邊框架內協調各自的能源政策，並與其他國家共同合作，就有可能穩定國際能源市場。

2. 中國可以確保需求安全。

在能源全球供需關係上，人們通常更關注供應安全，但是需求安全同樣重要。需求與供應的平衡是國際能源市場穩定的必要條件，是國際能源安全的根本保證。OPEC前秘書長魯克曼指出，如果對消費大國來說，能源安全的核心是供應安全的話，那麼對於生產大國來說，能源安全的關鍵則是需求安全。

二十世紀八〇年代中期以來，需求不足和價格低迷導致投資不足，很多石油生產國擔心沒有安全穩定的能源需求，因而不願意開放市場並引入投資，這是真正的能源不安全因素。近年來，有人大肆鼓吹說，中國能源需求的迅速增長破壞了世界能源市場的穩定，事實上，從市場角度看，中國不斷增長的能源需求，將促進世界能源部門的投資，「給整個國際市場的能源運轉提供穩定的保障，對整個世界能源格局是一個非常大的貢獻」。

因此它將消除諸多產油國對於需求不足的擔心，加大其投資力度，為國際能源穩定供應提供市場需求保障。而且它對於在海外有著巨大能源投資的西方消費國而言，也是巨大的機會。目前，世界主要跨國石油巨頭投資積極性空前高漲，紛紛瞄準中國這一不斷擴大的能源市場。

事實上，很多人對於中國和美國的能源問題是有誤解的，總認為別國在能源市場上的得分就是自己的失分，相互處於猜忌和擔憂之中，其實，中國和美國在這些被誤解了的擔憂中都是相互獲利的。如果中國能投資開發中亞地區的石油和天然氣，結果將是增加世界能源市場的供應。從未來來看，如果中國能增加從新管道進口能源，中國就會相應減少從其他能源供應管道的進口，這反過來將使得美國、日本和印度等能源進口國受益。中國開發出更多的能源供給，對世界市場會更好，對價格穩定也有很大的幫助。

近期，中美兩國在能源領域的合作開始起步。二〇〇四年四月美國副總統錢尼訪華期間，雙方就美國向中國出售核電站設備達成了協定。五月二十三日，中國國家發展和改革委員會與美國能源部簽署諒解備忘錄，同意加強雙邊能源政策對話。根據該備忘錄，中美雙方將成立一個能源政策工作組，並在共同感興趣的領域進行一系列對話與合作。這些領域也包括能源安全方面的資訊交流、能源政策與戰略、能效與節能、能源技術的使用和選擇及技術合作等。該備忘錄有利於中美兩國加深在能源問題和能源政策上的相互了解，促進能源領域的資訊交流，並推動雙方在一些能源項目開展合作。合作任重道遠，但是中美雙方也應該盡量避免衝突和相互攻擊，把共同開發能源納入正軌。

十、直面挑戰，共建全球能源安全

能源安全問題由來已久，自工業革命時就開始出現。一九一三年，英國海軍開始用石油取代煤炭作為動力時，時任海軍上將的邱吉爾就提出了「絕不能僅僅依賴一種石油、一種工藝、一個國家和一個油田」這一迄今仍未過時的能源多樣化原則。法國總理克萊蒙梭曾說，「一滴石油相當於我們戰士的一滴鮮血」。

隨著社會的不斷發展，人們對能源的需求隨之增加，能源安全逐漸與政治、經濟安全緊密聯繫在一起。兩次世界大戰中，能源躍升為影響戰爭結局、決定國家命運的重要因素。如今，我們應該直面能源安全問題，共同研討世界能源安全問題的發展歷程，總結、交流經驗，為未來的生存與發展打好基礎。

一、能源安全已成為世界穩定和發展面臨的重大挑戰

翻開歷史，我們應該能看到，當前世界所面臨的能源安全問題呈現出與歷次石油危機明顯不同的新特點和新變化，它不僅僅是能源供應安全問題，而是包括能源供應、能源需求、能源價格、能源運輸、能源使用等安全問題在內的綜合性風險與威脅。

1. 能源需求持續增長對能源供給形成巨大壓力。

世界經濟自二〇〇二年進入新一輪增長週期，世界經濟的增長是以能源消費的快速增長為驅動力的。據國際能源署報告顯示，到二〇三〇年，全球石油日需求量還將增長百分之五十，達到每日一．三億桶。這說明，能源供需形勢將日趨緊張。

2. 能源使用帶來的環境污染等問題日益嚴重。

二十世紀九〇年代後，全球氣候變暖和大氣環境品質的急劇下降，於是人們開始注意全球性的環境保護。據統計，全球二氧化碳排放量的百分之七十五是由於燃燒石油、煤炭等礦物燃料而產生的。雖然一九九七年國際社會制定了旨在限制溫室氣體排放的《京都議定書》，然而，截至二〇〇五年底，向空氣中排放的二氧化碳數量反而比八年前高出了百分之十六，而且這一趨勢仍未得到遏止。當前，以石油、煤炭為代表的化石能源消費佔世界一次性能源消費總量的百分之九十，若因能源消耗導致的溫室氣體排放繼續無節制地增加，將給全球環境及氣候帶來災難性影響。

我們都知道，一九七三年第一次石油危機曾觸發了二戰後最嚴重的全球經濟危機。一九七八年第二次石油危機也成為上世紀七〇年代末西方經濟全面衰退的一個主要誘因。當前的國際能源形勢也不容樂觀，高油價對世界經濟的負面效應已經初步顯現，各類能源、原材料價格全面上漲，各國經濟運行成本明顯增加。國際貨幣基金組織發出警告稱，國際油價若在一年內上漲十美元，世界經濟增長率將因此降低百分之一。

在可以預見的將來，能源問題將進一步成為制約世界經濟發展的瓶頸。從長遠來看，圍繞著世界能源主產地和通道的戰略競爭有可能進一步加劇，國際關係將更加複雜化，並有可能導致地區局勢緊張甚至引發軍事衝突。能源安全已成為世界穩定和發展面臨的巨大障礙，這需要各國的共同努力，才能逾越。

3.圍繞著能源產地、能源通道的競爭更趨激烈。

世界石油資源分布非常不均勻，中東是全球石油最富集的地區，歷史上圍繞該地區石油資源的戰略競爭從未停止，可以說，歷次中東戰爭都有能源爭奪的背景。「九一一」事件及伊拉克戰爭後，中東成為國際恐怖活動的中心區域，石油生產和供應不斷受到威脅。因石油儲量豐富被譽為「第二個中東」的裏海地區不穩定因素有所增多，圍繞該地區石油管道走向的競爭已經浮上水面。其他主要能源產地也出現動盪跡象。

如今的新問題是，國際能源通道安全問題常與能源產地安全問題相提並論，共同引起國際社會關注。世界三分之二的石油運輸要經過六條重要的海峽或運河，這些運輸通道被稱為「世界石油運輸的咽喉」。

第二次中東戰爭於一九五六年爆發，導火索就是英法欲奪回被埃及收為國有的蘇伊士運河這一重要的石油戰略通道。麻六甲海峽每年通過船隻約五萬多艘，全球近一半的油輪要經過此處。近年來該海域安全問題日益突出。隨著「高油價時代」的到來，能源主產地和能源通道安全問題再次面臨嚴峻考驗。

4.石油價格的劇烈波動威脅國際能源市場穩定。

我們可以這樣說，世界只有一個石油市場，三分之二的石油交易都通過市場貿易進行，因此，國際油價歷來是能源生產國與消費國關注的焦點。二〇〇〇年以來，國際原油價格進入新一輪上升期，甚至一度突破每桶七十五美元，引起國際社會對石油供應形勢的擔憂。

油價不斷上漲的原因有很多，除了上述石油供求關係緊張的原因外，還有伊拉克等中東國家局部戰亂、伊朗核問題局勢緊張等軍事和政治方面的原因。國際油價持續上漲並在高位運行達數年之久，這在世界經濟發展史上從未有過，如何應對能源問題的新發展是我們面臨的比較嚴峻的問題之一。

二、中國是維護和加強世界能源安全的重要力量

中國是世界第二大能源生產國，也是第二大能源消費國，世界能源安全問題與中國息息相關。中國政府計畫到二〇二〇年實現GDP比二〇〇〇年再翻兩番。經濟發展需要以能源發展作為保障。中國能源總量不小，但人均擁有量較低，還不到世界平均水準的一半。

隨著經濟的增長，中國的能源需求不斷增加，特別是自一九九三年成為石油淨進口國以來，石油進口量持續增長。二〇〇五年石油淨進口量達到一・一九億噸，石油對外依存度已經超過百分之四十。中國正處於工業化、城鎮化進程加快的時期，能源消費強度較高。隨著經濟規模進一步擴大，能源需求還會持續較快地增加，對能源供給形成很大壓力，供求矛盾將長期存在。而且，中國能源消費結構中煤炭的使用比例過高。煤炭燃燒產生的污染多，生態環境也面臨著巨大挑戰。

中國政府為解決能源安全這一影響國家安全的重大戰略問題，正在採取一系列政策措施。將節約能源、降低能耗提升到基本國策的高度。中國將節約能源和降低能耗放在能源戰略的首要地位。

「十一五」規劃提出了建立「資源節約型社會」、在「十一五」期間將單位 GDP 能耗降低百分之二十的目標。實施能源供應多元化戰略，加大對替代性能源的開發力度。二〇〇四年制定的《中國能源中長期發展規劃》明確指出，當前和今後一段時期，中國將把優化能源結構作為保障能源供應的中心任務，大力開發水電、積極推進核電建設、鼓勵發展風電和生物質能等可再生能源，到二〇二〇年，使可再生能源在能源結構中的比重從目前的百分之七提高到百分之十五左右。實現石油進口多元化，除繼續從中東進口石油外，提高從俄羅斯、中亞、非洲、拉美等地區進口石油的份額，建設石油戰略儲備基地。

中國在傾其所有精力解決自身能源問題的基礎上，還致力於推動世界能源安全問題的解決。二〇〇四年十月，在北京舉行的第二十九次 **APEC** 能源工作組會議上，中國聯合日本和泰國，以能源工作組的名義共同發起以能源安全、可持續發展和共同繁榮為主題的《凱恩斯倡議》，對本地區的能源發展產生了積極的影響。二〇〇五年，成功舉辦了國際可再生能源大會，這對於加強可再生能源的國際合作、推進全球可持續發展的事業，具有重要的意義。

這些都充分說明，對中國能源發展的懷疑與指責是站不住腳的。中國既是能源消費大國，更是能源生產大國。據中國官方統計，二〇〇五年，中國一次性能源消費總量為二十二・二億噸標準煤，一次性能源生產總量為二十・六億噸標準煤，能源自給率為百分之九十三，高於西方國家平均百分之七十的水準；從人均消費水準來看，目前中國人均一次能源消費量約〇・九噸油當量，為世界平均水準的百分之五十六，是美國人均的百分之十一・五；從石油消費量來看，即使在中國石油消費量大增的二〇〇四年，中國石油消費量為三・一億噸，佔世界消費總量的百分之八左右。而美國石油消費量為九・三八億噸，佔世界消費總量百分之二十五，是中國的三倍。

當年，中國石油淨進口量不到一・四九億噸，佔世界石油貿易量的百分之六左右。而美國石油淨進口量為五・九億噸，是中國的四倍。無論是從能源自給率、人均能源消費量還是從石油消費量來看，中國對世界能源安全都不構成威脅，所以，中國不會做出「搶奪」能源的任何行動和舉措。

三、能源安全問題的解決有賴於世界各國的共同努力

當今世界能源安全形勢日趨緊迫。加強能源合作，解決能源安全問題，有賴於世界各國的共同努力。

首先，要加強國際組織作用，完善能源安全體系。隨著國際形勢的變化，為應對石油危機而建立的石油安全體系已經表現出與當前複雜的能源安全形勢不太適應的跡象。

過去二十幾年裏，由於複雜的政治、經濟原因造成亞洲地區的石油進口國要比歐美國家支付較高的原油價格，這種不平等的價格，即「亞洲溢價」損害了廣大亞洲國家的利益。現在一些發展中國家也開始成為主要的能源進口國，在新的國際貿易格局中，如何為發展中國家提供能源安全保障是一個新的課題。

除此之外，目前的能源安全體系對採取措施平抑油價難以達成一致。國際能源署戰略石油儲備應急啟用計畫僅在一九九一年波灣戰爭前夕和二〇〇五年「卡特里娜」颶風襲擊後啟用過兩次。許多國家呼籲能源安全體系應更加靈活，保障包括能源運輸、市場定價在內的整個能源供應鏈安全。加強國際能源組織作用，完善世界能源體系刻不容緩。

其次，鼓勵能源產業投資，擴大世界能源供應。在本世紀上半葉，化石燃料仍將是能源消費的

主流。然而，世界能源生產及供應已經出現油氣行業勘探和開採投資不足、海運及管道運輸能力遭遇瓶頸、煉油能力遲滯不前等問題。

伊拉克戰爭結束後，它的石油產量並沒有猛增，據美國劍橋能源研究所預計，要使伊石油產量恢復到一九七八年日產三百五十萬桶的高峰，還需要數百億美元的投資。伊朗石油部副部長侯塞尼安表示，到二〇一〇年伊朗的石油工業需要增加投資一千五百億美元。

在召開的八國集團能源部長會議上，各國能源部長們已經提出為能源投資提供便利、建立激勵機制、大力發展油氣管道運輸等建議。各國改善投資環境確保投資增長，加強在能源開採、運輸和加工方面的投資，是當前提高能源供應量、緩解能源供應緊張形勢的一項很好的措施，所以各國應加強貫徹和實施。

再次，實施能源多元化戰略，積極開發可再生資源。人類歷史上的大多數時間裏使用的主要是可再生能源，只是在工業革命後化石燃料才被大量使用。

現在的核能、水能、氫能、太陽能、風能、潮汐能等比較潔淨的能源在世界各地都已得到不同程度的利用。特別是隨著科學技術的進步，人類對可再生能源的認識不斷深化，可再生能源的開發利用日益受到重視。實施能源多元化戰略，積極開發可再生能源成為許多國家能源安全政策的核心內容。然而，受地域、時間、技術和資源多寡等多方面因素的限制，上述能源在大規模推廣方面還存在一定困難。

面對世界經濟的飛速發展和能源需求的不斷增加，加快能源研究步伐、開發礦物燃料的替代能源，已成為擺在全人類面前的一項緊迫的任務。走能源與環境和經濟發展良性循環的路子，是解決能源安全問題的最根本的出口所在。

最後，促進各國能源合作，共建全球能源安全。隨著經濟全球化的不斷深入和國家間聯繫的日趨緊密，各國能源安全問題已經成為一個相互依存的整體，沒有一個國家能夠脫離其他國家和地區的能源安全而保證自身的安全。

全球能源消費國之間，尤其是發達國家與新興消費大國之間，雖然在開發利用海外資源方面存在多方面競爭，但在維護國際市場穩定、開發新能源、節能以及環保等方面有著共同利益和廣闊的合作前景。中國應當進一步加強能源生產國、運輸國和消費國之間的對話，少談一些「威脅論」，多進行交流，在平等互利、互相尊重的基礎上進行國際能源合作，實現優勢互補、共同發展。

如今，我們人類已經進入了二十一世紀，前景是光明的，但依然任重道遠，妥善應對新的挑戰、共建全球能源安全是我們的共同願望和目標。各國之間只有達成共識，加強合作，才能為我們自己創造一個良好的生活環境，才能為我們的子孫留下源源不斷的能源。

《第五章》

開發新能源——人類最後的抗爭

PART5

一、太陽能

傳統的燃料能源正在一天天減少，對環境造成的危害日益突出，同時全球還有二十億人得不到正常的能源供應。這個時候，全世界都把目光投向了可再生能源，希望可再生能源能夠改變人類的能源結構，維持長遠的可持續發展。這之中太陽能以其獨有的優勢而成為人們重視的焦點。

太陽能是自然界最豐富的可再生能源，因其分布廣泛，取之不盡、用之不竭，且無污染，被公認為人類社會可持續發展的重要清潔能源。隨著科技的發展，太陽能發電的成本將進一步降低，太陽能電力將成為人類電力的重要來源。

太陽表面溫度高達攝氏六千度，內部不斷進行核聚變反應，並且以輻射方式向宇宙空間發射出巨大的能量。據估算，地球上每年接收的太陽能，相當於地球上每年燃燒其他燃料所獲能量的三千倍，因此，大力開發利用太陽能是二十一世紀的高新技術。

太陽能目前主要利用於太陽能熱水器和太陽能發電。

太陽能光伏發電是一種零排放的清潔能源，是一種能夠規模應用的新能源。在過去三十年中，光伏行業保持了平均百分之二十的增速；而在最近五年，年均增速高達百分之三十五。截至二〇〇七年，全球光伏發電裝機容量為九百一十萬千瓦，增速為百分之三十三；二〇〇七年當年新增裝機兩百二十萬千瓦，增速為百分之四十。

太陽能光伏電池（簡稱光伏電池）用於把太陽的光能直接轉化為電能。目前地面光伏系統大量使用的是以矽為基底的矽太陽能電池，可分為單晶矽、多晶矽、非晶矽太陽能電池。在能量轉換效率和使用壽命等綜合性能方面，單晶矽和多晶矽電池優於非晶矽電池。多晶矽比單晶矽轉換效率低，但價格更便宜。

按照應用需求，太陽能電池經過一定的組合，達到一定的額定輸出功率和輸出的電壓的一組光伏電池，叫光伏組件。根據光伏電站大小和規模，由光伏元件可組成各種大小不同的陣列。

太陽能光伏發電系統主要分為離網（獨立）發電系統和併網發電系統。離網（獨立）發電系統主要應用於無電地區的供電，而併網發電系統所發電力不需經過存儲，直接經過控制、變換系統送人電網，因其省去了存儲環節，系統成本和效率都大幅改善，更加符合市場化和產業化的要求，是未來的發展方向。

由於光伏發電具有諸多優點，得到了世界各國政府的高度重視，世界太陽能光伏發電產業增長迅速，已成為世界上發展最快的高新技術產業之一。

一、世界各國太陽能發展現狀

當電力、煤炭、石油等不可再生能源頻頻告急，能源問題日益成為制約國際社會經濟發展的瓶頸時，越來越多的國家開始實行「陽光計畫」，開發太陽能資源，尋求經濟發展的新動力。開發利用太陽能和可再生能源成為國際社會的一大主題和共同行動，成為各國制定可持續發展戰略的重要內容。近年來，歐盟、美國、日本、澳大利亞等國都先後提出了利用太陽能發電的扶助政策，有力地推動了光伏產業的發展。

一九七三年，美國制定了政府級的陽光發電計畫，一九八〇年又正式將光伏發電列入公共電力規劃，累計投入達八億多美元。一九九二年，美國政府頒布了新的光伏發電計畫，制定了宏偉的發展目標。美國利用太陽能光電轉換技術，應用太陽能電池已經從備用電力系統擴大到照明、安全系統、長途通信等更大範圍。在俄亥俄州利用太陽能熱水系統生產熱水，為該州帶來了可觀的經濟效益。福特汽車公司利用太陽能為車間取暖，每年創造經濟效益達數十萬美元。

日本在七〇年代制定了「陽光計畫」，一九九三年將「月光計畫」（節能計畫）、「環境計畫」、「陽光計畫」合併成「新陽光計畫」。日本居民光伏屋頂系統最近五年平均年增長率為百分之九十六．七，日本政府計畫二〇一〇年總計安裝四千八百二十兆瓦。

德國對可再生能源的利用通過立法、政府大量補貼等措施，使德國成為繼日本之後世界光伏發電發展最快的國家。由於投資回報率高達百分之十，遠高於其他產業，因此光伏產業快速發展。從一九九九年到二〇〇五年德國光伏市場增加了十四倍，成本下降百分之三十。二〇〇五年新安裝的併網發電系統大約三百兆瓦，總銷售額超過十五億歐元，就業人數約一．七萬人。太陽能雖現僅佔德國能源需求不到百分之一，但到二〇二〇年將超過百分之五。

法國政府還採取一系列措施鼓勵消費者安裝使用太陽能裝置。二〇〇五年，法國市場太陽能裝置的銷售額同比翻了一番。二〇〇五年，法國共銷售了一．四萬台（套）家庭太陽能熱水器，同比增加了百分之七十。但是，總體來看，目前，法國太陽能裝置的普及率仍然偏低。為了鼓勵消費者使用新能源，政府決定，從二〇〇六年六月起，提高太陽能和生物發電裝置的電力上網收購費用標準，同時，對安裝太陽能裝置給予財政補貼。

馬來西亞第一項太陽能發電計畫，在馬來西亞 Kulim 高科技園區建設年發電能力為一百兆瓦的太陽能發電裝置。計畫於二〇〇七年四月投建，二〇〇八年下半年投用。

澳洲參與建造全球最大太陽能發電廠計畫，該發電廠將建於南部維多利亞省的米爾迪尤拉市附近，澳洲政府在首階段計畫其中一座價值四・二億澳元的太陽能收集器，計畫的目的是建造全球最大的光電設施，利用鏡子將太陽光收集到發電廠中，其間不會釋出氣體。計畫項目將於二〇〇七年展開，估計二〇一三年可全面投入運作。

二、中國太陽能利用進展

中國有較豐富的太陽能資源。全國三分之二以上地區年日照時數都大於兩千小時，太陽能理論儲量達一萬七千億噸標煤／年。每年陸地面積接受的太陽輻射能相當於二・四兆噸標準煤，約等於上萬個三峽工程發電量的總和。

其太陽輻射資源區劃分為四個資源帶：一類為資源豐富地區（$H \geq 6700MJ/m^2$）；二類為資源較豐富地區（$H=5400 \sim 6400MJ/m^2$）；三類為資源一般地區（$H=4000 \sim 5400MJ/m^2$）和四類為貧乏地區（$H<4200MJ/m^2$）。年太陽能總輻射量超過$5MJ/m^2$，年太陽輻照時數超過兩千兩百小時的太陽能利用條件較好的地區佔國土的三分之二，故開發太陽能利用是實現中國可持續發展戰略的有效措施之

一。根據十一五規劃，到二〇二〇年中國太陽能發電的能力將由現在的二十兆瓦發展到一萬兆瓦。

中國太陽能產業在國際上已經具有舉足輕重的地位。國外權威雜誌《可再生能源世界》刊文報導：中國悄然成為世界上太陽能集熱器最大的生產和使用國。另一專業雜誌《風能和太陽能》，將中國稱為「巨無霸太陽能市場」，是「絕對的世界上最大的太陽能市場」。據國家太陽能熱利用專業委員會統計，截至二〇〇五年，中國太陽能集熱器總保有量達到七千五百萬平方米，覆蓋約四千萬家庭的一．五億人口。相當於電力裝機三千萬千瓦，年可節電一千九百億千瓦．時，節煤五千五百多萬噸，減排約五千萬噸。二〇〇五年推廣量達到一千五百萬平方米，比歐美十年的總和還多。

中國二〇〇六年正式發布實施《可再生能源法》，承諾二〇一〇年太陽能光伏累計裝機容量四百五十兆瓦，二〇〇四年累計太陽能光伏裝機六十五兆瓦，由此計算，未來幾年光伏產業複合成長率將達到百分之三十八。

根據規劃，到二〇一〇年太陽能發電達到三十萬千瓦，太陽能熱水器總集熱面積一．五億平方米；二〇二〇年太陽能發電達到一百八十萬千瓦，集熱面積達到三億平方米。

1.太陽能光伏電池

到二〇〇五年底，全國光伏發電的總容量約六．七萬千瓦，主要為偏遠地區居民及交通、通信等領域供電，現在已開始進行屋頂併網光伏發電示範項目。未來中國太陽能光伏市場將主要為：邊遠電網未覆蓋地區的離網供電；大規模荒漠電站；分布電源系統，即屋頂併網系統和建築光伏一體化系統；採用光伏發電技術用於城市道路、社區照明。中國政府制定實施了「中國光明工程」計畫。計畫到二〇一〇年，利用光伏發電技術解決兩千三百萬邊遠地區人口的用電問題。

近年來，太陽能光伏電池的應用在中國西部地區逐漸擴大。國家電力總公司在西藏無水利資源的地區先後建設了十座光伏電站，解決了七個無電縣的工業和生活用電，一．二萬餘人從中受益。另外，西藏還建立了眾多的太陽能道班、學校、邊防哨所、氣象站和廣播電視微波中繼站。青海及周邊地區的六萬餘無電散居戶，利用可攜式小功率光伏系統解決了家庭生活用電問題。青海省還在電網無法延伸也無水力資源的地區建成了十個太陽能光伏電站。新疆則在亞歐光纜、南北疆光纜等工程必經之地的無電地區，安裝了一百多座無人值站的光伏電源。

陽光充足的西藏近年來大力開展國際合作，實施太陽能專項計畫，截至二〇〇六年十一月已建成大小四百座太陽能光伏電站，裝機總容量居中國第一，使五十萬農牧民受益。

深圳建成目前亞洲最大的併網太陽能光伏電站，年發電能力約為一百萬千瓦時，預計可運行二十多年。

在臺灣，太陽能光電產業快速發展，二〇〇五年度產值有三十億元，佔全世界的百分之三。據估計未來十年內，全球太陽光電的產業規模平均年增率是百分之二十，而臺灣太陽光電的產值，到二〇一三年；甚至將成長到五十倍。

中國電力投資集團公司將在西安投資五十億元建設年產能一千兆瓦太陽能光伏電池項目，中國太陽能光伏電池的生產能力將出現一次質的飛躍。在國外市場的拉動下，近年來中國的光伏產業發展迅速，到二〇〇六年底，中國太陽能電池的產能已超過一千兆瓦，成為全球三大太陽能電池生產國之一。此次中國電力投資集團公司投資的年產能一千兆瓦太陽能光伏電池項目，不僅是中國國內太陽能電池生產廠家中的「巨無霸」，而且在國際上也將佔有重要的地位。該項目將於二〇〇八年開工建設，建設週期為五年，建成後可實現年產值三百一十億元。

在今後的十幾年中，太陽電池的市場走向將發生很大的改變，到二〇一〇年以前中國太陽電池多數是用於獨立光伏發電系統，從二〇一一年到二〇二〇年，中國光伏發電的市場主流將會由獨立發電系統轉向併網發電系統，包括沙漠電站和城市屋頂發電系統。在國家各部委立項支持下，目前中國實驗室太陽能電池的效率已達百分之二十一，可商業化的光伏元件效率達百分之十四～十五，一般商業化電池效率百分之十～十三。目前中國太陽能光伏電池生產成本已大幅下降，太陽能電池的價格逐漸從二〇〇〇年的四十元／瓦降到二〇〇三年的三十三元／瓦，二〇〇四年已經降到二十七元／瓦。這對國內太陽能市場走向壯大與成熟起到了決定作用，對實現與國際光伏市場接軌具有重要意義。

2. 太陽能熱水器

由於近年來，國內煤、電、天然氣等常規能源危機的加劇，太陽能熱水器的節約能源優勢被更加被凸顯出來，政府大力支持太陽能產業的發展。有資料估計，中國三億多的家庭，如果全國五分之一的家庭改用太陽能熱水器，全國每年節約的相關費用約在八百億元左右，可節省一千六百多億度電，相當於三峽水電站一期工程發電量的六倍，且可大大減少因燃煤產生的大量有害物質。而且與燃氣熱水器、電熱水器相比，太陽能熱水器使用成本明顯降低。

同時，消費者消費觀念慢慢發生變化，對環保、健康等問題越來越關注，太陽能熱水器的環保優勢對消費者又很大的吸引力，據中國五金製品協會統計，目前國內城市家庭中，百分之五十七．四擁有燃氣熱水器，百分之三十一．三擁有電熱水器，擁有太陽能熱水器的只有百分之七．六，但在城市家庭的購買預期調查中，三者的比例將演變為百分之三十五・八、百分之三十・二、百分之二十三・二，太陽能熱水器的比例將開始增長，成為熱水器市場的後起之秀。

經過近十年的發展，國內的太陽能熱水器市場開始進入快速增長期，太陽能熱水器在熱水器行業（太陽能熱水器、燃氣熱水器、電熱水器）中所佔比例日漸上升，全國城鎮市場中，太陽能熱水器所佔比例約百分之十九左右。到二〇〇五年底，全國在用太陽能熱水器的總積熱面積達六千六百萬平方米，約佔全球使用量的百分之四十二。

二〇〇八年，北京將首次在奧運村裏大規模使用太陽能熱水系統，此套系統採用了目前國際上最先進的技術和設備，不僅太陽能效率高達百分之七十，可以在水溫過高、過低等不同條件下實現自控，而且水質將達到飲用水標準。據介紹，奧運村裏的樓頂將做綠化，太陽能電池板將會架高鋪設在綠地之上採集能源，由中央控制室對電能進行控制、儲存和管理。奧運村太陽能熱水系統預計鋪設面積為四十二幢樓五十多萬平方米，可以保證奧運會時的生活熱水使用。

三、廣闊的太陽能發展前景

有專家分析，如果把地球表面百分之〇・一的太陽能轉變為電能，轉變率為百分之五，每年的發電量相當於目前世界能耗的四十倍左右。

光伏太陽能電池板可將太陽能的百分之十～十五轉化成電力。太陽能光伏電池板可以結合在建築結構中，比如窗戶和屋頂，直接利用陽光發電。儘管太陽能光伏電池板工業增長得很快，然而目前全球每年生產光伏電池板的容量依然不大。專家認為，光伏發電至少需要十年才能對全球能源產生重要影響。

根據歐洲、日本等能源機構預測，二〇二〇年，光伏發電將佔到全球發電量的百分之一，二〇四〇年將佔到全球發電量的百分之二十一，二〇五〇年左右，太陽能將成為全球主力替代能源。

本世紀以來，一些發達國家紛紛制定了發展包括太陽能電池在內的可再生能源計畫。太陽能電池的研究和生產在歐洲、美洲、亞洲大規模鋪開。美國和日本為爭奪世界光伏市場的霸主地位，爭相提出太陽能技術的研究開發計畫，如到二〇一〇年，美國計畫累積安裝四千六百兆瓦（含百萬屋頂計畫）；日本計畫累計安裝五千兆瓦（NEDO日本新陽光計畫）。

雖然太陽能目前在整個能源產業中所佔比例仍然很小，但其成長性卻遠遠高於其他能源。據悉，世界範圍內目前已經建成多座兆瓦級光伏電站，最大的是位於美國加州的光伏電站，容量為六．五兆瓦。現在正在建的希臘克里特島的陽光電站，容量將達五十兆瓦。世界各國紛紛推出各種發展太陽能光伏發電系統的國家計畫。德國政府率先推出的「屋頂計畫」，累計安裝光伏系統達三十三兆瓦。義大利的「全國太陽能屋頂計畫」總投入五千五百億里拉，總容量達五十兆瓦。光伏發電當前以高效晶體矽電池為主，將逐步過渡到薄膜太陽能電池等新型太陽能光電池。另外，國際上碟式太陽能熱發電正在處於中試階段，具有強大生命力。

二〇〇五年世界太陽能產業銷售光伏電力一．七千兆瓦，接近於核能發電的兩倍。據預測，世界光伏市場年增長率將高達百分之三十。

二、風能

隨著能源與環境的壓力增加，清潔可再生的新能源近年受到普遍重視。在各類綠色能源中，風能是前景潛力巨大的可再生能源之一，風力發電技術相對比較成熟，並且最具有大規模商業開發條件、成本相對較低。

與其他能源相比，風能有其明顯的優點：蘊量巨大、取之不盡、用之不竭、可以再生、分布廣泛、沒有污染。全球風能資源蘊藏量巨大，約達二十七．四億兆瓦，其中可利用的風能為兩千萬兆瓦，比地球上可開發利用的水能總量還要大十倍。風能的利用，主要是風力發電，即利用風力帶動風車葉片旋轉，再通過增速機將旋轉的速度提升，來促使發電機發電。根據美國能源部的測算，美國風能每年可發電六億兆瓦．時，可供應美國百分之二十的電力。從理論上說，僅美國北達科他一個州的風力發電量就可滿足美國三分之一的電力供應。

並且風力發電沒有燃料問題，不會產生輻射或二氧化碳公害；如從經濟的角度來講，風力儀器比太陽能儀器要便宜九成多。合理利用風能，既可減少環境污染，又可減輕越來越大的能源短缺的壓力。利用風能發電日益受到關注並展現出廣闊的成長空間。

一、世界各國風能發電發展態勢

發展風力發電，能夠減少溫室氣體排放，遏制全球氣候變暖，減少礦物燃料的進口，增加能源安全，並能創造新的就業機會，增加收入，保護國家的自然資源總量。風電的這些優點，吸引著世界各國和地區紛紛制訂風電發展目標。

1.多國提出風力發電計畫

英國貿工部宣布了一項發展近海風力事業的大型計畫，擬新建數千座風力發電機，力爭二〇一〇年前達到向六分之一家庭供電的能力。為遏制全球變暖，英國政府還承諾在二〇一〇年前減排百分之十的溫室氣體。預計，風力發電計畫完成後，英國即能完成一半以上的減排目標。

與英國一海之隔的法國不久前制訂了一個中期發展計畫，到二〇一〇年將有三千～五千兆瓦的風力發電機組投入運行。據估計，法國由此每年將減少二氧化碳排放三百萬～六百萬噸。瑞典政府日前批准了瑞典離岸風力公司開工建設波羅的海地區最大的風力發電園，該園區位於Trelleborg南部海面，將包括一百二十八個風力發電站。加拿大制訂的計畫是到二〇一五年將風力發電量提高到九千兆瓦．時。根據日本經濟產業省的一項最新計畫，到二〇三〇年風力、太陽能、水力、生物質能和地熱發電將佔日總用電量的百分之二十，其中風力、太陽能和生物質能發電的市場規模達三萬億日圓。這將使日本對石油依賴程度明顯降低，由現在的百分之五十降到百分之四十。到二〇一〇年，風力發電將達到兩千兆瓦。

美國風能協會執行主任斯威舍表示，「隨著電力需求日益增加，美國目前電力供應已開始漸漸跟不上形勢。風能無疑是一種經濟划算的能源，它還有助於減輕全球變暖，提高國家能源安全係數。」據報導，美國最近一次性訂購大型風力發電設備四百四十三套，訂貨資金總額超過三百億日圓。

2.各國如何扶持風電產業

風力發電在全球範圍內的迅速發展，離不開各國和地區政府的大力扶持。政府在促進風電技術創新和能力建設中發揮了關鍵作用。丹麥、德國等國際風電技術領先國家均通過組織和支持開展基礎技術研發、示範項目以及對技術創新提供優惠財稅政策等手段大大增強了本國風電技術水準和創新能力。例如，丹麥 Risoe 國家實驗室自二十世紀七〇年代以來，就為丹麥風電引領世界的發展打下了堅實的基礎。該實驗室積極促進風電技術的推廣和科技成果向企業的轉移，將基礎性研究與產業化相結合，將各種領先的研究成果轉化為實際的生產力，其擁有的先進實驗設施既服務於自身開展基礎性研究工作，也按照商業化運行的模式為國內外風電整機和零部件研製企業提供檢測和測試服務，有力地促進了維斯塔斯、Bonus等丹麥風電企業的騰飛。丹麥政府還為使用自主開發的新型風機項目提供長期融資和貸款擔保，從而顯著地降低了選擇使用丹麥風機的風電場的風險。

德國政府自二十世紀八〇年代末以來，持續支持開展一定規模的風電示範項目，對所採用的風電機組提供十年的稅收返還補貼優惠政策。德國政府對風電設備製造商的每台機組提供不超過機組價格百分之六十的資金補貼。一九九〇年德國議會批准「電力供應法案」，規定電力公司必須允許可再生能源上網，全部收購，以當地電價的百分之九十作價上網，其與常規發電成本的差價由當地電網承擔。與此同時，政府對風力發電投資進行直接補貼，四百五十～兩千瓦的機組，每千瓦補貼一百二十美元，對風力發電開發商提供優惠的低息貸款，規定製造商在發展中開發風力發電，最多可獲得裝備出口價格百分之七十的出口信貸補貼。

風力發電在美國的迅速發展，與美國政府多年的呵護息息相關。美國一九七八年通過的「公共事業管理法」規定，對包括風力發電等可再生能源的投資實行抵稅政策，即風力發電投資總額的百分之十五可以從當年聯邦所得稅中抵扣，同時風力發電形成的固定資產免交財產稅。到了一九九二年，美國政府頒布「能源法」規定，政府從鼓勵裝機轉向鼓勵多發電，由投資抵稅變為發電量抵稅，每千瓦·時風力發電量抵稅一·五美分，從投產之日起享受十年，這相當於使風電企業的發電成本降低了百分之二十五。美國能源部最近還圍繞風電電價降到每千瓦·時二·五美分、風力發電設備在世界市場的佔有率、二〇一〇年裝機一萬兆瓦等目標，撥專款支持科學研究和製造單位進行科學研究。政府在二〇〇七財政年度預算中撥款四千四百萬美元，用於研究在低風速環境下提高風力發電效率的技術，從而達到降低風力發電成本的目的。

作為發展中國家的印度，更是對風力發電青睞有加。印度的風電政策啟動早、優惠多。印度專門成立了非常規能源部，同時由政府帶頭成立了再生能源投資公司，為風力等新能源的開發提供低息貸款並幫助新能源企業開發進行融資。印度政府規定：在風電項目裝機的第一年，允許風電設備按百分之一百折舊，且電力銷售的前五年免稅；設定不同關稅稅率鼓勵進口風機零部件而不是進口風機整機；對於風機製造所需的專用軸承、齒輪箱、偏航零部件和感測器，以及葉片生產所需的部件和原材料，免徵關稅；對用於風機製造所需的液壓剎車部件、萬向聯軸器、剎車鉗、風機控制器和葉片，減徵關稅；對於發電機製造所需的部件，免徵消費稅；全額免除風電設備製造企業的增值稅，工業企業利潤用於投資風電的部分可免繳百分之三十六的所得稅。印度電力法還規定，新能源發電至少要佔百分之十，並實行電價優惠。

除了各國政府外，國際金融機構對風電的發展功不可沒。近年來，隨著大型國際公司進入風能技術市場，傳統的金融界逐漸將風力發電這一可再生能源納入其貸款項目中，並積累了相當的經驗。如富通銀行關注風能項目已有十多年，為多個陸地風能和海上風能項目提供顧問支援，並提供了數十億美元的貸款。

3.風電企業如何發展壯大

在有關國家風電優惠政策的孵化下，維斯塔斯、歌美颯、蘇司蘭等一批風力發電企業迅速成長壯大，成為國際風電領域的佼佼者。縱觀這些企業的成長經歷，不難發現它們大致屬於以下三種模型，即以丹麥為代表的科技創新型，企業將研究成果迅速轉化為生產力，佔領國際風電設備市場；以西班牙為代表的技術引進、消化和再創新型；以印度為代表的以市場換技術型。這三種模型的企業各具特色，都結合本國的實際情況和國際環境取得了長足進展。

以企業為主體的風電技術創新是風電產業得以持續發展的根本基礎。在國際上，丹麥的維斯塔斯公司在最初得到了丹麥 Risoe 國家實驗室有力的技術扶持，從而形成了企業自身技術能力，隨後完全依靠企業自主技術研究開發產品，目前已成為全球最大風電設備製造企業，該公司生產的風力發電機組佔全球市場的三分之一。丹麥 Risoe 實驗室長期從事風電相關的基礎研究工作，涵蓋氣象模型、空氣動力學、風電機組開發、風能系統、零部件材料、海上風電開發等研究領域，建成了較為齊全的風能利用研究和大型試驗設施，形成了具有世界級的跨學科研究能力，培養了大量專業技術骨幹。顯然，有國家優惠政策和國家實驗室作後盾，才使得維斯塔斯和 Bonus 等丹麥風電企業迅速展翅騰飛。

與丹麥、德國等首批建成風電設備製造業的國家不同，西班牙的風電企業採取了另一條發展道路。他們通過技術引進、消化和再創新，成為世界上主要的風電設備製造商。西班牙風電企業積極在各種層面、以各種方式開展國際人員和技術交流合作、吸納國際領先技術和人才資源，以此努力增強自主創新能力。這些企業通過建立合資企業引進國外先進技術，通過優惠政策鼓勵外資企業在當地投資開工廠，實現國際先進風電技術在本國落地生根，隨後進行消化吸收實現再創新。如歌美颯便是最好的例證之一。作為西班牙與丹麥維斯塔斯公司合資建立的公司，歌美颯公司目前已取得了長足發展，成為全球第二大風電機組製造企業，全球市場佔有率約為百分之十四。

印度採取開放國內市場，引進國外先進技術的方式發展本國的風電設備製造業。印度蘇司蘭公司之所以能夠取得成功，主要歸功於世界上很多有實力的風機製造企業在印度開設工廠，刺激了當地風機產業的發展。風力發電是牽涉面廣、技術含量高、實踐性很強的新能源技術，蘇司蘭公司通過在德國和荷蘭設立研發中心，與國際領先企業合作開展研究，直接吸納利用國際上的先進風電技術和人才資源，實現了企業的跨越式發展，成為世界上發展最快的風電企業之一。目前蘇司蘭的風電設備在國際市場上已經成功地站穩腳跟，並躋身全球第五大風電企業。

二、中國風能利用進展

中國面積廣大，地形條件複雜，風能資源狀況及分布特點隨地形、地理位置不同而有所不同。風能資源豐富的地區主要分布在東南沿海及附近島嶼以及北部地方。另外，內陸也有個別風能豐富點，海上風能資源也非常豐富。

北部（東北、華北、西北）地區風能豐富帶。北部（東北、華北、西北）地區風能豐富帶包括東北三省、河北、內蒙古、甘肅、青海、西藏和新疆等省／自治區近兩百公里寬的地帶。三北地區風能資源豐富，風電場地形平坦，交通方便，沒有破壞性風速，是中國連成一片的最大風能資源區，有利於大規模的開發風電場，但是當地電網容量較小，限制了風電的規模，而且距離負荷中心遠，需要長距離輸電。

沿海及其島嶼地區風能豐富帶。沿海及其島嶼地區包括山東、江蘇、上海、浙江、福建、廣東、廣西和海南等省市沿海近十公里寬的地帶，冬春季的冷空氣、夏秋的颱風，都能影響到沿海及其島嶼，加上臺灣海峽狹管效應的影響，東南沿海及其島嶼是中國風能最佳豐富區。沿海地區經濟發達，沿海及其島嶼地區風能資源豐富，風電場接入系統方便，與水電具有較好的季節互補性。然而沿海岸的土地大部份已開發成水產養殖場或建成防護林帶，可以安裝風電機組的土地面積有限。

內陸風能豐富點。在內陸一些地區由於湖泊和特殊地形的影響，形成一些風能豐富點，如鄱陽湖附近地區和湖北的九宮山和利川等地區。

海上風能豐富區。中國海上風能資源豐富，東部沿海水深二公尺到十五公尺的海域面積遼闊，按照與陸上風能資源同樣的方法估測，十公尺高度可利用的風能資源約是陸上的三倍，即七億多千瓦，而且距離電力負荷中心很近。隨著海上風電場技術的發展成熟，經濟上可行，將來必然會成為重要的可持續能源。

二〇〇六年是中國實施《可再生能源法》的第一年，風電建設步伐明顯加快。國家發展改革委通過公開招標，確定了一百萬千瓦風電建設規模。據不完全統計，到二〇〇六年底，全國已建成約八十個風電場，裝機總容量達到約兩百三十萬千瓦，比二〇〇五年新增裝機一百多萬千瓦，增長率超過百分之八十。為了促進風電的發展，「十一五」規劃綱要提出了建成五百萬千瓦的發展目標。

二〇〇六年十一月，國家發展改革委和財政部聯合下發了《關於印發促進風電產業發展實施意見的通知》，將對風能資源詳查、風電研發體系、檢測認證體系和風電設備國產化給予政策支持。隨著國家有關配套政策的不斷完善，以及風電技術研發、人才培養和產業培育工作的加強，中國風電產業將呈現加快發展的趨勢。

中國計畫在東部沿海、西北、華北和東北建立幾十個十萬千瓦的風電場，形成若干一百萬千瓦的風電基地。

根據國家發改委《可再生能源中長期發展規劃》中提出的目標，中國的風電裝機到二〇一〇年四百萬千瓦，二〇一五年一千萬千瓦，二〇二〇年三千萬千瓦，屆時風電裝機佔全國電力裝機的百分之二。為了實現這一目標，至少需要兆瓦級風力發電機四千～二萬台，可見市場需求巨大。二〇一〇年後，中國將成為國際風能市場的中心，也可能成為風電市場的製造中心。

風能雖然原料成本低，但由於目前風能設備投資成本較高，是煤電的五～六倍，而且風能能量較稀，發電量少，每千瓦．時電約為〇．四五～〇．五元。隨著技術的發展，設備的完善，據預測，在二時年內，風能投資將比煤電投資便宜。

中國資源綜合利用協會可再生能源專業委員會表示，二〇一〇年後，中國將成為世界上最大的風電市場和風能設備製造中心。中國正逢發展風電的大好時機。按「十一五」規劃，到二〇一〇年，中國風電裝機容量將達到五百萬千瓦，二〇一五年達到一千萬千瓦，二〇二〇年達到三千萬千瓦。中國風電市場將越來越大，成為世界最大的風電市場指日可待。

三、水電

水不僅可以直接被人類利用，它還是能量的載體。太陽能驅動地球上水循環，使之持續進行。地表水的流動是重要的一環，在落差大、流量大的地區，水能資源豐富。隨著礦物燃料的日漸減少，水能是非常重要且前景廣闊的替代資源。

一、世界發展現狀

水電具有資源可再生、發電成本低、生態上較清潔等優越性，成為世界各國大力利用水力資源的依據。世界上有二十四個國家靠水電為其提供百分之九十以上的能源，如巴西、挪威等；有五十五個國家依靠水電為其提供百分之五十以上的能源，包括加拿大、瑞士、瑞典等。中國水能資源豐富，總量位居世界首位，可開發量三・七八億千瓦，佔全世界可開發水能資源總量的百分之十六・七。截至二〇〇三年底，中國水電裝機達九千兩百一十七萬千瓦，佔發電總裝機的百分之二十四，佔總發電量的百分之十五。預計到二〇二〇年可達到二・七億千瓦。

建於韓國江原道襄陽郡的韓國目前國內最大規模的水電站於二〇〇六年九月投產。該水電站為揚水型發電站，即在用電較少的夜晚，將蓄水池底層的水抽至蓄水池高層，然後在用電較多的白天放水發電。目前韓國有四座這類的電站在運行，還有二座正在建設中。襄陽郡的這座水電站於一九九六年九月開工建設，總投資為九千三百二十四億韓元。大壩上下落差八百一十九公尺，堪稱東亞第一落差。四台二十五萬千瓦的發電機組如果同時運行，可發電一百萬千瓦。此外，大壩上部還可增設發電規模為三千千瓦的風力發電機二台，大壩下部可單獨成為發電量為一・四萬千瓦的小型水電站。襄陽水電站的建成，將為江原道乃至韓國全國的電力穩定供應發揮巨大的作用。

澳大利亞燃氣和電力公司（AGL）將建設該國最大水電廠，該廠位於維多利亞省。水電廠位於金蛙谷的 Bogong，裝機為十四萬千瓦，它可以使 AGL 的躉售電量增加百分之五，幾乎佔當前綠色發電量的一半。通過其快速增長的裝機，在高峰時段也有助於滿足維多利亞省的電力需求。該項目預計到二〇〇九年十月全面投運。能源緊缺的土耳其於二〇〇六年八月舉行水電廠建設儀式。這座電廠耗資十二億歐元，稱為 Ilisu 的電廠規劃裝機為一百二十萬千瓦，年發電量為三十八億千瓦・時。土耳其發電裝機為三千九百萬千瓦，幾乎一半使用進口天然氣。政府計畫減少發電對天然氣的依賴。

越南國家電力需求近年來在百分之十三～十五之間。經濟增長率為百分之七～八，使電力需求非常旺盛，迫切需要加大基礎設施建設。據政府預測，到二〇一〇年越南電力需求量為一百億千瓦，到二〇二〇年這個數字將翻一番。該國正計畫加大其發電能力，以滿足社會經濟發展的要求。

二〇〇六年八月越南開始建設一座耗資二・六億美元的水電廠，此項目二〇〇九年底將完工。這座兩台水輪機的發電廠裝機為十九萬千瓦，年發電量為六・七九億千瓦・時，能改善當地嚴重缺電狀況。大壩工程可在旱季提高秋盆河河水位，雨季可調節洪水。越南計畫從現在起到二〇一〇年在中越邊境建三十七個小型水電站。這些水電站的總投資金額為三・一兆越盾（約合一・九五億美元），單個水電站的最大發電功率為〇・五萬千瓦。

加拿大哥倫比亞省小水電的開發進行得如火如茶。超過三十個獨立電力開發商擁有總計三百兆瓦未開發的水電項目。這些價值大約三・五億美元的項目正被期待通過多個水輪機、變壓器和數英里的壓力管道、輸送電纜儘快進入正常供電狀態。

緬甸正在對十六個新水站建設項目進行考察，目前在建的水電項目有十五個，新的水電項目將在在建項目完成後優先考慮投資。正在考察的項目裝機容量從二十兆瓦到一千五百兆瓦不等，總裝機容量將達五千兩百兆瓦。泰國將投資六十億美元，在緬甸建設裝機容量為七千一百一十兆瓦的大山水電站。大山水電站項目是緬甸未來幾年建設計畫中最大的水電站項目，也是泰國在緬最大的投資項目。時間從二〇〇七年年初開始，建設工期為十五年。該廠所發電力主要出售給泰國。

哈薩克斯坦將國家獨立以來自主開發的第一個水電站項目—馬伊納克水電站項目承包給由中國地質工程集團公司和中國水利電力對外公司組成的聯營體建設。馬伊納克水電站設計安裝兩台十五萬千瓦水輪發電機組，年發電量為十・二七億千瓦・時，預計於二〇〇九年十二月建成投產。該項目投資總額為二・五億美元。

中國水利水電建設集團公司第一個 BOT 項目—柬埔寨甘再水電站項目於二〇〇六年四月投建。電站總裝機十九三萬千瓦，多年平均發電量四・九八億千瓦時，工程動態總投資二・八億美元。中國還將為烏干達建設 Ayago-Nile 水電站，該電站裝機五十三萬千瓦，能滿足該國年電力需求的百分之八。

成功修建世界上規模最大的三峽水庫的三峽水庫開發公司正在與發包方協商，欲參加大英戈工程。大英戈工程是在距剛果（金）首都金沙薩二百二十五公里的剛果河下流的英戈修建發電規模為四萬兆瓦的大型水力大壩。大壩完工時，發電量將達三峽水庫發電量的兩倍，超過整個非洲大陸的電力需求。大英戈的發電量將通過到達安哥拉和納米比亞的輸電網，一直送到非洲最南端的南非共和國，有望成為整個經濟發展的原動力。

二、中國發展進展

水電能源是中國能源中十分重要的組成部分。

中國水力資源豐富但分布不平衡，主要集中在西部地區。其中，西北地方開發重點主要集中在黃河中上游，目前已經建成龍羊峽等電站，正在開發建設札西瓦水電站；西南地區主要集中在四川、雲南兩個省份，主要河流包括金沙江、雅礱江、紅水河、瀾滄江等。其中，金沙江是目前中國水力資源最豐富的河流，蘊藏著三千八百五十萬千瓦的水力發電能力，年可發電一千八百億千瓦時，相當於六千萬噸煤。但是，金沙江至今還沒有一個建成的水電站。同時，長江有近二分之一的泥沙和三分之一的水來自金沙江，逐步開發金沙江水力資源，意義重大。

中國水力資源蘊藏量居世界首位，擁有世界百分之十七的小水電資源，可開發的小水電潛力約一．二億千瓦，目前中國小水電每年新增裝機容量為三百五十萬千瓦左右。中國小水電項目的發展通常和農村電氣化發展規劃相結合，在政府項目保留優先權，得到政府大力支持。

隨著國家電力體制改革的深化和小康社會的全面實施，中國開始重視對水電的投資，過去規劃了多年的工程，已有不少開始建設，甚至私人資本也開始投資中、小型水電。隨著水電建設的發展，尤其是「怒江水電開發」，水電開發和大壩建設的利弊得失引起了國內有些專家和社會媒體的關注，提出了很多疑問甚至擔憂，這是可以理解的，也有助於在大壩建設中更好地考慮生態環境的要求，更好地貫徹中央提出的全面、系統、可持續的發展觀。

與國外相比，中國國內水電建設起步晚、發展緩慢，雖然從一九四九年以來在水電開發和大壩建設方面取得了很多舉世矚目的成就，但就總體發展而言，水電開發還是落後的，因此瞭解跟蹤國際動態，認清中國的發展階段和發展需求，加強大壩與環境的關係等問題的研究將變得日益重要。

至二〇〇二年，中國水電總裝機為八千兩百七十萬瓦，約為世界的百分之十一強，在國內的電力供應中約佔百分之十七左右，國際大壩委員會統計到的大壩數，中國十五公尺以上註冊的大壩佔了世界一半；三十公尺以上的大壩佔世界的百分之三十七。在過去五十年中，中國大壩建設更多的目的是防洪、灌溉和供水等，解決的主要問題是洪災、旱災這些心腹大患，而水電的開發速度落後於世界。來自水電部門的資料顯示，中國水力資源可開發水力約五．四億千瓦，目前開發的僅有一．二億千瓦至一．三億千瓦，開發度約為百分之二十二。而據國際大壩委員會統計，發達國家水電的平均開發度已在百分之六十以上，其中美國水電資源已開發約百分之八十二，日本約百分之八十四，加拿大約百分之六十五。與這些國家相比，中國水電開發程度仍處於較低水準，尚有較大的開發潛力。

中國正在加快水電開發速度，力求到二〇二〇年使水電裝機容量發展到三億千瓦，屆時，中國將成為名副其實的水電大國和水電技術強國。

1. 三峽水電站

隨著三峽大壩的全線建成，世界上最大水電站——三峽電站發電量將穩步提高。據介紹，三峽工程自二〇〇三年七月十日首台發電機組併網發電以來，截至二〇〇六年十月十八日，已累計發電一千三百五十六億千瓦時。至此，三峽電站十四台巨型機組的發電出力達到九百零五萬千瓦。三峽電站二〇〇六年計畫發電五百四十億千瓦．時，相當於北京市一年的用電量。據悉，到二〇〇八年底，三峽電站二十六台七十萬千瓦的水輪發電機組將全部投入使用，年均發電量達到八百四十七億千瓦，其單機容量、總裝機容量、年發電量都堪稱世界第一。

三峽電站將在二〇一一年全部建成，共裝有三十二台七十萬千瓦的水輪發電機組，總裝機容量達到兩千兩百四十萬千瓦。屆時，三峽電站年發電量將達一千億千瓦．時。

長江流域水電開發潛力仍然巨大，技術上可開發的水電資源裝機容量相當於十個三峽電站。截至二〇〇六年五月，全長江流域已或正在開發的電站增至兩千四百多座，數量增加了二倍多，裝機容量相當於二十年前的五倍多，年發電量翻了近兩番。但目前已開發和正開發電站裝機容量僅佔全流域技術可開發量的百分之二十七．二，年發電量的百分之二十四．六。就是只用了約四分之一的長江水力資源，而放走了另外的四分之三。

未來二十年，中國還將在金沙江、雅礱江、大渡河等長江上游流域開發十多個裝機容量超過三百萬千瓦的巨型水電站，水資源極：為豐富的「三江」流域將成為中國未來水電開發的主戰場。據悉，這些正在興建和擬建中的水電站加上業已建成的二灘電站，其裝機總容量相當於五個三峽電站。

2.向家壩水電站

二〇〇六年十一月二十六日，裝機容量達六百萬千瓦的向家壩水電站正式開工。向家壩水電站是金沙江下游梯級開發中最末的一個梯級，壩址位於四川省宜賓縣、雲南省水富縣兩省交界的金沙江下游河段上，靜態投資兩百八十九億餘元。向家壩水電站正常蓄水位三百八十公尺時，保證出電二〇〇．九萬千瓦，年平均發電量三百零七．四七億千瓦．時。工程計畫二〇〇八年截流，二〇一二年年首批機組發電，二〇一五年建設完工，屆時中國將新添三分之一個三峽工程。

二〇〇六年十一月底，由水利部和雲南省共同投資二十一．五億元興建的龍江流域重要控制性防洪工程——龍江水電站樞紐工程進入全面施工階段。龍江水電站樞紐工程位於中國西南邊陲的雲南省德宏傣族景頗族自治州潞西縣境內龍江幹流的下游河段，是流域規劃的七個梯級電站中的最後一級控制性重點工程。水庫總庫容為十一．三一億立方米，電站總裝機容量為二十四萬千瓦。項目建設工期為四年。

廣西龍灘水電站下閘蓄水，這座特大型水電站二〇〇九年底全部建成後，將成為中國「泛珠三角經濟圈」的重要能源基地。龍灘電站二〇〇九年全部建成後，每年貢獻的一百八十七億千瓦．時電顯得尤為重要。龍灘工程建成後百分之五十以上的電力送往廣東，作為廣東「十一五」期間的電源點納入電力電量平衡。

隨著能源開發的不斷升溫，中國最長的內陸河——新疆塔里木河流域內水能資源豐富、開發前景廣闊、成為水電開發的新熱點。

四、生物質能

生物質能是蘊藏在生物質中的能量，是綠色植物通過葉綠素將太陽能轉化為化學能而貯存在生物質內部的能量。煤、石油和天然氣等化石能源也是由生物質能轉變而來的。生物質是世界上首位的可再生能源，它不僅可用於取熱和發電，而且可用於生產生物燃料。因為它是可再生的，故有助於抑制溫室氣體排放。

生物質燃料屬於生物能源，它是太陽能以化學能形式儲存在生物中的一種能量形式，它直接或間接地來源於植物的光合作用，是以生物質為載體的能量。生物質主要指薪柴、農林作物、農作物殘渣、動物糞便和生活垃圾等，它用途廣泛，比如人們用玉米為原料加工成汽車燃料乙醇等。目前較為關注的生物質燃料有三大類，一是通過生物質氣化，使生物質轉化成各種化工產品和車用燃料；二是通過生物發酵途徑生產生物乙醇；三是生產生物柴油。

一、世界生物質能廣闊利用前景

生物質能是僅次於煤炭、石油和天然氣而居於世界能源總量第四位的能源。據預計，到本世紀中葉，採用新技術生產的各種生物質替代燃料將佔全球總能耗的百分之四十以上。目前，國外對生物質的利用側重於把生物質轉化成電力和優質燃料。

自然界每年儲存的生物質能相當於世界主要燃料的十倍，而現在全世界能源的利用量還不到其總量的百分之一，因此生物質能將成為二十一世紀主要的新能源之一。

原油價格在高位振盪，使當今生物燃料生產頗具吸引力。包括化工和石油在內的諸多工業領先的公司紛紛搶佔替代燃料尤其是生物燃料市場的優勢地位。馬拉松石油公司與美國俄亥俄州公司組建五十／五十的乙醇合資企業，以生產燃料級乙醇。馬拉松石油公司在汽油中調入乙醇已有十五年之久的歷史。

雪佛龍公司通過其子公司雪佛龍技術企業公司與美國加州大學組建開發生物燃料聯合體。雪佛龍公司將在二〇〇六～二〇一〇年五內投資兩千五百萬美元用於四個研究領域：表徵在加州適用的生物燃料原料；開發耐乾旱和少佔地的高性能原料；從纖維生產生物燃料；設計和建設用於生物化學和熱力化學生產工藝的驗證裝置。

目前生物質能源佔全球能源利用總量的百分之十一，但是部分來自不可持續的採伐。預計，到二〇二〇年全世界生物質能源的商業化利用將達到一億噸油當量，並形成千萬噸級規模的生物液體燃料的生產能力。據聯合國開發計畫署（UNDP）估計，可持續的生物質能潛力巨大，可滿足當前全球能源需求量的百分之六十五以上。

地球上每年生物體產生的生物質總量約在一千七百億噸，目前被人類利用的生物品質只有約六十億噸，僅佔總量的百分之三．五。其中三十七億噸作為人類的食物，二十億噸的木材用作材料和能源，三億噸被用於滿足人類其他需求。纖維素、半纖維素和澱粉是生物質中最主要的成分，它們約佔生物質的百分之六十五~百分之八十五，也是地球上儲量最大的物質。但這些物質不能被微生物直接發酵利用，只有水解成單糖才能被微生物發酵再利用。

世界自然基金會和德國應用生態學研究所分別發表研究報告，強調生物質能作為可再生能源對未來全球能源發展的重要性。該報告說，生物質能的巨大潛力一直因政治因素而被忽視，如果不充分開發利用生物質能資源，西方工業國家可能無法實現《京都議定書》制定的減少排放溫室氣體的目標。報告說，到二〇二〇年，西方工業國家百分之十五的電力將來自生物質能發電，而目前生物質能發電只佔整個電力生產的百分之一。

二、中國生物質資源利用前途光明

中國以石油為原料的大宗化學品長期供不應求，大量依靠進口。解決大宗化學品產量不足及對石油的嚴重依賴，加快原料多元化的研究開發迫在眉睫。中國科技部已將「非石油路線製備大宗化學品關鍵技術開發」列為「十一五」國家科技支持計畫重點項目。生物質資源將是非石油路線製備化學品的重要來源。

中國生物質資源十分豐富，主要有每年七億多噸的農作物秸稈和相當於一．三億噸石油能量的林業採伐及加工剩餘物。另外中國尚有一億多公頃（稍少於現耕地面積）不宜墾為農田，可種植高抗逆性能源植物的邊際性土地。此外，中國已擁有一批可產業化生產的能源植物，如南方的木薯和甘蔗，北方的甜高粱和旱生灌木，中國廣大地區還可發展木本油料等油脂植物。這些都是發展生物質燃料的基礎。

中國農村的生物質資源主要包括農作物秸稈、人畜糞便、農產品加工副產品和能源作物等幾大類。目前，中國農村生物質能開發利用已經進入了加快發展的重要時期。統計顯示，截至二〇〇五年底，中國農村中使用沼氣的農戶達到一千八百零七萬多戶，建成養殖場沼氣工程三千五百五十六處，產沼氣約七十億立方米，折合五百二十四萬噸標準煤，五千多萬能源短缺的農村居民通過使用清潔的氣體燃料，生活條件得到根本改善。

農業部生物質工程中心於二〇〇六年十二月中旬成立。主要職責是研究提出生物質產業規劃，開展生物質技術研究、開發及技術集成與成果中試轉化，組織生物質技術交流、培訓與示範推廣、資訊服務等。農業生物質開發利用是當前國內外廣泛關注的重大課題，既涉及農業和農村經濟發展，又關係到能源安全。大力加強農業生物質開發利用，既是中國開拓新的能源途徑、緩解能源供需矛盾的戰略措施，也是解決「三農」問題、保證社會經濟持續發展的重要任務。農業部生物質工程中心的近期目標是：構建開放式農業部生物質工程中心平臺，加強農業生物質技術研究與工程集成，在固化成型、燃燒、沼氣、燃料乙醇、生物質材料等方面的關鍵技術研究和裝備開發方面取得突破性進展，創新一批具有自主知識產權的技術和產品；推廣一批先進的生物質工程技術；建成一批生物質產業化示範工程；開展中國農業生物質資源現狀調查，初步查清中國農業生物質資源的擁有量和分布情況，建立農業生物質資源資料庫，促進中國農業生物質產業的形成與發展。中遠期目標包括：全面推進生物質工程科技創新，在生物質能源轉化和材料利用等方面達到國際先進水準，部分技術達到國際領先水準，增強中國農業生物質產業的國際競爭力；提高生物質能和產品在能源消費中的比重，通過生物質利用解決農村生活燃料短缺問題；基本實現農業廢棄物的資源化利用，促進中國生態環境保護和社會經濟的可持續發展。

在未來十五年內，中國生物質資源的開發將達到十五億噸標準煤／年，如果將其中的百分之四十用來生產乙醇、生物柴油、二甲醚等液體燃料，每年可向市場提供三億噸的石油替代品。

中國的生物質能資源雖然非常豐富，但利用率十分低，而且主要被作為一次能源在農村使用。生物質能約佔農村總能耗的百分之七十，但大部分被直接作為燃料燃燒或廢棄，利用水準低，浪費嚴重，且污染環境。因此，充分合理開發使用生物質能，對改善中國尤其是農村的能源利用環境，加大生物質能源的高品位利用具有重要的經濟意義。

中國已連續三個五年計劃將生物質能源技術開發和應用列為重點。目前生物質燃料乙醇和柴油是中國技術比較成熟且產業化程度較高的兩個品種。全國有兩百多家生物質製燃料乙醇企業，年產量四〇〇多萬噸；以油料植物、餐飲業廢油為原料制生物柴油的企業有數十家，年產量超過十萬噸。根據國家有關規劃，到二〇一〇年，中國生物柴油生產能力將達兩百萬噸，二〇二〇年將達一千五百萬噸。

國家發改委就中國生物燃料產業發展作出三個階段的統籌安排：「十一五」實現技術產業化，「十二五」實現產業規模化，二〇一五年以後大發展。預計到二〇二〇年，中國生物燃料消費量將佔到全部交通燃料的百分之十五左右，建立起具有國際競爭力的生物燃料產業。為實現「三步走」目標，國家發改委要求開展四項工作：一是開展可利用土地資源調查評估和能源作物種植規劃；二是建設規模化非糧食生物燃料試點示範項目；三是建立健全生物燃料收購流通體系和相關政策；四是加強生物燃料技術研發和產業體系建設。

到二〇一〇年，中國生物質發電量、沼氣產量、固體成型燃料、非糧食液體燃料將分別達到五百五十萬千瓦．時、一百九十億立方米、一百萬噸和一百二十萬噸，到二〇二〇年，這四項指標將分別提升至三千萬千瓦．時、四百四十億立方米、五千萬噸和一千萬噸。

根據中國國情和借鑒國外經驗，並經可行性分析與論證，到二〇二〇年，中國生物質能源消費量有望佔到整個石油消費量的百分之二十。這個目標主要包括：到二〇二〇年，生物液體燃料生產規模達到兩千萬噸，其中燃料乙醇一千五百萬噸、生物柴油五千萬噸。如達到此目標，則能夠在二〇二〇年以前，把中國對石油的對外依存度控制在百分之五十以下。中國原料供應充足，這一目標可望實現。以薯類為原料生產燃料乙醇為例，利用中國現有荒草地的二十分之一即可滿足一千萬噸的乙醇原料需求。

雖然發展生物質能源利於環保，但目前的生產成本還比較高，對此，將以補貼和稅收優惠的形式來支持相關企業，加快中國生物質能源的發展。當生物質能源產品銷售價格低於盈虧平衡點時，中央財政將給予補貼。

中央財政還將對開發利用荒草地等未利用土地，用於建立生物質能源原料基地的企業給予一次性補助。對於不是定點企業，但獲得生物質能源示範資格的企業也將給予獎勵。

據測算，中國石油穩定供給不會超過二十年，很可能在我們實現「全面小康」的二〇二〇年，就是石油供給喪失平衡的「拐點年」。發改委此番統籌安排即在「石油枯竭拐點」前，為中國的石油短缺尋找到足夠的替代能源。中國完全有條件進行生物能源和生物材料規模工業化和產業化，在二〇二〇年形成產值規模達兆元。

三、世界各國應用和發展進展

1. 生物燃料

據世界瞭望學會發布的報告，生物燃料如乙醇和生物柴油對減少全球對石油的依賴擁有巨大潛力。生物燃料市場的擴大和新技術進步的協同作用有望緩解油價上漲的壓力，並可振興農業經濟和減少全球溫氣體的排放。

美國明尼蘇達大學研究人員的研究認為這兩種生物燃料都屬清潔能源，且生物柴油的環境效益更明顯。生物柴油較普通柴油的溫室氣體排放量低百分之四十一，生物乙醇較汽油的溫室氣體排放量低百分之十二。

運輸業佔世界溫室氣體排放的百分之二十五，而且這一比例還在上升。生物燃料在減少溫室氣體排放方面擁有很大潛力，尤其是開發使用以農業廢物和纖維素作物如換季牧草為原料的先進生物質技術。

將生物燃料與石油燃料相調和使用，可減少汽車的硫、顆粒物和碳排放。在發展中國家，乙醇和生物柴油在改進城市空氣品質方面起到很大作用，並有助於禁鉛和禁用其他有毒性的燃料添加劑。

美國環保局於二〇〇六年九月七日提出可再生燃料標準（RFS），按照該標準，將使乙醇、生物柴油和其他可再生燃料的用量增加一倍，從而使可再生燃料在美國所佔的市場份額從二〇〇六年百分之二．七八提高到二〇〇七年百分之三．七一。RFS旨在使美國使用的可再生汽車燃料數量從二〇〇六年約四十五億加侖增加到二〇一二年年至少七十五億加侖。

用生物燃料如生物柴油、乙醇和生物丁醇替代部分石油基汽油或柴油已成為美國的國策。美國的目標是到二〇二五年通過大量使用生物燃料，替代從中東進口石油的百分之七十五以上。

加拿大制定汽油和柴油中採用可再生生物燃料目標。投資三．四五億加元（二．九九億美元）支援生物燃料和其他生物產品的開發。加拿大環境部要求到二〇一〇年汽油中平均可再生燃料含量為百分之五。到二〇一二年年柴油和採暖用油中可再生燃料含量為百分之二。

法國石油天然氣工業將支持政府的生物燃料計畫，使汽油和柴油中生物燃料含量從二〇〇五年百分之一．二增加到二〇〇八年百分之五．七五。下一步的目標是使生物燃料所佔份額增加到二〇一〇年百分之七和二〇一五年百分之十。現每年生產四十萬噸生物柴油和十萬噸乙醇。到二〇〇八年，法國將生產三百萬噸生物燃料，其中二百二十萬噸為生物柴油。到二〇〇六年中期法國成品汽油將含百分之五乙醇。

巴西是世界上領先的生物燃料生產國，其甘蔗作物的一半用於生產該國非柴油運輸燃料的百分之四十以上。在美國，穀物作物的百分之十五用於生產非柴油運輸燃料的約百分之二，乙醇生產以更快的速度在增長。據估算，巴西和美國現生產的乙醇已低於目前的汽油成本。

西班牙到二〇一〇年末將成為最大的生物燃料生產國之一，已有多家公司計畫建設生物燃料裝置和投資生物燃料研發。西班牙於二〇〇五年制定了投資為二百三十億歐元的可再生能源計畫，到二〇一〇年生物燃料將總的燃料消費量百分之五．八三。

南非將把生物燃料作為發展可再生能源的主攻方向，預計在二〇一三年使生物燃料在可再生能源中所佔的比例達到百分之七十五。南非使用的石油有百分之六十依賴進口。生物乙醇將繼續成為全球汽油市場的新秀，它在汽油供應市場上將起越來越大的作用。世界乙醇生產中，百分之九十以上採用生物發酵法制取。

2. 生物乙醇

隨著美國汽油中摻合 MTBE（甲基叔丁基醚）禁令的推行，生物法生產 MTBE 替代品燃料級乙醇的進程不斷加快。

據美國可再生燃料協會統計，截至二〇〇六年八月，美國擁有一百零一套乙醇裝置，總的年產能力超過四十八億加侖。此外，三十九套新裝置和七套擴建項目正在建設中，這些項目一旦完成，這將使乙醇能力增加二十五億加侖。

美國政府自一九七八年起就以各種補貼水準對生物乙醇生產商實施補貼，各個州政府還另有補貼。煉油廠將乙醇作為燃料調和添加劑，補貼為五十一美分／加侖。生物柴油如果從原始油制取，補貼為一美元／加侖；如果從回收油如烹調用廢油脂制取，補貼為五十美分／加侖。二〇〇六年美國對乙醇生產的稅收為〇．五四美元／加侖。

據美國農業部統計和預測，美國二〇一一年生產乙醇將達一百億加侖（二千八百萬噸／年）。

加拿大享受乙醇免稅政策，並支持發展生物燃料，作為溫室氣體減排計畫的重要舉措。指令要求：今後十年內，汽油中每年調和乙醇約一億加侖。加拿大安大略省政府要求所有汽車至二〇〇七年一月一日起使用含百分之五的生物燃料。

巴西是世界上最大的乙醇生產國，保持世界燃料乙醇生產和使用的領先地位，消費量達一千零七十三萬噸／年，汽油將繼續調和高達百分之二十二～二十四乙醇。在巴西百分之九十的乙醇都用作燃料。巴西有近四百萬輛以乙醇為燃料的汽車，乙醇的消費量已佔到全國汽車燃料消費量的百分之四十三。該國政府正在鼓勵發展E85（摻合百分之八十五乙醇）汽車，可望使其乙醇市場得到進一步拓展。二〇〇五年，巴西車用燃料構成中，柴油佔百分之五十五．七，按照乙醇佔百分之二十五的比例調和的乙醇汽油佔百分之三十五．五，百分之一百的含水乙醇直接作為汽車燃料的佔百分之六．六，綜合計算，巴西的汽車燃料中乙醇佔百分之十五．四十二，全球最高。

亞太地區國家（主要是中國、印度、澳大利亞）也紛紛發布乙醇汽油指令，乙醇汽油正在推行或發展之中，到二〇一〇年，這些地區可望再增加三百四十三萬噸／年燃料乙醇消費。

日本石油公司計畫在印尼Jambi省建設三萬噸／年生物燃料裝置。將以棕櫚油為原料。印尼政府擬到二〇一〇年使生物燃料佔該國能源約百分之十。

印尼已計畫建設十一套生物燃料裝置，到二〇〇七年生產目標為一．八七億升，二〇一〇年達十三億升。

日本將開展一項新的環保計畫，到二〇一〇年讓國內百分之四十的汽車改用生物燃料。據報導，日本環境部計畫利用沖繩附近宮古島上種植的甘蔗來生產乙醇，到二〇〇九年宮古島上所有車輛將使用乙醇汽油混合燃料。按照日本政府指導準則，混合燃料要包括百分之三的取自生物質（如甘蔗或木屑）的成分。預計十年內，全球燃料乙醇（包括使用ETBE）消費量將達到一百六十億～一百八十億加侖（四千四百八十一萬～五千零四十一萬噸／年），雖然其總量佔全球汽油需求量仍小於百分之五，但乙醇產量的增長將對汽車市場產生重要影響。

3. 生物柴油

歐盟是全世界生物柴油發展最快的工區。歐盟一些國家是生物柴油的領先生產國，二〇〇五年生產量超過去二百六十萬噸。法國、德國和義大利的生物柴油加注站總計超過一・五萬處。二〇〇六年德國生物柴油銷售量已經起過三百萬噸，佔德國汽車柴油總消費量的百分之十。目前，德國共有一千二百萬公頃農田，到二〇一二年年將有三百萬到四百萬公頃用於種植提取生物燃料的作物，如油菜、玉米、馬鈴薯、甜菜等。

截至二〇〇六年十一月，美國有八十六套生物柴油裝置，生產能力為五・八億加侖／年。據美國生物柴油管理局計畫，到二〇〇八年三月將新增八・二億加侖生物柴油產能。亞洲國家也在興起生物柴油產業。馬來西亞產能為五十萬噸／年。日本產能力達到四十萬噸／年。

菲律賓建設的椰子生物柴油廠於二〇〇六年五月初投產，年產生物柴油六千萬升，成為亞洲首座大型生物煉油廠。東洋工程公司計畫在菲律賓建造一套一體化椰子生物柴油裝置。菲律賓目前擁有椰子生物柴油產能一・一億升／年。

馬來西亞提出政策鼓勵推廣生物燃料，借鑒歐盟的一些做法，如在加油站設立棕櫚油生物柴油加油點，考慮降低道路稅和給予其他補助的方式來突出生物柴油的價格優勢。預計以棕櫚油為基礎的生物柴油將於二〇〇七年初在該國投入商業化應用。同時馬來西亞將在普通柴油中摻人百分之五的棕櫚油。這樣，馬來西亞每年可以減少五十萬噸的柴油進口量。

馬來西亞 Carotech 公司計畫使其生物柴油能力擴增二倍以上，達到十二・五萬噸／年。為達此目的，**Carotech** 公司將建設第三套生物柴油裝置，投資為三千三百萬美元。該裝置將建在馬來西亞 **Lumut**，定於二〇〇七年中期建成。

目前中國生物柴油的研發和生產已經起步。中國從二十世紀九〇年代開始開發生物柴油技術，到目前為止，中國已成功研製利用菜籽油、大豆油、米糠下腳料和野生植物小桐籽油、工業豬油、牛油為原料，經過甲醇預酯化再酯化生產生物柴油，不僅可以作為代用燃料直接使用，而且還可以作為柴油清潔燃料的添加劑。如果能解決生物柴油的原料來源問題，生物柴油的前景將比較看好。

中國有豐富的植物油脂及動物油脂資源，中國每年豆油年產量達六千萬噸，而且飯店產生大量的煎炸油，如加以充分利用，有很大的發展空間。

五、地熱能

地熱能是來自地球深處的可再生熱能。它起源於地球的熔融岩漿和放射性物質的衰變。地下水的深處循環和來自極深處的岩漿侵入到地殼後，把熱量從地下深處帶至近表層。在有些地方，熱能隨自然湧出的熱蒸汽和水而到達地面，自史前起它們就已被用於洗浴和蒸煮。通過鑽井，這些熱能可以從地下的儲層引入水池、房間、溫室和發電站。這種熱能的儲量相當大。

地熱能的分布相對來說比較分散，它集中分布在構造板塊邊緣一帶，該區域也是火山和地震多發區。如果熱量提取的速度不超過補充的速度，那麼地熱能便是可再生的。地熱能在世界很多地區應用相當廣泛。據估計，每年從地球內部傳到地面的熱能相當於100PW.h。不過，地熱能的分布相對來說比較分散，開發難度大。據美國地熱資源委員會（GRC）一九九〇年的調查，世界上十八個國家有地熱發電，總裝機容量五千八百二十七．五五兆瓦，裝機容量在一百兆瓦以上的國家有美國、菲律賓、墨西哥、義大利、紐西蘭、日本和印尼。中國的地熱資源也很豐富，但開發利用程度很低。主要分布在雲南、西藏、河北等省區。

地熱能量是儲存於地球內部岩石或流體中的熱能，通常表現為熱水、蒸汽或乾熱岩，熱能儲量驚人。

一、地熱能的作用

人類很早以前就開始利用地熱能，例如利用溫泉沐浴、醫療，利用地下熱水取暖、建造農作物溫室、水產養殖及烘乾穀物等。但真正認識地熱資源，並進行較大規模的開發利用卻是始於二十世紀中葉。

1. 地熱發電

地熱發電是地熱利用的最重要方式。高溫地熱流體應首先應用於發電。地熱發電和火力發電的原理是一樣的，都是利用蒸汽的熱能在汽輪機中轉變為機械能，然後帶動發電機發電。所不同的是，地熱發電不像火力發電那樣要裝備龐大的鍋爐，也不需要消耗燃料，它所用的能源就是地熱能。地熱發電的過程，就是把地下熱能首先轉變為機械能，然後再把機械能轉變為電能的過程。要利用地下熱能，首先需要有「載熱體」把地下的熱能帶到地面上來。目前能夠被地熱電站利用的載熱體，主要是地下的天然蒸汽和熱水。按照載熱體類型、溫度、壓力和其他特性的不同，可把地熱發電的方式劃分為蒸汽型地熱發電和熱水型地熱發電兩大類。

（1）蒸汽型地熱發電

蒸汽型地熱發電是把蒸汽田中的幹蒸汽直接引入汽輪發電機組發電，但在引入發電機組前應把蒸汽中所含的岩屑和水滴分離出去。這種發電方式最為簡單，但乾蒸汽地熱資源十分有限，且多存於較深的地層，開採技術難度大，故發展受到限制。主要有背壓式和凝汽式兩種發電系統。

（2）熱水型地熱發電

熱水型地熱發電是地熱發電的主要方式。目前熱水型地熱電站有兩種循環系統：ⓐ閃蒸系統。當高壓熱水從熱水井中抽至地面，於壓力降低部分熱水會沸騰並「閃蒸」成蒸汽，蒸汽送至汽輪機做功；而分離後的熱水可繼續利用後排出，當然最好是再回注入地層。ⓑ雙循環系統。地熱水首先流經熱交換器，將地熱能傳給另一種低沸點的工作流體，使之沸騰而產生蒸汽。蒸汽進入汽輪機做功後進入凝汽器，再通過熱交換器而完成發電循環。地熱水則從熱交換器回注入地層。這種系統特別適合於含鹽量大、腐蝕性強和不凝結氣體含量高的地熱資源。發展雙循環系統的關鍵技術是開發高效的熱交換器。

2.地熱供暖

將地熱能直接用於採暖、供熱和供熱水是僅次於地熱發電的地熱利用方式。因為這種利用方式簡單、經濟性好，備受各國重視，特別是位於高寒地區的西方國家，其中冰島開發利用得最好。該國早在一九五八年就在首都雷克雅未克建成了世界上第一個地熱供熱系統，現今這一供熱系統已發展得非常完善，每小時可從地下抽取七千七百四十噸攝氏八十度的熱水，供全市十一萬居民使用。由於沒有高聳的煙囪，冰島首都已被譽為「世界上最清潔無煙的城市」。此外利用地熱給工廠供熱，如用作乾燥穀物和食品的熱源，用作矽藻土生產、木材、造紙、製革、紡織、釀酒、製糖等生產過程的熱源也是大有前途的。目前世界上最大兩家地熱應用工廠就是冰島的矽藻土廠和紐西蘭的紙槳加工廠。中國利用地熱供暖和供熱水發展也非常迅速，在京津地區已成為地熱利用中最普遍的方式。

3.地熱務農

地熱在農業中的應用範圍十分廣闊。如利用溫度適宜的地熱水灌溉農田，可使農作物早熟增產;利用地熱水養魚,在攝氏28度水溫下可加速魚的育肥,提高魚的出產率;利用地熱建造溫室,育秧、種菜和養花;利用地熱給沼氣池加溫,提高沼氣的產量等。將地熱能直接用於農業在中國日益廣泛,北京、天津、西藏和雲南等地都建有面積大小不等的地熱溫室。各地還利用地熱大力發展養殖業,如培養菌種、養殖非洲鯽魚、鰻魚、羅非魚、羅氏沼蝦等。

4.地熱行醫

地熱在醫療領域的應用有誘人的前景,目前熱礦水就被視為一種寶貴的資源,世界各國都很珍惜。由於地熱水從很深的地下提取到地面,除溫度較高外,常含有一些特殊的化學元素,從而使它具有一定的醫療效果。如合碳酸的礦泉水供飲用,可調節胃酸、平衡人體酸鹼度;含鐵礦泉水飲用後,可治療缺鐵貧血症;氫泉、硫水氫泉洗浴可治療神經衰弱和關節炎、皮膚病等。由於溫泉的醫療作用及伴隨溫泉出現的特殊的地質、地貌條件,使溫泉常常成為旅遊勝地,吸引大批療養者和旅遊者。在日本就有一千五百多個溫泉療養院,每年吸引一億人到這些療養院休養。中國利用地熱治療疾病的歷史悠久,含有各種礦物元素的溫泉眾多,因此充分發揮地熱的醫療作用,發展溫泉療養行業是大有可為的。

二、世界各國地熱能利用進展

地熱資源是蘊涵比較豐富的一種無污染的清潔能源,隨著石油、煤炭等傳統能源逐漸枯竭,地熱資源將成為未來能源的一個重要組成部分。目前國際上有一百多個國家在開發利用地熱資源,並以百分之十二的速度遞增，能源專家普遍預計到二一〇〇年地熱利用將在世界能源總值中佔百分之三十～百分之四十。

在全球石油和天然氣公司中，美國雪佛龍公司堪稱是最大的可再生能源生產商，該公司主要從地熱能中生產一千一百五十二兆瓦可再生能量。

地熱能正在世界一些國家得到更多的應用。

以冰島為例，其地熱能源佔整個能源利用總量的百分之五十五，地熱水供暖面積佔總供暖面積的百分之九十。由於地熱取代了大部分燃油和燃煤，冰島首都雷克雅未克的二氧化碳排放量由一九六〇年的二十七萬噸減至二〇〇〇年的三千噸。地熱開發帶來的清潔空氣使冰島成為聯合國命名的三個最適合人類居住的國家之一。

由於印尼的地理位置特殊，其地熱資源豐富，火山大國印尼擁有全球四成的地熱能源。在國際社會普遍感受到能源危機威脅之際，印尼政府和科學研究機構正在探索發展其他替代能源的可能性，其中包括重視地熱能源的開發利用。印尼地熱能源豐富，其潛力預計為二・七一四萬兆瓦，約佔世界地熱總潛力的百分之四十。但迄今印尼的地熱能源開發利用還十分有限，二〇〇六年地熱發電八五七兆瓦，僅佔地熱總潛力的百分之三。目前，印尼政府計畫在建立小型示範工程和提高科技水準的基礎上，加快地熱的開發利用。印尼礦物與能源部制定的地熱能源開發利用規劃中明確規定：至二〇二〇年，地熱發電的最終指標為六千兆瓦

紐西蘭於二〇〇六年底決定投資二・七五億美元建設九十兆瓦的地熱發電裝置，計畫於二年後建成。**Ormat** 技術公司與 **Top** 能源公司的子公司 **Ngawha** 發電公司於二〇〇七年初簽署合約，在紐西

蘭 Ngawha 將建設新的地熱發電廠。

俄羅斯薩哈林州國後島上地熱發電站於二〇〇七年初全面開通，這個電站靠活火山——門捷列夫火山的「免費」熱能發電。

日本伊藤忠商社、印尼石油天然氣公司（MEDCO）和奧瑪特科技公司三家企業將在印尼蘇門答臘島北部聯手投資六億美元建設全球最大地熱發電站。伊藤忠商社等三家公司將在北蘇門答臘省依次建設三座地熱發電站，總發電能力約為三十三萬千瓦，第一座發電站將於二〇〇七年開工，二〇〇九年完工。

亞美尼亞將從世界銀行獲得三百萬美元援助款用於亞地熱資源潛力的開發研究。計畫中的亞美尼亞第一個地熱電站預計發電能力達到二十五兆瓦。

一九九九年，美國使用地熱電站節省了近六千萬桶石油。同一年，地熱發電已達兩千兩百兆瓦。

美國對地熱發電廠的熱情再起，並在一些地區籌建新廠。美國地熱公司（US. Geothermal Inc.）準備在愛達荷州的 Raft 河地區建造一個十三兆瓦的地熱發電廠。內華達州地熱電廠公司也準備在俄勒岡州建造第一座地熱發電廠。這家公司在俄勒岡州中南部地區調查地熱資源的結果表明，利用這裏的地熱資源發電可以生產四十兆瓦的電力，最高可達六十兆瓦。西北地熱公司（Northwest Geothermal Company）也已把視線聚集到俄勒岡州。這家公司正準備在俄勒岡州以南二十五公里處的 Newberry 火山西側建造一個一百二十兆瓦的地熱電廠。

三、中國地熱能利用位於世界前列

據中國國土資源部公布的《二〇〇五年度中國地質環境公報》報導，中國年利用地熱能一百零七・七九億千瓦・時，居世界第一位。截至二〇〇六年四月，全國經正式勘查並經國土資源儲量行政主管部門審批的地熱田為一百零三處，提交的可採地熱資源量每年為三萬三千兩百八十三萬立方米；經初步評估的地熱田兩百一十四個，地熱可採資源量每年約五億立方米。按目前的開發利用水準估算，全國每年可開發利用的地下熱水資源總量約六十七・一七億立方米，所含熱量為969.28×101焦耳（折合為三千二百八十三・四萬噸標準煤的發熱量。）中國地熱開採利用量以每年近百分之十的速度增長，但地熱在能源結構中佔的比例還很小，不足百分之〇・五，地熱發電也僅佔世界地熱發電的百分之〇・三五。大力開發和有效利用地熱資源已成為中國當前能源問題形式下一個新的命題。

中國已發現的地熱區有三千兩百多處，其中可用以發電的高溫地熱有兩百五十五處。初步估計，中國地熱可採儲量約相當於四千六百二十六・五億噸標準煤。近幾年中國地熱開採利用量每年以百分之七的速度增長。截至二〇〇五年，中國直接利用地熱資源的熱能為一萬兩千六百零四・六吉瓦・時，居世界第一。

中國利用地熱資源的方式主要是高溫地熱發電和中低溫地熱直接利用。現在中國西藏已建成三座地熱電站，全國總裝機容量二十九兆瓦。在華北、東北、西北地方，北京、天津、西安、鞍山、等大中城市的地熱採暖已取得良好的經濟效益和環境效益。此外地熱溫室、地熱養殖、地熱灌溉等農業利用地熱資源也在迅速發展。地熱資源還普遍應用於醫療保健、娛樂和旅遊。

中國一貫致力於地熱資源的開發和利用，二〇〇六年開始實施的《可再生能源法》將其確定為和風能、太陽能等並列的可再生能源之一。近十年來，中國地熱能源利用約每年增長百分之十。目前，中國已施工的地熱井近兩千五百眼，深度從數百公尺到四千公尺，每年開發地熱水總量估計在五億立方米左右，地熱能的利用相當於五百萬噸標準煤的發熱量。

天津市蘊藏著豐富的地熱資源，是中國開發利用地熱能最早的地區之一。地熱應用方式多樣，地熱供熱，供熱面積八百零四萬立方米。佔全國地熱供熱面積的百分之七十七；地熱溫泉提供生活熱水；利用地熱水開發康樂項目；利用地熱水開發生產礦泉水；將地熱水用於工業生產，如鍋爐、洗滌、印染、空調等，利用地熱水進行水產養殖，利用地熱進行蔬菜種植。

經過山東省地礦局四十多年的勘查證實，全省十七個城市均賦存有地熱資源，主要儲存在地下三千米以淺深度內，水溫一般在攝氏四十～一百度之間。據初步估算，全省可利用地熱資源量相當於一百五十億噸標準煤所燃燒的熱量，約為山東省煤炭資源保有儲量的四倍，若進行產業化開發，潛在的經濟效益每年可達八百億元以上。可以解決數萬人的就業問題，其潛在經濟、社會和生態環境效益巨大。

山東省將加快地熱資源利用。中國第一個地熱鑽孔於二〇〇六年九月初在山東省日照開發區開鑽。完成這一地熱鑽孔，將進一步查明該地區地熱成熱條件，對於已探明和開發利用日照地熱資源具有重要意義。

中國溫泉之鄉河北省雄縣積極開發利用地熱資源進行城區集中供暖，減少燃煤消耗及其造成的大氣和環境污染，建設華北地區第一個縣級無煙城，這一項目已進入實施階段。到二〇一五年城區全部實現地熱採暖，建設成為無煙城。

華北油田地熱資源開發與利用示範工程於二〇〇六年六月初啟動。地處京津冀地區的華北油田地熱資源十分豐富。二十世紀八〇年代，中科院地質所編制了含油區的地溫梯度圖，區內地溫異常高、低相間，呈帶狀展布特點非常明顯。隨著近年來冀中古潛山油氣田大多進入高含水期，原油可採儲量採出程度達到百分之九十，綜合含水率達到百分之九十五以上。開發地熱資源既是能源接替的需要也是產業接替的需要，成為老油田可持續發展的現實選擇，前景十分廣闊。華北油田地熱資源示範工程將首先在三個方面開展地熱開發與利用。一是發電，將熱能轉化成電能，並進入華北電網。二是在油區範圍內，為油田集輸提供熱能，降本降耗。三是為城鎮、社區居民供暖。

二〇〇二年，由中科院廣州能源所研製的中國第一套實用型地熱製冷空調和採暖系統在五華縣投入運行。該系統建在五華熱礦泥山莊中，以攝氏七十度左右的地熱水為熱源，製取攝氏九度的冷凍水，用於熱礦泥山莊咖啡廳和休息室的空調。該系統的設計充分考慮了地熱與太陽能資源的利用。系統主要以地熱水做熱源，通過換熱器與空氣做熱交換，將冷空氣加熱成熱空氣，用熱空氣乾燥農副產品，從而達到利用地熱加熱乾燥農副產品的目的；該系統每天可以烘乾五百公斤農副產品。

廣州能源所完成的該項目的創新點在於：一是建成了國內第一套實用型的一百千瓦的地熱製冷空調系統，採用攝氏六十五～七十五度的地熱水作為熱源，夏季向室內提供攝氏九度的冷凍水，冬季向室內提供暖氣，各項技術指標均達到了設計要求，為國內領先水準；二是研製了一套地熱及太陽能聯合乾燥裝置，每日乾燥農副產品五百公斤；三是引種了適合於旅遊區的觀賞性植物，並用地熱尾水養殖相應的魚類。熱水型兩級吸收式製冷機為國內首創，已獲得發明專利，達到國際先進水準；熱水型吸收式製冷機應用於太陽能和地熱能製冷為國內領先水準；小功率吸收式製冷機產品填補了國內空白。

六、海洋能

海洋能指依附在海水中的可再生能源，海洋通過各種物理過程接收、儲存和散發能量，這些能量以潮汐、波浪、溫度差、鹽度梯度、海流等形式存在於海洋之中。

海洋能是一種取之不盡、用之不竭的可再生能源，而且開發海洋能不會產生廢水、廢氣，也不會佔用大片良田，更沒有輻射污染。因此，海洋能被稱為二十一世紀的綠色能源，被許多能源專家看好。許多國家紛紛加快了對海洋能的開發利用研究。

目前，隨著人類科技水準的日益提高，向大海要能源已變得越來越切實可行。海洋能開發和綜合利用已取得明顯效益，其規模不斷擴大，已達到或接近商業化應用階段，新的海洋能源產業正在形成和興起。

一、海洋能的主要能量形式概述

1. 潮汐能

因月球引力的變化引起潮汐現象，潮汐導致海水平面週期性地升降，因海水漲落及潮水流動所產生的能量成為潮汐能。

潮汐與潮流能來源於月球、太陽引力，其他海洋能均來源於太陽輻射，海洋面積佔地球總面積的百分之七十一，太陽到達地球的能量，大部分落在海洋上空和海水中，部分轉化成各種形式的海洋能。

潮汐能的主要利用方式為發電，目前世界上最大的潮汐電站是法國的朗斯潮汐電站，中國的江夏潮汐實驗電站為中國最大。

2. 波浪能

波浪能是指海洋表面波浪所具有的動能和勢能，是一種在風的作用下產生的，並以位能和動能的形式由短週期波儲存的機械能。波浪的能量與波高的平方、波浪的運動週期以及迎波面的寬度成正比。波浪能是海洋能源中能量最不穩定的一種能源。

波浪發電是波浪能利用的主要方式，此外，波浪能還可以用於抽水、供熱、海水淡化以及製氫等。

3. 海水溫差能

海水溫差能是指涵養表層海水和深層海水之間水溫差的熱能，是海洋能的一種重要形式。低緯度的海面水溫較高，與深層冷水存在溫度差，而儲存著溫差熱能，其能量與溫差的大小和水量成正比。

溫差能的主要利用方式為發電，首次提出利用海水溫差發電設想的是法國物理學家阿松瓦爾，一九二六年，阿松瓦爾的學生克勞德試驗成功海水溫差發電。一九三〇年，克勞德在古巴海濱建造了世界上第一座海水溫差發電站，獲得了十千瓦的功率。

溫差能利用的最大困難是溫差大小，能量密度低，其效率僅有百分之三左右，而且換熱面積大，建設費用高，目前各國仍在積極探索中。

4. 鹽差能

鹽差能是指海水和淡水之間或兩種含鹽濃度不同的海水之間的化學電位差能，是以化學能形態出現的海洋能。主要存在與河海交接處。同時，淡水豐富地區的鹽湖和地下鹽礦也可以利用鹽差能。鹽差能是海洋能中能量密度最大的一種可再生能源。

據估計，世界各河口區的鹽差能達30TW，可能利用的有2.6TW。中國的鹽差能估計為1.1×10^8kW，主要集中在各大江河的出海處，同時，中國青海省等地還有不少內陸鹽湖可以利用。鹽差能的研究以美國、以色列的研究為先，中國、瑞典和日本等也開展了一些研究。但總體上，對鹽差能這種新能源的研究還處於實驗室實驗水準，離示範應用還有較長的距離。

5. 海流能

海流能是指海水流動的動能，主要是指海底水道和海峽中較為穩定的流動以及由於潮汐導致的有規律的海水流動所產生的能量，是另一種以動能形態出現的海洋能。

海流能的利用方式主要是發電，其原理和風力發電相似。全世界海流能的理論估算值約為10^8kW量級。利用中國沿海一百三十個水道、航門的各種觀測及分析資料，計算統計獲得中國沿海海流能的年平均功率理論值約為$1.4\text{X}10^7$kW。屬於世界上功率密度最大的地區之一，其中遼寧、山東、浙江、福建的海流能較為豐富，不少水道的能量密度為15~30kW/m^2，具有良好的開發值。特別是浙江的舟山群島的金塘、龜山和西候門水道，平均功率密度在20kW/m^2以上，開發環境和條件很好。

二、中國研發步伐加快

中國海洋能開發已有近四十年的歷史，迄今已建成潮汐電站八座。中國波力發電技術研究始於二十世紀七〇年代，八〇年代以來獲得較快發展，航標燈浮用微型潮汐發電裝置，現已生產數百台，在沿海海域航標和大型燈船上推廣應用。與日本合作研製的後彎管型浮標發電裝置，已向國外出口，該技術屬國際領先水準。在珠江口大萬山島上研建的岸邊固定式波力電站，第一台裝機容量三千瓦的裝置，一九九〇年已發電成功。總裝機容量二十千瓦的岸式波力試驗電站和八千瓦擺式波力試驗電站，均已試建成功。二〇〇五年一月，廣州能源所研製的波浪能獨立發電系統第一次實海況試驗獲得成功。從試驗來看，波浪能獨立發電系統在抗衝擊、穩定發電、小浪發電等方面已經達到預期效果。發電功率六千瓦，發電穩定度優於柴油機發電系統，達到用戶直接使用的水準。中國潮流發電研究始於二十世紀七〇年代末，首先在舟山海域進行了八千瓦潮流發電機組原理性試驗。八〇年代進行立軸自調直葉水輪機潮流發電裝置試驗研究，並採用此原理進行七十千瓦潮流試驗電站的研究工作，在舟山海域的站址已經選定。中國已開始研建實體電站，在國際上居領先地位，但尚有一系列技術問題有待解決。

世界首座波浪能電站二〇〇五年底在廣東汕尾投產。據悉，這是世界上首座獨立穩定發電波浪能系統，通過該系統，人類第一次實現了將波浪能轉換為穩定的電能。預計每年可以發電七萬千瓦·時。

二〇〇七年初，義大利阿基米德橋公司和中國哈爾濱工程大學簽署協定，雙方將建立合營企業，依靠阿基米德橋公司的技術和研究成果，製造一套依靠海洋流發電的水輪機平臺樣機。哈爾濱工程大學將為這一項目提供合作和技術研究方面的支援。

三、海洋能的利用現狀與前景展望

全球海洋能的可再生量很大。根據聯合國教科文組織一九八一年出版物的估計數字，五種海洋能理論上可再生的總量為七百六十六億千瓦。其中溫差能為四百億千瓦，鹽差能為三百億千瓦，潮汐和波浪能各為三十億千瓦，海流能為六億千瓦。但如上所述是難以實現把上述全部能量取出，設想只能利用較強的海流、潮汐和波浪；利用大降雨量地域的鹽度差，而溫差利用則受熱機卡諾效率的限制。因此，估計技術上允許利用功率為六十四億千瓦，其中鹽差能三十億千瓦，溫差能二十億千瓦，波浪能十億千瓦，海流能三億千瓦，潮汐能一億千瓦（估計數字）。

海洋能的強度較常規能源為低。海水溫差小，海面與五百～一千公尺深層水之間的較大溫差僅為攝氏二十度左右；潮汐、波浪水位差小，較大潮差僅七～十公尺，較大波高僅三米；潮流、海流速度小，較大流速僅四～七節。即使這樣，在可再生能源中，海洋能仍具有可觀的能流密度。以波浪能為例，每公尺海岸線平均波功率在最豐富的海域是五十千瓦，一般的有五～六千瓦；後者相當於太陽能流密度一千瓦／平方米）。又如潮流能，最高流速為三米／秒的舟山群島潮流，在一個潮流週期的平均潮流功率達四．五千瓦／平方公尺。海洋能作為自然能源是隨時變化著的。但海洋是個龐大的蓄能庫，將太陽能以及派生的風能等以熱能、機械能等形式蓄在海水裏，不像在陸地和空中那樣容易散失。海水溫差、鹽度差和海流都是較穩定的，二十四小時不間斷，晝夜波動小，只稍有季節性的變化。潮汐、潮流則作恆定的週期性變化，對大潮、小潮、漲潮、落潮、潮位、潮速、方向都可以準確預測。海浪是海洋中最不穩定的，有季節性、週期性，而且相鄰週期也是變化的。但海浪是風浪和湧浪的總和，而湧浪源自遼闊海域持續時日的風能，不像當地太陽和風那樣容易驟起驟止和受局部氣象的影響。

七、核能

核能發電利用鈾燃料進行核分裂連鎖反應所產生的熱，將水加熱成高溫高壓，核反應所放出的熱量較燃燒化石燃料所放出的能量要高很多（相差約百萬倍），比較起來所以需要的燃料體積比火力電廠少相當多。核能發電所使用的的鈾235純度只約佔百分之三~四，其餘皆為無法產生核分裂的鈾238。

世界上有比較豐富的核資源，核燃料有鈾、釷氘、鋰、硼等等，世界上鈾的儲量約為四百一十七萬噸。地球上可供開發的核燃料資源，可提供的能量是礦石燃料的十多萬倍。核能應用作為緩和世界能源危機的一種經濟有效的措施有許多的優點：

一核燃料具有許多優點，如體積小而能量大，核能比化學能大幾百萬倍；一千克鈾釋放的能量相當於二千四百噸標準煤釋放的能量；一座一百萬千瓦的大型燒煤電站，每年需原煤三百~四百萬噸，運這些煤需要二千七百六十列火車，相當於每天八列火車，還要運走四千萬噸灰渣。同功率的壓水堆核電站，一年僅耗鈾含量為百分之三的低濃縮鈾燃料二十八噸；每一磅鈾的成本，約為二十美元，換算成一千瓦發電經費是〇．〇〇一美元左右，這和目前的傳統發電成本比較，便宜許多；而且，由於核燃料的運輸量小，所以核電站就可建在最需要的工業區附近。核電站的基本建設投資一般是同等火電站的一倍半到兩倍，不過它的核燃料費用卻要比煤便宜得多，運行維修費用也比火電站少，如果掌握了核聚變反應技術，使用海水作燃料，則更是取之不盡，用之方便。

二是污染少。火電站不斷地向大氣裏排放二氧化硫和氧化氮等有害物質，同時煤裏的少量鈾、鈦和鐳等放射性物質，也會隨著煙塵飄落到火電站的周圍，污染環境。而核電站設置了層層屏障，基本上不排放污染環境的物質，就是放射性污染也比燒煤電站少得多。據統計，核電站正常運行的時候，一年給居民帶來的放射性影響，還不到一次X光透視所受的劑量。

三是安全性強。從第一座核電站建成以來，全世界投入運行的核電站達四百多座，三十多年來基本上是安全正常的。雖然有一九七九年美國三里島壓水堆核電站事故和一九八六年蘇聯切爾諾貝利石墨沸水堆核電站事故，但這兩次事故都是由於人為因素造成的。隨著壓水堆的進一步改進，核電站有可能會變得更加安全。

一、世界核能發電現狀

世界受石油和天然氣價格上漲和廢氣排放的壓力越大，核能就越具有誘惑力。截至二〇〇五年底，全球正在運行的核動力堆總數達到四百四十三個，核發電量約佔世界發電總量的百分之十六。這一百分比自一九八六年以來保持穩定，表明近二十年來的世界核電發展一直與全球電力市場的穩定增長保持同步。

隨著石油價格的持續上漲和電力需求的日益增長，為了降低發電成本和更好地保護環境，核能發電再次引起各國的興趣。全球最大的核電巨頭阿爾琺公司（AREVA）預測，在未來二十五年中，全球將興建九十座至三百座一千六百兆瓦的反應堆，迎來核電站建設的新的高峰期。國際能源機構預計，二〇三〇年世界對電力的需求將在現有基礎上翻一番，全世界用於新建核電站的總投資將超過二千億美元。

目前主要有三個國家擬擴大核電站建設：中國擬新建六十八個核反應爐，總電功率達五十三千兆瓦，大體相當於目前核電巨頭法國的總運行電量，印度也想建三十三座核反應爐，總功率約十六千兆瓦，俄羅斯則為了節約其珍貴的石油和天然氣資源的國內消耗而將其用於出口，正計畫新建功率為三十四千兆瓦的三十一座核反應爐，歐洲和美國也在躍躍欲試，芬蘭和法國準備利用法德合作開發的歐洲壓水反應堆（EPR）來建造當今最先進的核電站，波羅的海三國決定合作共建新核電站；美國政府準備將其核電生產量擴大三分之一；英國又開始熱議核電站問題，唯有德國想停用核電站。

能源短缺和環境惡化是二十一世紀人類社會面臨的兩大問題。目前作為主要能源的石油、煤、天然氣的探明儲量有限；可再生能源，如太陽能、生物能、風能、水電等可裝機容量也有限，並且受到地域的限制，只能作為能源的部分補充。而且，石油、煤燃燒排放的廢氣對環境產生嚴重污染，已經使人類生存條件日益惡化。而聚變能是無污染、無長壽命放射性核廢料、資源無限的理想能源。受控熱核聚變能的大規模實現將從根本上解決人類社會的能源問題。據介紹，聚變能給人類創造能源在科學可行性上已經得到證實。原子核產生聚變反應的條件是非常苛刻的，必須在一億度以上的高溫下才能實現「受控熱核聚變」。中國現在的裝置只能達到一千萬度，加上各種輔助加熱可達到幾千萬度的水準。相信在本世紀五〇年代，便可實現把聚變能轉化為電能輸送到千家萬戶。

那時，人們將不再會為能源危機擔憂。

包括中國在內的參加國際熱核聚變實驗反應堆（International Thermonuclear Experimental Reactor，下稱「ITER」）計畫的七方代表於二〇〇六年十一月二十一日在法國巴黎簽署聯合實驗協定及相關檔，全面啟動了這一人類開發新能源的宏偉計畫。這七方代表分別來自歐盟、美國、中國、日本、印度、俄羅斯、韓國，涉及三十多個國家。這些國家將聯手建設一個世界最先進的熱核聚變反應堆，期望憑藉這一實驗性質的項目，探索在石油、煤炭資源枯竭的將來為人類提供廉價、充足能源的途徑。ITER計畫也被稱為「人造太陽」計畫，預計耗資一百億歐元，歐盟出資百分之四十，其他參與國各百分之十。這個反應堆將建在法國南部城市馬賽附近的卡達拉希。與現有的核裂變反應堆不同，ITER將採取核聚變的方式來產生能量。這一方式與太陽能的產生方式類似。ITER採用海水為原料，在上億攝氏度的超高溫條件下，利用氫的同位素氘、氚的聚變反應釋放出核能。

ITER將於二〇一六年前建成。首座核聚變發電廠預計二〇三〇年建設，地點很可能是日本。核能專家認為，到本世紀末核聚變發電將佔人類所需電力很大一部分，認為它是環境友好、取之不盡的電力源泉。

二、世界各國核能發電建設進展

歐洲三分之一的電力來自核能。西班牙現有核電站九座（前不久關閉了其中的一座），發電量達五兆七千五百九十四．七四億千瓦，佔全國電力總量的百分之十九．七。西班牙核電站可利用係數為百分之八十四．三二，是世界上最高的利用係數之一。核發電避免了向大氣排放二氧化碳五千萬噸，這個數字相當於西班牙全部汽車尾氣排放量的百分之七十五。每年為西班牙節省進口石油和天然氣費用二十五億歐元。西班牙國家能源委員會準備將核能的發電比例提高到佔發電總量的百分之三十。在歐洲建一座核電站的週期為七年（頭兩年辦手續，後五年為施工期），每兆瓦．時需投資兩千歐元。目前法國和芬蘭各計畫建造一座發電能力為1600MW的核電站，法國的預算為三十四億歐元，芬蘭預算為三十億歐元。

法國電力公司的報告顯示，二〇〇五年核電已佔法國總發電量的百分之八十五，充足的電力不僅滿足了國內的需求，還可向歐洲鄰國出口。二十世紀七〇年代，西方石油危機造成油價猛漲。一九七六年，法國政府作出大規模發展核電的決定。通過發展核電，法國的能源自主率從一九七三年的百分之二十二．七提高到了目前的百分之五十。法國因此每年減少石油進口八千八百萬噸，節約二百四十億歐元。法國現有五十四台核電機組，政府目前正考慮更換這些機組中的核反應爐，並考慮以第三代反應堆——歐洲壓水反應堆替代現有反應堆。

歐盟委員會於二〇〇六年十一月初宣佈，批准法國在北部地方建造一座核電站，並發給法國政府同意投資壓水式反應堆（下面簡稱EPR）核電站項目的意見，該核電站的發電容量為1630MW。EPR的設計早於二十世紀九〇年代就開始由德國的西門子公司和法國法瑪通核能公司合作進行，後者是法國 Areva（原法國 Alstom 阿爾斯通）的一個分公司。EPR項目的目標是核電設施的安全性、環保性和經濟性都能達到最高的級別，同時，還能比當前法國已經投入運營的核反應爐節省百分之十七的燃料。新核電站的預計服役年限為六十年，新反應堆首先將用於升級那些老反應堆。其境內的反應堆設計標準分別為九百兆瓦、一千三百兆瓦和一千四百五十兆瓦。這些核電站的工程十分浩大，早於三十年前的石油危機後就開始建造這些項目，而它們的預計使用壽命大約為四十年。為此，法國政府已經準備為它們找好「接班人」。新核電站工程將於二〇〇七年初開始，整個項目耗資預計將達到三十三億歐元。

英國政府公布的能源報告中建議，英國應在未來三四十年內建設六座新一代核電站，以減少二氧化碳排放，降低英國對進口能源的依賴。

俄羅斯計畫在二〇三〇年前，每年建造兩台核發電機組。據介紹，目前俄有十座核電站，共有三十一台核發電機組，但核發電量只佔全國總發電量的百分之十六。普京總統要求在二〇三〇年前使這一比例達到百分之二十五。俄專家認為，這一目標是可行的。預計到二〇二〇年，俄核發電量將在全國總發電量中佔百分之二十二。俄專家認為，如果實施俄聯邦原子能署的核能發展計畫，到二〇一〇年俄可每年節省七百億立方米天然氣；到二〇二〇年可以每年節省一千零五十億立方米天然氣；而到二〇三〇年每年可節省一千五百億立方米天然氣。這將有助於俄實施旨在減少全球溫室氣體排放的《京都議定書》，並改善本國的生態環境。

「俄羅斯原子能」康采恩表示，已考慮二〇〇九年同時在十處建設新的核發電機組。

俄羅斯原子能工業公司與俄羅斯北方工業公司簽署協議，決定從二〇〇七年開始建設世界第一座水上漂式核電站。此水上漂式核電站裝機總量為七萬千瓦，船體長一百四十四公尺，寬三十公尺，排水量為二．一萬噸，總投資超過九十億盧布，據悉，此站預計二〇〇七年開工建設，並於二〇一〇年建成投產。據悉，亞太地區的一些國家已經有意向俄羅斯訂購這種新型核電站。

烏克蘭政府將提出一項「烏克蘭國家能源戰略」，以大力發展核電能源。烏克蘭境內現有五座核電站，保證全國所需電力的二分之一。烏克蘭未來幾年打算把核電的能源消費比例提高到三分之二。目前烏克蘭的核廢料需要運到俄羅斯保存，為此每年需向俄羅斯支付一・二億美元的費用。因此，烏克蘭需要建立自己的核廢料儲藏庫，這樣可以使處理核廢料的支出降到每年一千五百萬至二千五百萬美元。

據美國能源情報委員會（EIA）發布的二〇〇七年度能源展望報告，預計美國通過現有裝置改造和新增能力，核能發電能力將增加到二〇三〇年十一萬二千六百兆瓦，總的核能發電量將從二〇〇五年七千八百億千瓦・時增加到二〇三〇年八千九百六十千瓦・時。但儘管增加，核能發電佔美國總發電量比例仍將從二〇〇五年百分之二十下降至二〇三〇年百分之十五。

美國電力巨頭杜克電力公司和亞特蘭大的南方公司宣布，在南卡羅來那州為即將建設的一個核電站選擇了位置。這將是三十多年來美國首次新建的核電站之一。

加拿大安大略省能源部宣布，未來十年將投資四百億加元擴建核電站。目前，安省已擁有二十個核反應爐。

由於經濟快速增長，亞洲正大力發展核能，以滿足其對能源的巨大需求。韓國是世界第二大煤炭進口國和第三大石油進口國，它百分之四十的電力供應依賴於核反應爐，韓國表示要在二〇三五年前將這一比例增加到百分之六十。日本三分之一的電力依賴核電廠，該國計畫在二〇五〇年前將其核發電能力提高一倍。印度打算在二〇二〇年前再建三十一個核電廠，將核發電能力從不足三千兆瓦增加到二萬兆瓦。據稱，亞洲正在建十八個反應堆，約佔世界在建反應堆總數的百分之七十，另有七十七個反應堆正在籌建或擬建。

印度從二十世紀七〇年代開始就把發展核電作為保障能源獨立的重要突破口。目前，印度一共有十四座民用核電站，核電裝機容量基本上以每年一千兆瓦的速度快速增加，到二〇〇八年，正在建造中的八座核電站將初步竣工投產。根據印度原子能委員會主席卡科德卡的一份報告稱，印度將致力於實現二〇二〇年核電生產達到二萬兆瓦、裝機容量佔全國發電量百分之二十五的遠景目標。印度非常注重發展自主核能技術，在核能研發與利用領域在第三世界中位居前列，除了個別核電站是當年美國和加拿大援建的外，絕大部分都是印度自行設計建造的。

世界上還有很多國家也在籌備建設新的核電站。

三、中國核能發電現狀和進展

中國、俄羅斯等國在和平利用核能方面是目前世界上最具核電發展潛力的國家。中國核電經過二十多年的發展，目前形成了浙江秦山、廣東大亞灣和江蘇田灣三個核電基地。截至二〇〇五年底，共有十一台核電機組已投入商業運行或即將投運，裝機容量約八百七十萬千瓦，佔全國電力裝機總容量的百分之二左右。

中國已建和在建的有十九座核電站，總裝機容量約一千六百萬千瓦。截至二〇〇六年，國內已建成投產的核電總裝機容量為八百七十萬千瓦，這其中廣東就有四百萬千瓦。中國廣東核電集團已擁有大亞灣核電站和嶺澳核電站（一期）兩座大型核電站。

大亞灣核電站是國內首座大型商用核電站，在一九九四年五月六日全面建成投大商業運行，擁有兩台裝機容量為九十八·四萬千瓦的壓水堆核電機組；年發電能力近一百五十億千瓦時，百分之七十銷往香港，百分之三十銷往廣東。嶺澳核電站一期以大亞灣核電站為參照，對其中五十二項重要技術進行改進，擁有兩台裝機容量為九十九萬千瓦的壓水堆核電機組，於二〇〇三年一月八日提前六十六天全面建成投產，節省投資三·八一億美元，比國家批准的預算節約近百分之十。國際原子能機構對此評價：「嶺澳核電站一期的大部分指標都可以與新國際安全標準媲美；其業績將成為全球核工業界極有價值的參照。」

大亞灣核電站和嶺澳核電站一期建成投產，標誌著中國自主建設、自主運營核電站的目標得以實現。同時，在工程設計和製造方面，實現了部分自主化，取得了關鍵技術的重大突破，為加速提升國內核電自主能力奠定了重要基礎。截至二〇〇六年七月底，兩電站已累計發電二千二百七十五億千瓦。嶺澳一期國產化率百分之三十，嶺澳二期國產化率將達百分之七十。

中國單機容量最大的核電站田灣核電站一號機組二〇〇七年一月實現全面發電，二號機組也於八月啟用，田灣核電站一期工程已正式完工。田灣核電站位於江蘇省連雲港市，是中俄兩國最大的技術經濟合作項目之一，由中國核工業集團公司控股建設，俄羅斯核電建設出口股份公司是俄方總承包商。田灣一期工程於一九九九年十月二十日正式開工，建設二台單機容量一百零六萬億千瓦的俄羅斯AES-91型壓水堆核電機組，設計壽命四十年，年發電量達一百四十億千瓦·時。總投資約兩百六十五·二七億元人民幣。田灣核電站成功實現併網發電，將使中國核電裝機總容量將提高百分之三十。兩台機組全部投入商業運行後，將為華東電網新增二百一十二萬千瓦的發電能力。

山東海陽核電站首期工程於二〇〇六年底開工，此工程總投資達六百億元。據介紹，海陽核電工程位於海陽市東南部海邊，前期準備工作已完成，計畫二〇一〇年首期工程兩台機組併網發電。該項目的配套工程——抽水蓄能電站工程，也將與核電站一期工程同時開工建設。據了解，海陽核電站建成後每年將提供六百萬千瓦電能，是中國最大的核能發電項目。海陽核電站項目是經過國家發改委批准、由中國電力投資集團（中電投）控股建設的核電項目。工程分三期實施，一期將建設兩台一百萬千瓦級核電機組。該項目可行性研究報告顯示，海陽核電站的規劃容量為六百萬千瓦級核電機組，並留有擴建餘地，總裝機容量八百七十萬千瓦，發電機組全部投產後，年發電量接近三峽電站發電量的百分之九十。一期工程投資兩百五十億元，規劃建設兩台百萬千瓦級核電機組。

一期工程建設為兩台百萬級核電機組的中國山東乳山紅石頂核電站前期工作啟動，據悉，山東省紅石頂核電位於乳山市海陽所鎮，該廠址地質條件穩定，無災害性天氣，附近人口密度較低，離輸電負荷中心近，有較好的淡水資源，海水取排水方便，是較為理想的核電廠址。工程總體規劃建設六台百萬級核電機組，一期工程建設兩台百萬級核電機組，二〇〇六年進行前期工程準備工作，「十一五」末具備開工條件，爭取在「十二五」末投產發電。

福建寧德核電一期前期工程於二〇〇六年九月初已由國家發改委正式批准開工，該電站是福建省第一個獲准開展前期工程的核電站。福建寧德市位於福建省東北沿海，山海兼備，寧德核電項目位於寧德市轄福鼎市秦嶼鎮備灣村，規劃建設六台百萬千瓦級核電機組，分兩到三期建設，首期計畫建設兩台百萬千瓦級壓水堆核電機組，由福建寧德核電有限負責建設和運營，預計二〇一二年年左右建成投入商業運行。福建寧德核電有限公司由中國廣東核電集團有限公司和中國大唐集團公司分別以百分之五十一和百分之四十九股比例投資組建。

四川首家核電站項目通過初步可研評審，站址選定在南充市蓬安縣三壩鄉。核電站擬建四台設計能力分別為一百萬千瓦的機組，總投資四百多億元。四川選址南充蓬安三壩鄉的四川核電站修建工作取得進展，中國廣東核電集團將承擔該核電站的修建工作，二〇一〇年，主體工程力爭開工，預計二〇一四年核電站投入使用。

快堆核電站有可能在三十年後進入中國核電市場。中國將爭取在二〇三五年前後使快堆核能系統達到商用水準而開始進入核能市場，並在二〇五〇年以後得到穩步發展並逐步成為核能主力。核裂變能的可持續發展依賴於鈾資源的充分利用和核廢物的最少化。目前世界上正在運行的熱堆核電站，其鈾資源的利用率不到百分之一。只有在快堆中多次循環，將大部分鈾238燃燒掉，才能使鈾資源利用率提高六十倍左右，實現鈾資源利用的最優化。

八、氫能

煤炭石油等礦物燃料的廣泛使用，已對全球環境造成嚴重污染，甚至對人類自身的生存造成威脅。同時礦物燃料的存量，是一個有限量，也會隨著過度開採而枯竭。因此，當前在設法降低現有常規能源（如煤、石油等）造成污染環境的同時，清潔能源的開發與應用是大勢所趨。氫能是理想的清潔能源之一，已廣泛引起人們的重視。

氫不僅是一種清潔能源而且也是一種優良的能源載體，具有可儲的特性。儲能是合理利用能量的一種方式。太陽能、風能分散間歇發電裝置及電網負荷的峰谷差或有大量廉價電能都可以轉化為氫能儲存，供需要時再使用，這種儲能方式分散靈活。氫能也具有可輸的特性，如在一定條件下將電能轉化為氫能，輸氫較輸電有一定的優越性。科學家認為，氫能在二十一世紀能源舞臺上將成為一種舉足輕重的能源。

一、氫能的開發與利用

1. 氫能利用前景

進入二十一世紀，隨著全球經濟快速發展，能源需求與日俱增，石油原料日益緊缺。專家預測：「氫能作為一種嶄新的能源，將起到越來越大的作用」，「利用氫能，以至替代石油成為一種趨勢」。

如今，世界各國紛紛推出的燃料電池動力車，可用於手提電腦、播放器、手機的小型燃料電池等利用氫能的產品已經非常多。目前歐洲已有二十二座加氫站，而在美國、日本建立的加氫站則更多。美國聯邦政府計畫在二〇〇四～二〇〇八年投入十二億美元用於實施氫能技術研究、開發與示範行動計畫。加拿大於二〇〇四年四月開始實施「氫公路」計畫，其內容是：二〇一〇年前，在溫哥華到二〇一〇年冬奧會主辦城市惠斯勒一百二十公里的公路上建立五個燃料電池車的加氫站，由氫燃料電池車承擔二〇一〇年冬奧會期間溫哥華機場與惠斯勒之間的人員運輸任務。二〇〇三年，歐盟委員會宣布，將在未來五年內投入二十億歐元進行氫相關技術的研究，並制定了歐盟氫能和燃料電池發展路線圖。北歐國家冰島與戴克、殼牌等公司合作，希望在今後三十～四十年的時間內在該國的公共汽車、轎車和漁船上用氫取代石油，從而使該島國成為初步實現氫經濟的國家。日本於一九九三年啟動了一個項目，計畫到二〇二〇年投入三十億美元，構建一個環球能源網路，用於氫能源的有效供給、輸送與利用，將五百萬輛燃料電池車投入市場，近期將建成兩千多個加氫站。

當前，世界著名的汽車廠商，為發展環保型汽車，加緊更新傳統的車用燃料，紛紛決定採用氫能，掀起了一場氫能汽車開發的熱潮。實驗證明，使用氫燃料電池的汽車排放的碳僅為常規內燃機的百分之三十，造成的大氣污染僅為內燃機的百分之五，美國汽車工業協會預測，到二〇〇二年，美國將生產約五十萬～一百萬輛氫能汽車。

發展氫能經濟的好處是可以大量利用包括煤炭、天然氣以及核能等資源進行生產，不需要像石油一樣依賴進口。此外，燃燒氫氣並不像石油、煤炭那樣會產生二氧化碳等物質，水和熱能是氫燃料電池的唯一產物。因此，使用氫氣可以保護環境。但是氫並非單獨存在，它必須從其他物質中被分離出來，而分離氫氣的大筆成本是氫能經濟的最大問題之一，因此降低成本是發展氫能的關鍵。而發展氫能經濟的另一項挑戰是安全問題，因為氫氣五色無味，它的火焰肉眼看不見，其儲運成本高於汽油四倍，而氫的燃燒效率又比石油高一倍，如與傳統汽車相比，燃料電池車能量轉化效率高達百分之六十~八十，是內燃機的二~三倍，所以目前只要將制氫的成本減少一半，就能讓氫動力應用處於經濟性許可的範圍了。研究人員正在努力開發獲得氫能源的理想方法，人類將有能力克服各種經濟與技術難題，最終自由地利用這種清潔能源。

據預測，氫能經濟的到來還需要幾十年的時間，氫能源將在個人消費電器市場、軍事以及太空等領域被廣泛應用。

二、世界氫氣生產和應用進展

世界各國對氫能研究開發的升溫，開始於二十世紀九〇年代燃料電池技術的快速發展。目前，美國、歐盟、日本等都從可持續發展和能源安全的戰略高度，在國家能源戰略層面上制訂了氫能發展的路線圖，並不斷加大對氫能和燃料電池技術研發的投入。

在氫能和燃料電池研發上，歐盟也不斷加大投入。歐盟在二〇〇三年制訂發布了《歐盟氫能路線圖》，計畫在未來五年內投入二十億歐元，用於氫能、燃料電池及燃料電池汽車的研發示範，並創立歐洲氫燃料電池合作組織，實施了「歐洲清潔城市交通項目計畫」，在阿姆斯特丹、巴賽隆納、漢堡、斯圖加特、倫敦、盧森堡、馬德里、斯德哥爾摩、波爾圖等九個城市各安排三輛燃料電池公共汽車試用。目前，歐盟正在啟動有關氫能和燃料電池汽車技術研究的「框架七」計畫。

對新能源開發從不落後的日本，從一九九三年起就開始實施「世界能源網路」計畫，深入研究氫能及其基礎設施技術，希望到二〇二〇年逐步推廣氫能。二〇〇四年，日本在《新產業創新戰略》中將燃料電池列為國家重點推進的七大新興戰略產業之首。據了解，近五年來，日本產業經濟省平均每年投入約二．七億美元用於燃料電池相關項目研究。目前，日本正通過開展燃料電池汽車的標準、規範、法規、認證制訂工作，紮實推進其產業化。

另外，加拿大和巴西也都希望利用廉價水電推廣氫能；人口僅二十八萬的冰島早在一九九九年就提出，到二〇三〇年讓全部機動車和漁船使用氫燃料電池，此外冰島還成立了由汽車製造商和電力公司組成的新能源聯盟，他們計畫在冰島國內建立完全使用氫燃料的系統，並能夠出口氫燃料。

三、中國氫能發展現狀和展望

中國目前已在氫能領域取得了多方面的進展，在不久的將來將成為氫能技術和應用領先的國家之一，也被國際公認為最有可能率先實現氫能燃料電池產業化的國家。

中國對氫能的研究和開發可以追溯到二十世紀七〇年代初。中國科學家為發展航太事業，對作為火箭燃料的液氫及燃料電池進行了大量研發工作。近二十年間，中國將氫作為能源載體和新的能源系統進行了開發。近年來，中國積極推動包括氫能在內的潔淨能源的開發和利用，在氫能領域取得了多方面的進展。中國已初步形成一支由高等院校、中國科學院及石油化工等部門為主的從事氫能研究、開發和利用的專業隊伍。在國家自然科學基金委員會、國家科技部、中國科學院和中國石油天然氣集團公司的支持下，這支隊伍承擔著氫能方面的國家自然科學基金基礎研究項目、國家「863」高技術研究項目、國家重點科技攻關項目及中國科學院重大項目等。科學研究人員在製氫技術、儲氫材料和氫能利用等方面進行了開創性工作，擁有一批氫能領域的知識產權，其中有些已達國際先進水準。

電動汽車是科技部「十五」期間十二個重大科技專項之一。而在整個電動汽車專項中，燃料電池轎車項目備受關注。二〇〇一年底，燃料電池轎車項目落戶上海，由上海汽車集團、同濟大學等十多家企業、高校科研機構聯合攻關。二〇〇三年一月十二日，國內首台燃料電池汽車在上海問世。同年，武漢理工大學和東風汽車廠聯合研製的燃料電池汽車也成功運行。這標誌著中國成為掌握燃料電池汽車技術的少數幾個國家之一。目前，由清華大學開發、歐盟資助的氫能大巴 863 路公交車已經成功地在北京運營；上海同濟大學和上海大眾汽車製造廠已成功開發出十輛氫能小轎車，並且建成了移動式汽車加氫站，正在建設固定式汽車加氫站。北京和上海已經研製出第二代產品氫能源動力車，將在北京二〇〇八年奧運會、上海二〇一〇年世博會期間全面啟用。

雖然氫燃料電池還未市場化，但國際各大公司已紛紛準備搶佔中國市場。通用汽車公司、戴姆勒—克萊斯勒公司、杜邦公司、福特汽車公司等都在中國不同場合召開燃料電池研討會和論壇，培育中國氫能市場。

氫能開發利用首要解決的是廉價的氫源問題。從煤、石油和天然氣等化石燃料中製取氫氣，國內雖已有規模化生產，但從長遠觀點看，這已不符合可持續發展的需要。從非化石燃料中制取氫氣才是正確的途徑。在這方面電解水制氫已具備規模化生產能力，研究降低製氫電耗有關的科學問題，是推廣電解水制氫的關鍵。光解水製氫其能量可取自太陽能，這種製氫方法適用於海水及淡水，資源極為豐富，是一種非常有前途的製氫方法。

氫能的開發與應用研究在中國尚處於起步階段，但隨著技術進步，環境對清潔能源的要求不斷提高，氫能利用是發展的必然趨勢，對氫源供應的要求必將日益增加。在發展過程中，應結合中國情況積極開展擴大氫源、降低價格的研究，以便取得較好的經濟效益和社會效益。

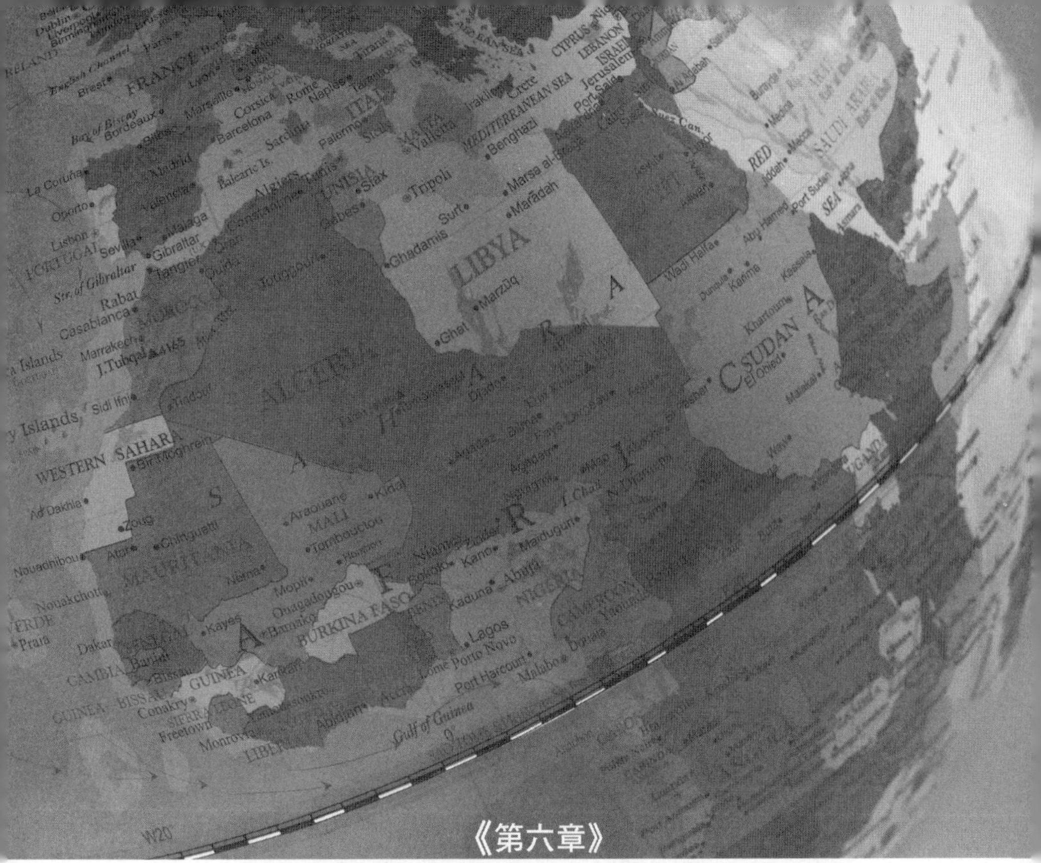

《第六章》

中國能源的近憂與遠慮

PART6

一、點擊高能耗背後的問題

中國是世界上人口最多的國家，能源儲藏豐富，是世界上能源生產大國之一，但中國也是世界上對能源依賴程度最高的國家之一。目前中國終端能源用戶用在能源消費的支出佔國內生產總值的百分之十三，而美國僅為百分之七。從能源利用效率來看，中國八個主要高耗能行業的單位產品能耗平均比世界先進水準高百分之四十七，而這八個行業的能源消費佔工業部門能源消費總量的百分之七十三。按此推算，與國際先進水準相比，中國的工業部門每年多燒掉了約二．三億噸標準煤。

以二〇〇七年上半年為例，中國能源消耗的增長速度要高於同期百分之十．九的經濟增長速度，單位 GDP 能耗不降反升，「能源消耗過多」成為宏觀經濟中的突出問題。一時間中國能否實現單位 GDP 能耗年內下降百分之四的短期目標以及「十一五」期間下降百分之二十的約束性指標，成為社會各界關注的熱點。

為何能耗居高不下呢？癥結究竟何在？

一、節能技術無人投資

現階段，由於中國能源技術落後，導致能源效率明顯偏低。技術節能應該是個基礎工作，我們的結構優化也要靠技術的進步。目前社會上不乏節能的新技術、新產品、新工藝，不但技術上可行而且經濟上合理，全社會應用這些技術的節能潛力高達數億噸標準煤。可是無論在工廠中還是在百姓生活中這些新技術、新產品、新工藝還沒有得到普遍的實施和應用。為什麼這麼大的潛力，沒人去投資呢？

首先，絕大部分節能技術的特點是生產成本低，使用週期長，但是一次性投入高，老百姓和企業往往沒有算清這筆長期賬。並且節能是一種二次投資行為。經營者關心的是怎樣生產產品、提高品質，怎樣賣出去，多數企業並沒有把降低成本作為它的著力點，因此需要投資的節能技術往往無人問津。拿汽車來說，有小排量和大排量的汽車，小排量的汽車耗能低、污染少，然而大排量的車在中國還是有不小的市場，中國應該把節能上升到一種公民意識和節約文化。節能投資需要幾年以後才能見效。明確了這一點，現在就不用只盯著短期數字過於緊張，而更應該關注在節能方面都具體做了什麼。

其次，如今的許多能源服務公司缺少融資管道。銀行貸款關心的是項目的還款能力。對於傳統項目，修一條路、建一個工廠等，投入產出一清二楚，然而投資節能項目，是能源成本的降低，它是看不到的，因此往往難以貸到款。

二、能耗管理缺位，浪費巨大

中國很多企業內部能耗管理缺位，而外部的能耗監管網路又尚未建立，高能耗帶來的高成本已經嚴重削弱了企業的競爭力。高耗能企業中，以中國的紡織業為例。統計顯示：中國紗錠總量由一九九八年限產壓錠後的三千三百萬錠，增長到目前的八千多萬錠，接近全球紗錠總量的一半。

人所共知，越先進的設備生產效率越高，單位能耗越低，產品的附加值越高。但經調查發現，不少發達地區淘汰的落後設備，又轉移到經濟欠發達地區重新投入了生產。使用落後工藝設備，會導致生產效率低下，能耗成本也居高不下。

一個小小的節能創新，我們帶來巨大的利益。某地一棉廠高級工程師說：「我們一棉廠通過技術創新和設備更新，生產用水量僅為原來的三分之一，電費比全市紡織行業平均每度電少三分錢，而年銷售總值卻由幾年前的不足八億元，增長到目前的十五億元。」某棉廠經過檢測，發現細紗機上皮輥的長度太長，紡紗根本不需要那麼長。於是將皮輥的長度單位由二十八毫米減少到十四毫米，這樣，一台細紗機一個小時能節約〇．七六度電。通過這項小小的技術創新，全廠一小時能夠節約近七百度電。

對於企業而言，節能降耗需要內部和外部的環境，而這兩個條件對於大多數紡織企業來說都處於空白狀態。從企業內部來說，要達到節能降耗降低成本的目的，就需要最先進的技術在生產工藝中應用，這需要專門的部門和專家來負責，而恰恰大多數企業都缺少這類部門和專家。某棉廠負責技術的高級工程師十分無奈地說：「我經常到其他企業去交流，有的紡織廠用水率僅有百分之六十，可就是沒人管，甚至半年都不管。現在用一噸水加上排污費才二．七元，在有的企業甚至近一半的水都浪費掉了，實在太可惜。企業節能降耗其實是個『一把手』工程，但企業老總對此不感興趣。在這種情況下，下邊再怎麼努力也沒有用。」

由於高耗能企業的電價佔其產品成本的百分之五十以上，面對不斷上漲的電價，企業紛紛開始建設自備電廠。寧夏興平冶金公司在發展煤化工及其下游產品和冶金產品之後，又準備投資二．八億元，籌建兩座二．五萬千瓦矸石自備電廠；作為寧夏大型民營獨資煤焦化生產企業的範福公司也準備建設一個擁有兩座一．二萬千瓦發電機組的自備電廠。南京蘇源環保公司副總經理、總工程師孫克勤說，西部有許多高耗能企業為了降低成本紛紛要求開工建設熱電聯產項目，表面上說是為了環保、提高效率，實際上大多數是有名無實，光供電不供熱，不僅增加了污染，而且增加了能耗。

怎樣才能降低能耗呢？

一、調整結構、促進節能是當務之急

目前，中國的經濟結構存在的最大問題是第二產業發展非常快，而第三產業發展相對滯後。如果第三產業增加值佔 GDP 的比例每提高百分之一，第二產業的比重每下降百分之一，全國能耗就會降低兩千五百萬噸標準煤，萬元 GDP 能耗就會下降百分之一。同樣，高技術產業目前只佔中國工業增加值的百分之十．三。如果比重能提高百分之一，那麼萬元 GDP 的能耗下降將超過百分之一。所以，當前要解決或緩解能源供給緊張問題，首先就要下大力氣調整經濟結構，推動能耗低、污染少的服務業加快發展，遏制高耗能行業過快增長。

節能，是解決中國能源問題的最根本出路，要採取綜合的、更加有力的措施強化節能工作，通過調整結構、技術進步、加強管理、深化改革、強化法治、全民參與實現節能。加快轉變經濟增長方式和優化經濟結構，加快形成健康文明、節約能源的消費模式，把中國建設成為節約型社會。

首先，國家從微觀層面上，將通過推廣先進適用的節能技術，強制淘汰落後工藝和產品來實現節能。此外，為了更好地發揮經濟手段對節能的引導作用，國家將繼續調整能源價格，使其能夠反映資源稀缺程度和市場供需。

其次，重要的一點是嚴加把守能耗增長源頭關。在前不久召開的全國節能工作會議上，有關負責人強調，有關部門和地方政府要加大節能工作的監督檢查力度，重點檢查高耗能企業及公共設施的用能情況，投資項目節能評估和審查情況，禁止淘汰設備易地再用情況，以及產品能效標準和標識、建築節能設計標準執行等情況。達不到最低能效標準的耗能產品，不得銷售。達不到建築節能標準的建築物不得開工建設和銷售。

有關專家曾指出，國家要增強「十一五」規劃的執行力，首先必須樹立官員的科學政績觀，確定全面的考核體系，對於引進重大污染項目的官員應依法追究責任。七月二十六日，受中國國務院委託，中國國家發展改革委與三十個省、自治區、直轄市人民政府，新疆生產建設兵團和十四家中央企業簽訂了節能目標責任書。此舉有利於強化節能目標責任，建立一級抓一級、一級考核一級的目標責任落實體系，對實現「十一五」國家節能目標將發揮重要作用。

二、立足國內多元發展

立足國內，為了支撐未來五年甚至更長一段時間經濟的發展，在充分考慮各種節能因素的前提下，必須挖掘潛力，多元發展，盡可能增加能源供給。能源自給率始終保持較高水準，是中國增加能源供給的首要原則和目標。

首先，以煤為主，充分發揮中國豐富的煤炭資源優勢，加速煤炭工業的提高與發展。在以煤為主的同時，未來中國的能源戰略還強調多元發展。可再生能源，特別是水電、核電和生物質能源將得到突飛猛進的發展。在全國能源剩餘可採儲量中，水力資源（按使用一百年計算）佔百分之四十四．六。大力開發水電，是保障未來中國能源供應的重要舉措之一。

二、資源瓶頸亟待突圍

近些年，無論是亞洲金融危機，還是「SARS」都未能阻擋中國經濟高歌猛進的態勢。但是，從近幾年席捲全國的能源緊張、原材料價格的全面上漲開始，大家越來越明顯地感覺到中國經濟正飽受資源約束之痛，資源瓶頸亟待突圍。

如果按人均能源可採儲量來計算，中國是遠低於世界平均水準的。一直以來，教科書上都形容中國「地大物博」，但一旦除以「人口眾多」這個分冊，中國立時成為一個資源短缺的國家。

中國經濟在二○○三年解決了通縮的問題，從而實現了一九九二年以來的最高增長速度。同時，資源瓶頸似乎一下子收緊。目前，中國已成為煤炭、鋼鐵、銅的世界第一消費大國，繼美國之後的世界第二石油和電力消費大國。

對於中國石油消耗的高速增長問題，國際能源署（IEA）稱，二○○三年中國的石油日消耗量達五百四十六萬桶，中國已經成為「全球石油需求增長的主要驅動力」。二○○三年，中國原油進口量為九千萬噸，境外媒體預測，在六、七年之後，中國的進口石油量將趕上目前美國石油的進口量。而中國國土資源部礦產資源儲量司長邵厥年在二○○三年十二月份預測中國石油的進口趨勢時則說，到二○二○年，中國的石油年進口量可能會在三億至四億噸左右。

中國的電力供需形勢也非常嚴峻。雖然發電量以接近 GDP 增速二倍的速度出現急速增長，但全國還是有二十一個省份出現不同程度的限電。電力供需問題直接影響到煤炭的出口。二〇〇四年一月，中國煤炭出口總值就下降了百分之二十八．六。分析人士認為，中國今後的煤炭出口數量將會減少。有官員則表示，今後中國煤炭將「首先滿足國內需求」。

除此之外，礦產資源是基礎生產材料之一，也已無法支撐飛速發展的經濟。二〇〇三年，中國鐵礦石進口量增長了百分之三十以上，成為全球最大的鐵礦石進口國，引起國際市場鐵礦石價格不斷上揚。國內電解鋁生產所需原料百分之五十以上依賴進口，由於國際氧化鋁價格受中國需求拉動上漲，單純依靠進口原料的電解鋁生產企業開始虧損。

有報導指出，未來二十年，中國將會面臨十分嚴峻的能源問題。《瞭望》週刊曾刊登文章稱，經濟的快速發展將導致能源消耗大幅度增長。中國國務院發展研究中心行業經濟部副部長馮飛估計，到二〇一〇年，中國四十五種主要礦產資源只有十一種能依靠國內保障供應；到二〇二〇年，這一數字將減少到九種；到二〇三〇年，則可能只有二至三種。而鐵礦石、氧化鋁等關係國家經濟安全的重要礦產資源更將長期短缺。

中國資源在這樣的背景下，經濟增長方式仍然沒有走出高投入、高消耗、低產出的傳統模式，是當前經濟發展中一個突出的矛盾。全國政協委員陳清泰認為，中國已邁入重化工業時期。這個階段的特點之一，就是對能源和資源的需求大增，快速發展的機械、汽車、鋼鐵都是單位增加值能耗很高的行業。

中國在新一輪的全球產業布局中，已逐步發展成為一個規模龐大的世界加工製造基地，一些高耗能製造業正向中國轉移。有研究人士認為，以嚴重的環境污染和大量資源的低能消耗為代價的經濟增長模式，在經歷了二十六年改革開放和自上個世紀九〇年代初以來的經濟大發展之後，已經走到了「增長的極限」。

利用國際市場加長資源供應鏈是破解資源困局最直接、最有效的辦法。中國石化、中國石油在中東和中亞地區的投資規模逐漸擴大，中國石化已獲得了在沙烏地阿拉伯開採石油的許可。首鋼集團已經在秘魯投資成立了首鋼秘魯鐵礦股份有限公司，擁有秘魯鐵礦百分之九十八・四的股份，和無限期開發、利用六百七十・七平方公里礦權區內所有礦產資源的權力。二〇〇四年一月三十一日，寶鋼集團與巴西最大的礦業集團公司——巴西淡水河谷公司（CVRD）簽約，雙方將在巴西合資建設鋼廠。這是迄今中國最大的對外直接投資項目，該項目先期投資約一百二十億元人民幣，設計產能達三百八十萬噸。

中國在巴布亞新磯內亞獲得一個價值六・五億美元鎳礦項目的開發和經營權，這將是中國在海外開的第一個礦。二〇〇四年三月一日，中國四大鋼鐵企業（武鋼集團、唐鋼股份、馬鋼股份和江蘇沙鋼集團）與世界最大的礦產公司——澳大利亞布洛肯希爾—比利頓公司聯合宣布，成立合營企業聯合經營澳大利亞 Jimblebar 鐵礦山，四大鋼鐵集團各持有合營企業百分之十的股份。

雖然中國企業在國際市場取得了一定的成績，但利用國際市場也存在很大的局限性。一是需求必然抬高價格，造成經濟的虛弱。美國在上世紀七〇年代就曾因為進口石油價格的急升，出現了經濟停滯不前、物價飛速上漲的「滯漲」現象。二是誰掌握了重要的資源，誰就有發言的權利。

恐怕，在關鍵時期資源是用錢無法買到的。兩次伊拉克戰爭背後的潛臺詞，是所有國家心照不宣的能源需求。毫無疑問，資源的短缺和環境的壓力，是當前經濟發展最突出的「薄弱環節」之一，也是促使中央下決心適當調低經濟增長的預期目標、轉換經濟增長模式的重要因素。

中國總理溫家寶在政府工作報告中提出：「中央提出今年經濟增長預期目標為百分之七左右，既考慮了保持宏觀調控目標的連續性，也考慮了經濟增長速度與能源、重要原材料、交通運輸等實際條件的銜接，減輕對資源和環境的壓力」，溫家寶還提到：「必須切實轉變經濟增長方式，……形成有利於節約資源的生產模式和消費方式，建設資源節約型社會」

專家們也對此提法有極高的認同度。他們認為，面對資源緊張的局面，一種新的經濟增長方式可能會取得良好的效果。在這種模式中，開源和節流能夠緩解短期局勢，但從長期角度看，技術的進步更是緩解資源瓶頸和環境壓力、實現經濟健康穩定發展的核心環節，並且，這顯然更符合科學發展觀的要求。

如果，要把中國建立成為節約型社會，那麼關鍵是國家要通過「精巧的制度設計」，通過經濟槓桿，鼓勵和宣導節約資源、符合可持續發展理念的循環經濟模式和綠色消費方式。中科院院士王大中認為，中國能源應實施「保障供應、提高能效、結構優化、環境友好」的可持續發展能源戰略，優化產業結構和產品結構，加強節能和提高能效，努力建設節能型經濟和節能型社會。

如果從長遠發展看，中國預計在二〇五〇年初步實現現代化，那麼供應總量的不足將是中國能源發展的主要矛盾。馮飛認為，「要突破發展中的資源瓶頸制約，我們迫切需要依靠科技進步提高經濟運行品質，以小的代價獲得較大的發展，從而構建新的牢固的國家比較優勢。」

很顯然，國家經濟結構調整是轉變經濟增長方式的一個重要政策，通過制定產業政策，以遏制部分高能耗和高資源消耗、高污染的產業。國家發展和改革委員會宣布，原則上不再批准新建鋼鐵聯合企業和獨立煉鐵廠、煉鋼廠，確有必要的，必須按照規定的准入條件，經過充分論證和綜合平衡後報國務院審批。發改委同時規定，除淘汰自焙槽生產能力置換項目和環保改造項目外，原則上不再審批擴大電解鋁生產能力的建設項目。此外，發改委還將加強同金融機構的溝通與協調，對盲目投資、低水準擴張、不符合產業政策和市場准入條件，以及未按規定程序審批的項目，一律不予貸款。

能源瓶頸能否突破，關係到以後發展的諸多問題，已經成為中國政府制訂國家安全戰略時必須考量的重要因素之一。

三、電能的基本命脈——不能忽視的水資源匱乏

水資源短缺是中國一個不可忽視的重要問題。中國的水資源總量居世界第六位，按人均水資源量計量，人均佔有量為兩千五百立方米，為世界人均水量的四分之一，世界排名第一百一十位，被聯合國列為十三個貧水國家之一。水資源日益短缺，合理開發、利用水資源，保護生態環境，維護人與自然的和諧，已經成為二十一世紀人類共同的使命。

人們長期以來深受傳統價值觀念的影響，總是認為「中國水資源取之不盡，用之不竭」。水資源被長期無償利用，導致人們的節水意識低下，造成了巨大的水資源浪費和水資源非持續開發利用。目前，全國六百六十八座城市中，有四百多座城市缺水，年缺水量六十多億立方米。

節水作為中國的一項重要國策，越來越被更多的人所重視，它具有廣泛社會性和區域性的工作，做好節水需要社會的理解和支持，特別是要通過節水來緩解華北地區和黃河下游斷流這類區域性缺水和水環境問題，更需要全區域（或全流域）社會成員和各地區、各部門，各行業的共同努力才可能見成效。而中國人民群眾對節水的認識普遍不高，節水往往只停留在口頭上。

節水工作面廣、量大，情況複雜多樣，需要大量投入和一定的先進技術，像工業用水，一般可分成冷卻用水、鍋爐用水、洗滌用水，工藝用水等等，其中節約冷卻用水相對比較容易，而節約洗滌用水、工藝用水則相對較難。但不管要節約哪種工業用水，都需要更新改造用水設備，有的甚至

要更新改造工藝設備。這就需要大量的投入。

隨著節水量的加大、用水重複利用率的提高，單方節水投資會愈來愈大，技術要求也愈來愈高。目前中國從上到下工業節水尚無固定投資管道，節水工程一般是爭取一個上一個。農業節水投入近些年有所加強，但力度不夠，投入不足與技術落後使中國工農業用水水準與國際差距拉大。

目前的節水工作需要一套運行模式，來適應中國的市場經濟。水價太低是主要原因，許多節水工程直接經濟效益有限，更多地體現在社會效益和生態效益、緩解水資源供需矛盾上，而國家又缺乏優惠發展政策。這些原因的存在，致使許多用水大戶節水積極性不高，節水並沒有真正變成企業、農戶的自發行動，節水工作處於被動狀態。節約用水涉及各行各業，千家萬戶，單靠政府行為，沒有市場推動，節水必然動力不足；單靠市場推動，沒有政府引導，節水也必然難見成效。抓好節水必須充分考慮節水工作的特點，既要靠市場推動，也要加強政府行為。強有力的政府推動和切實有效的廣大用水戶的積極自覺行動相結合，才可能促進中國的節水工作躍上一個新臺階。

水資源危機將會導致生態環境的進一步惡化。為了取得足夠的水資源供給社會，必將加大水資源開發力度。水資源過渡開發，可能導致一系列的生態環境問題。水污染的嚴重，既是水資源過度開發的結果，也是進一步加大水資源開發力度的原因，兩者相互影響，形成惡性循環。通常認為，當徑流量利用率超過百分之二十時就會對水環境產生很大影響，超過百分之五十時則會產生嚴重影響。目前，中國水資源開發利用率已達百分之十九，接近世界平均水準的三倍，個別地區更高。如一九九五年松花江、海河、黃河、淮河等的開發利用率就已達百分之五十以上，其中淮河流域達百分之九十八。此外，過度開採地下水會引起地面沉降、海水入侵、海水倒灌等環境問題。

因此，節約用水，已經到了勢在必行的地步。通常可以採取以下幾種節水管道：

一、重視和加強水資源調配的研究、規劃與實施

由於中國地理環境及南北差異的特點，北方水少而南方水多，且時間上波動很大。這種空間分布與時間分配的極不均勻性，決定了採用區域水資源調配辦法改善這種不均勻性的必要性。但是確定是否需要調水，又必須具體地分析北方受水各地區缺水的性質，並根據區域經濟與社會近期與遠期的需求進行周密的區域水資源供需平衡分析，以確定調水的合理規模，並充分論證工程技術的可行性。南水北調是中國經濟發展中一項具有實踐意義的措施，它可以使調入區的調水量規模最小而效益最大。調水對於調入區來說是一種重要開源，但開源又必須在節流的前提下進行，在節流的基礎上開源是水資源調配的基本原則。調水應是對當地水源的補充。只有實現了地區節流，充分挖掘當地水資源的潛力後，實施調水才是最經濟、最合理的。

二、推廣城市生活用水節水技術

中國水資源消耗的一個重要方面就是城市生活用水，也是水污染的又一重要來源。據建設部城市水資源中心的資料表明，中國城市生活用水的三分之一由於水資源供給和使用過程中跑、冒、滴、漏現象而白白損失了。由於許多城市自來水管道老化和品質低劣，每年中國由於管道漏損的

水量就佔自來水管網供水的百分之二十以上，達到六十億立方米。面對這種情況，中國城市應提高節水技術，開發推廣節水器具，宣傳並鼓勵節水，創建節水型城市。二十世紀九〇年代，紐約面臨嚴重的用水短缺，人們每天沖刷、沐浴和刷牙時都異常尷尬。隨著居民的遷入和乾旱年份的增多，城市天天要額外尋找三十四萬立方米水（約佔整個城市用水量的百分之七十左右）。如按通常的思維途徑，市政管員可以選擇花費十億美元在哈得遜河附近新建供水站，然而，一個更低成本的換軌思路出現了——減少對現有供水的需求。為此，紐約市環保局（DEP）推行了一項始於一九九四年的抽水馬桶的優惠政策，該項宏偉計畫預算資金二・九五億美元。優惠額度達一百五十萬美元，打算用節水型抽水馬桶替代全市三分之一的低效抽水馬桶，後者每次沖刷需水二十升以上，而前者只需六升水。DEP希望通過該計畫實施，實現大部分節水目標。計畫開始前三天，大約收到兩萬件申請，到一九九七年計畫完成時，低流抽水馬桶已取代了十一萬棟建築內的一百三十三萬個低效抽水馬桶。結果，每年每棟樓減少了百分之二十九的用水，DEP估算全市低流洗手間每天節約了二十七～三十四萬立方米水。

三、推廣工業節水技術

中國的工業生產則是另一個用水大戶。目前中國工業萬元產值用水量是發達國家五～十倍，壓縮工業用水量還有很大的潛力可挖。降低工業用水量可以從以下三個方面入手：（1）改革生產用水工藝，爭取少用水。如中國煉鋼等生產過程的單位耗水量比國外先進水準高幾倍甚至幾十倍，若用氧氣轉爐代替老式平爐，不但可提高鋼的產量，而且可降低用水量百分之八十六～九十。（2）提高水資源的重複利用率。國外先進工業企業的用水重複利用率高達百分之九十以上，而中國工業企業的用水絕大部分都在一次利用後作為廢水排放。雖然中國一些缺水大城市的工業用水重複利用率較高，但地區差別很大，進一步挖潛可節約大量水資源。（3）探討利用海水、微鹹水的技術。由於淡水資源的缺乏，沿海城市可利用海水做工業冷卻水和生活沖廁水，華北和西北地方可開發微鹹水資源。

四、推廣農業節水技術

農業用水佔中國總用水量的百分之八十，但農業用水中的浪費現象也最嚴重。灌溉用水佔農業用水量的百分之七十，灌溉過程中半數以上在中途滲漏，採用漫灌又要浪費百分之三十～三十五。今後應大力發展節水灌溉技術。對灌溉農業區，節水灌溉技術應以改進地面灌溉為主，推廣適合中國國情的地面灌溉節水技術（如平地、溝灌、間歇灌等）。在北方渠灌區推行並渠結合的灌溉方式，有條件的地區可發展噴灌和滴灌。應使水利工程和農業技術相配合，進行節水的輪作制度。推廣耕作栽培、培肥施肥和抗旱高產優質品種。對旱地農業區，應按照水旱互補的方針，充分利用雨水集蓄節灌等現代旱地農業技術，進行以坡改梯為重點的基本農田建設，並通過各種措施，降低無效蒸發，提高土壤有機質，建設土壤水庫，增加貯水。同時，根據不同作物的需水特徵和當地水資源條件，調整作物布局，優化種植結構，選育優良品種。

五、開發、引進和吸收先進的治汙技術

除了節約生活、農業和工業用水外，開發和引進先進的治污技術，提高污水處理率和再利用率也是節水的一個重要途徑。面對水環境污染日益嚴重的問題，中國首先應從戰略上變「末端治理」為「源頭控制」。積極開發和引進吸收國外先進的治污技術，提高城市污水的處理深度，將城市污水開闢為「第二水源」。這種再生水可用作城市用水、工業冷卻水、環境用水、地面沖洗水和農田灌溉水。這是保護供水水質和改善水環境的必然要求，也是實現城市水資源與水環境協調發展的根本出路。

四、建築節能的緊迫性與應對之策

我們可以從整個國際經濟環境和中國宏觀經濟趨勢中發現，中國能源問題已經日趨嚴峻，節約能耗勢在必行，而建築能耗則是人們通常被忽視的重大問題。諸多有識之士，已經紛紛發起呼籲，認真重視建築節能問題。不考慮建築節能而建造的房屋，終有一日會因為沒有能源可用，終被社會淘汰。呼籲建築節能，很重要的一點就在於減少使用石油、天然氣等不可再生資源，通過科學合理的建築節能措施，採用可再生新能源，使建築可持續發展。

可以說，如果不注重建築節能的話，十五年後，中國建築內的能耗，光是夏天空調就需要十個三峽電站才能滿足。

對於目前來說，中國正處在建設的鼎盛時期，每年建成的房屋面積高達十六億至二十億平方米，超過所有發達國家年建成建築面積的總和，而百分之九十七以上是高能耗建築。中國建築能耗的總量逐年上升，在能源總消費量中所佔的比例已從上世紀七〇年代末的百分之十，上升到近年的百分之二十七．四五。而國際上發達國家的建築能耗一般佔全國總能耗的百分之三十三左右。以如此建設增速，如果現在不開始注重建築節能設計，將直接加劇能源危機。

自從二十世紀七〇年代能源危機結束以後，發達國家就開始致力於研究與推行建築節能技術，而中國卻忽視了這一方面的問題。時至今日，中國建築節能水準遠遠落後於發達國家。舉例說明，國內絕大多數採暖地區圍護結構的熱功能都比氣候相近的發達國家差許多。外牆的傳熱係數是他們的三．五至四．五倍，外窗為二至三倍，屋面為三至六倍，門窗的空氣滲透為三至六倍。現在，歐洲國家住宅的實際年採暖能耗已普遍達到每平方米六升油，大約相當於每平方米八．五七公斤標準煤，而在中國，達到節能百分之五十的建築，它的採暖耗能每平方米也要達到十二．五公斤，約為歐洲國家的一．五倍。例如與北京氣候條件大體上接近的德國，一九八四年以前建築採暖能耗標準和北京目前水準差不多，每平方米每年消耗二十四．六至三十．八公斤標準煤，但到了二〇〇一年，德國的這一數字卻降低至每平方公尺三．七至八．六公斤標準煤，其建築能耗降低至原有的三分之一左右，而北京卻一直是二十二．四五。

因此，與當前發達國家建築能耗已經大大降低的情況相比，中國單位建築面積採暖能耗是發達國家標準的三倍以上，與發達國家存在較大的差距。而對於美國而言，全球石油資源的戰略布局以及石油的開採區域和運輸線路等關鍵點的調整工作已基本完成，中國卻沒有那樣強有力的能源後盾支持，在這樣的國情下，建築節能水準的改善實際上應該比發達國家更為緊迫。

成本問題成為了開發商採用節能技術最大的障礙。但實際運作情況表明，節能別墅比一般高質別墅造價高一千五百元／平方米，高層公寓則高八百元／平方米，如果運作成功的話，售價的提高應該遠大於成本的增加。因為這部分成本投入是物有所值的技術含量的提升，並非概念炒作所能及，是實實在在提高了居住與使用的舒適度。

而且，如果領先採用節能技術，有利於強化公司品牌形象，增強差異化競爭優勢，這會帶來一系列的連鎖效益，拓展更加「有利可圖」的長遠市場，從而達到提高市場競爭力與提高售價的目的。因此，開發商並不會因採用建築節能技術而少獲回報。

並且節能建築的成本只是在原來建築的造價基礎上再增加五至七個百分點，而且增加的造價預計在五年到八年的時間內就可以收回。它給人們提供的室內環境是完全不一樣的，它對外部環境的影響也有很大不同。相比高能耗建築，雖然前期造價成本略低，但是長達五十年的能源消耗已經遠遠超過前期節省的成本費用，甚至中途還會因為能源經營問題而導致停用，如國內一些八〇年代的寫字樓已出現這種情況，造成社會資源的浪費。

但是，推行建築節能是一個系統工程，任務艱巨，必須有一系列切實可行的政策，方能推動落實。

一、多項措施並舉，在小城鎮和農村大力推行建築節能技術

對於農村和小城鎮來說，它們的建築在全社會建築中所佔比重很高，不論存量還是增量都超過百分之七十，如果不推廣建築節能，節約能源的國策就不可能真正落實。低估小城鎮居民和農民採用建築節能技術的積極性和漠視他們提高生活品質的要求是非常錯誤的。舉一個例子：太陽能熱水器是一項相當成熟的技術，在發達國家使用普遍。國內太陽能熱水器生產廠家挺多，競爭充分，性價比相當不錯。但是在很多大城市特別是一些經常自吹自擂各項工作都走在前的大城市，太陽能熱水器普及率基本為零。倒是在許多小城鎮、農村和一些不太發達的大中城市，太陽能熱水器倒是比較普及。

因為農村和小城鎮的建築形式及採暖方式等，與大中城市有很大不同，國家應該撥專款，成立科研機構，開發適合小城鎮和農村的建築節能技術。應如同推廣農業新技術那樣廣泛設立建築節能環保技術推廣機構。應該對專供農村和小城鎮的節能建築材料的研發、生產給予特別扶持和鼓勵，實行免稅和貸款貼息等優惠政策。

二、推行建築節能技術的鼓勵措施

政府應對建築節能的最基本標準提出要求，而且以法律和行政的手段強制推行是非常必要的，但這還是遠遠不夠的。國家還應該對開發、應用建築節能技術給予經濟上的支持和鼓勵。國家應該對建築節能技術的研發和推廣增撥經費。對於建築節能材料的生產、銷售給予稅收上的特別優惠。這需要國家立法機關、財政、稅務部門給予重視，採取相應措施。

一直以來，中國政府承擔著建築設計審查和竣工綜合驗收的責任，主要是對房屋的安全性以及是否符合規劃要求進行檢驗，但是沒有對於建築能耗方面的審驗、鑒定。消費者絕大多數不是這方面專家，也沒有相關技術手段，當然無從知曉此建築是否節能，或節多少能。以後政府主管部門應該增加這方面職責。首先是達不到國家現行強制標準的不予驗收；其次對達到標準的，評出節能級別，明示節能量或節能比例。消費者自會權衡、選擇。否則，是不是節能全憑開發商一張嘴，消費者莫辨真假。對開發商來說在沒有客觀標準的情況下，真金白銀投資於節能措施的，當然不如只「投資」於宣傳資料的更實惠。光憑開發商的「社會責任感」去推行節能顯然靠不住。政府對建築的能耗等級進行科學、公正的檢測、公示，既可實現消費者的之情權，也是對實施節能的開發商的經濟鼓勵。

目前，中國就有上百億平方米的建築處於採暖區，而且其中許多是集中供暖的。目前所有的城市，取暖費收取標準都是統一的，並不區別建築物是否節能。要說取暖費標準有區別那不是因為耗能量不同，而是因為燃料不同。例如北京市，燒煤的鍋爐供熱區採暖費標準就低一些，燒天燃氣的鍋爐供熱區採暖費標準就高些。上述政策與推廣節能建築的政策顯然是矛盾的。合理的價格政策應該是：達到國家強制性建築能耗標準（例如「96標準」）的按平價收取採暖費；建築能耗達到優化標準的（優化標準可分為幾個級別），按優惠價收取採暖費，而且實行遞減，即節能越顯著的，優惠幅度越大；建築能耗超過國家強制標準的，加收採暖費，實行累進，帶有懲罰性。

對於建築夏季能耗國家也應制定標準，並有監督、檢測、公示制度。夏季降溫主要靠空調，建築節能與否對耗電量影響極大。國家對於單位建築耗電量應有規定，超額用電累進收費，節約用電累退收費。

三、對既有建築的節能改造

二十世紀七〇年代曾發生世界性的石油危機，石油價格上漲了好幾倍。這成為發達國家重視節能，推行節能技術的重要契機。經過幾年，高效率、低成本的建築節能技術被大量開發出來了。發達國家不僅要求新建築採用節能技術，而且以法律、行政、經濟多種手段促使對既有建築進行節能改造。改造後的能耗量當然還是比新建築高一些，但是比不改造節省很多。

其實，對既有建築的改造不是不可能，關鍵在於重視與否。更換節能門窗，許多居民自己就實施了，技術上沒有任何困難。牆體外保溫也是成熟技術，而且實施過程對居民正常生活基本沒有影響，技術上也沒有任何困難。對牆體、門窗實施保溫工程措施並不是太大的開支，對個人和社會從長遠來說肯定都是合算的。

對既有建築的節能改造必須規定一個合理的時限，對超過此時限的要對責任人作處罰，否則既有建築的節能改造就是一句空話。

五、節能燈推廣應是一種常態

在全球氣候變暖的大背景下，歐盟宣布將在兩年內逐步淘汰白熾燈，代之以能耗較低的節能燈。從節能問題到全球氣候變暖問題，小小的節能燈被賦予了重大的意義。

國內一項調查顯示，中國生產的節能燈有百分之八十用於出口，儘管是世界上最大的節能燈生產國，但在使用的數量上僅相當於美國的三分之一。中國有如此多的家庭沒有使用或拒絕使用節能燈，究竟是什麼原因造成的呢？

一、市場不規範

推廣節能燈的一個主要障礙就是目前行業市場不規範，運行混亂。目前，中國國內的節能燈行業比較混亂，成千上萬的企業生產了各種檔次、品質不一的節能燈。一些小作坊製造的節能燈光效低、壽命短和光衰快，但依然能進入市場，這嚴重損害了消費者的信心，因此節能燈被戲稱為「淘氣燈」，或者說成是「節電不節錢」。二〇〇七年，國家工商行政管理總局對上海、廣東兩地的節能燈商品進行檢測，結果抽樣合格率僅為百分之三十九。

二、居民重短期利益

一些居民短期利益很重，他們會做一個簡單的比較，買一個白熾燈只花一．五至二元錢，而買一隻節能燈要花二十元甚至更貴，他們沒有細算，節電會給自己帶來家庭成本的長效節約。電力公司的一位工作人員給我們大家算了一筆賬：

一個家庭正常照明時，大約需要使用三十只二十五瓦規格的白熾燈，按每只價格以二元計算，兩年下來，大約需要支出電費兩千兩百元，加上更換燈泡的成本，總支出為兩千六百元左右；而如果使用節能燈，只需三十只規格為五瓦的節能燈，一般情況下，兩年內不需要更換燈泡，因此燈泡成本和電費支出加起來只有九百元左右。

兩者對比起來，使用節能燈兩年可省近一千七百元，優勢一目了然。

三、扶持政策不完善

中國綠色照明工程促進項目辦公室副主任劉虹說，扶持政策不完善也是節能燈在國內推展不開的原因。他稱，目前雖然不少地方提出了一些鼓勵節能燈推廣的資金補貼措施，但中國還缺少全國性的鼓勵高效照明產品生產使用的財政、稅收優惠政策，推廣節能燈產品也缺乏有效的投融資管道和激勵機制。他認為，節能燈推廣完全靠企業和市場是不行的，各級政府應該成為中堅力量，只有政府出力才能在全社會形成聲勢。

根據中央財政補貼，廣東省於二〇〇八年六月「大手筆」訂做了三百萬隻節能燈，超低價賣給普通家庭，這些節能燈售價僅三．六五元，是目前市面上同類產品平均售價的五分之一。這無疑是市民的福音。節能不僅有利於社會，同時有利於個人，既然能節約電費開支，用節能燈，市民何樂而不為？現在制約節能燈使用的，主要是節能燈的昂貴，因此，廣東的這一「大手筆」，無疑將促進節能燈的推廣。

即使是「大手筆」的三百萬隻節能燈，那又能滿足多少需求？推廣節能燈，終究不能靠政府財政補貼。而且，節能燈有使用期限，貼錢一次、二次能承受，總是由政府財政補貼，恐怕也不是長久之計。而且，推廣節電由政府貼錢，那麼諸如節水節油之類的器具推廣，如果都循此例，由政府貼補，也是政府財政難以承受之重。既然節能燈推廣的瓶頸是價格，那麼，降價，才是節能燈推廣的根本之計。

因此，政府對節能燈的貼補，還不如花在節能燈的改進上面。換言之，政府推廣環保節能產品，應著力於鼓勵企業科研創新和技術攻關，在政策優惠的同時，不妨在科研經費的投入上予以相應的補貼。

其實，隨著人們對節能環保的深刻認識，目前市場對產品的一大要求就是節能環保，這本來就是企業贏得市場的手段。在浙江省舉行的消費博覽會上，一些國內外高科技新產品除了功能、外觀獨特外，節能環保是其最大的亮點。譬如太陽能手機充電器、自己發電的感應水龍頭大受客戶青睞。對這些企業，政府適時地支援扶持，使產品不僅具有節能環保的功能，更能以消費者可以接受的價格進入市場，顯然更受市民的歡迎，同時也將使產品真正佔領市場、造福社會。應該說，節能環保的開發，是沒有止境的。

據報導，不久前英國里茲大學的研究人員研發出一種神奇的節水洗衣機，只需用一杯水即可完成洗滌過程，耗水量及能耗不到傳統洗衣機的百分之二。這似乎難以置信，但卻明年就有望上市，屆時，這種洗衣機將為英國節約頗為可觀的水資源。顯然，節能環保科學研究大有文章可做，支持節能環保的科學研究，也應是政府推動節能環保的重點。

除了政府，全社會都應支持節能環保的開展。在英國，一個非政府組織「水智慧」，就一直致力於減少英國水資源消耗。這種節水洗衣機的問世，正是多方面合力的結果。推行節能環保，這樣的合力不可或缺，顯然，相比於諸如貼錢推廣節能燈，政府在這方面發揮的主導作用，更應有所作為。

現在，中國人的節能意識仍然不強，目前還有百分之八十五的中國家庭沒有用節能燈，很多消費者認為節能燈不節能、亮度不夠、不省錢等。究其原因，是因為中國的節能減排還不夠，也因為中國對節能減排政策的執行力度和監督力度不夠。對此，行業人士疾呼：政府、媒體、企業等應該聯合行動，共同推廣。政府、媒體可以正面引導，企業自身可以據實宣傳。

政府特別是各級地方政府應該加大宣傳力度，讓消費者明白節能的重要性，改變消費者的觀念。此外，媒體還應有引導作用，現在節能燈補貼的事情還只是出現在行業媒體內，大眾媒體所涉不多或基本沒有報導，因此，消費者所知甚少。當下，大眾媒體在這一塊不能缺席，應該和行業媒體共同引導並推廣。企業自身在注重產品品質的同時也應該多加宣傳，並把自己的管道滲透到下面市場，使消費者感到節能燈和白熾燈一樣的方便。同時還必須加大科技研發力度，使節能燈的銷售價格下降。

美國、加拿大、澳大利亞以及歐盟都已提出逐漸淘汰白熾燈，這已說明節能、環保已是全球行動。中國實行節能補貼，是在目前中國特殊的國情下，也即是說，在百姓節能意識還不甚強烈，不夠普及，節能燈行業也不夠成熟的背景下實行的一種暫時的行政調控手段，意在節能減排，終極目的在於節約資源，保護環境，創造和諧社會。

六、積極向垃圾索取能源

哪裏有人的活動蹤跡，哪裏就有垃圾。垃圾，作為一種人類生活共存的物質，不論人們喜不喜歡，也不論社會發展到何等程度，它都是不能被消滅的客觀存在。

縱觀世界，各國每年拋棄的垃圾越來越多，也越來越難處理。至於全球一年生產多少垃圾、電腦也算不清。據最少的估計，發達國家每年每人要製造垃圾三噸，發展中國家一噸。全球每年所增加的垃圾大概有一百億噸。世界各國都無一例外地陷入被垃圾圍困的尷尬境地。有人這樣形容：「當今世界，垃圾成災，從波恩到加爾各答，幾乎到處都是毒品。煤礦、化工和金屬冶煉爐中排出的廢渣、航海中的艦船油污和生活垃圾的傾倒，使一些海灣一片渾濁……特別是有毒廢品的擴散，無異於人類向自己生存的地球生態環境宣戰，給自己製造病毒和死亡的墳墓。」

面對垃圾的挑戰，各國政府和環保部門，都在探索解決的良策。專家們的共識是：採用高科技手段，綜合治理，廢物利用，變廢為寶，向垃圾要能源。一向為人們所唾棄的垃圾，隨著世界性能源危機的日益加劇，身價倍增，儼然成了能源再生的「寶庫」。

在中國垃圾處理設施能力遠遠不足，而且隨著中國經濟發展水準的提高和城市化進程的加快，城市生活垃圾產生量在逐年上升。垃圾處理的形勢依然嚴峻，存在著大量問題亟待解決。首先是廢舊物資回收體系不健全，操作運行無序，市區的回收點銳減，致使廢舊物資回收水準下降。其次是國家生活垃圾資源化利用產業發展的政策扶持力度不夠，且垃圾處理收費政策在地方落實難度很大，垃圾處理設備、技術投入不足，運營經費缺乏，難以保障無害化處理水準，更不用說垃圾分選及資源化利用的設施建設。最後，垃圾分類收集和分類運輸、分類處理互不銜接。一些開展了垃圾分類收集的城市，無法保證垃圾的分類運輸和分類處理，不能達到降低垃圾處理成本和實現資源化回收利用的目的。

實際上，垃圾中蘊藏著豐富的利用的資源。對於美國、加拿大、德國、日本等國家的垃圾資源化利用的成功經驗，非常值得我們很好地學習和借鑒。通常來說，城市生活垃圾資源化主要包括垃圾收集過程中的資源化和處理處置過程中的資源化。城市生活垃圾清運、收集之後，垃圾的處理處置技術可分為填埋、堆肥、焚燒和回收利用四種。應通過垃圾收集和處理處置的各種過程和環節，最大限度地回收利用資源和能源，實現垃圾的資源化利用。

一、垃圾分類收集是實現垃圾資源化的基礎。

如果，垃圾經過分類收集，不但可以直接回收大量廢舊原料，實現垃圾減量化，而且可以減少垃圾運輸費用，簡化垃圾處理工藝，降低垃圾處理成本。回收技術包括兩方面，一方面是垃圾從產生地點進行分類收集後直接運往回收工廠作為工業原料循環利用；另一方面，對於沒有實行分類收集的垃圾或分類收集以後的混合垃圾，很多處理場建設了垃圾分選設施，對混合垃圾中的可回收物進行機械分選或人工分選，將不同種類的可回收物分撿出來進行回收利用。發達國家的垃圾回收利用技術已有了很大的發展。

對回收包裝物的分選，可以根據物料光學性質的不同進行識別，並用壓縮空氣進行分別，多用於混合包裝物中，如：飲料軟包裝、不同材料塑膠瓶（PE，PET，PS，PP等）的識別和分選；由於有色金屬不具有電磁性，採用電渦流分選技術，通過電場在金屬內產生的磁場進行分選。用於煉鋼高爐代替粉煤或重油，是廢塑膠的利用方法之一；廢塑膠利用的另一種方式是進行分選後直接生產顆料材料。

二、垃圾焚燒處理，利用餘熱發電。

一般來講，垃圾焚燒處理技術主要包括垃圾焚燒、煙氣處理和餘熱利用三部分。它與填埋處理相比，具有佔地小、場地選擇易，處理時間短、減量化顯著、無害化較徹底以及可回收垃圾焚燒餘熱等優點，在發達國家得到廣泛應用。

中國許多人口密度高的地區，特別是東部沿海地區土地資源寶貴，焚燒處理正被逐漸接受。氣化率高的居住區生活垃圾熱值已滿足焚燒處理的基本要求，加強分區、分類收集將促進垃圾焚燒的發展。垃圾焚燒是實現城市垃圾資源化的較好途徑，目前中國已建和在建的部分垃圾焚燒廠採用發電上網也是焚燒資源化利用的有效途徑。

三、垃圾衛生填埋，回收可燃氣體。

垃圾填埋處理是垃圾處理的另一種方式，這種方式具有操作設備簡單、適應性和靈活性強的特點，目前仍然是大多數發展中國家垃圾處理採取的主要方式。填埋氣體主要是甲烷和二氧化碳。隨著填埋場規模的擴大和密閉性的提高，填埋氣體有可能大量產生並在場內聚集、遷移，既威脅填埋場的安全，又會導致對大氣的污染。通過收集管網系統對填埋氣體進行抽取收集後經過淨化處理可作為能源回收，加以利用。目前國內有的城市已開展填埋場沼氣回收利用的嘗試。

在美國，利用垃圾填埋場產生的沼氣進行發電已經較為廣泛。據統計，全美國共有一百五十多個沼氣發電廠，最大的垃圾沼氣發電廠有五十多台內燃發電機。

四、利用有機垃圾生產肥料和回收氣體。

近些年，新型的現代堆肥技術已經成熟，形成了較為完善的工藝系統和成套設備。由於堆肥產品的市場等原因，垃圾堆肥處理，特別是城市生活垃圾的堆肥處理在發達國家曾一度處於停滯甚至萎縮狀態。進入九〇年代以後，堆肥處理又呈上升的發展趨勢。在分類收集基礎上的堆肥產品可用於垃圾填埋場覆蓋土、農林花卉等方面。

近年來，歐洲許多國家積極發展有機垃圾厭氧消化系統，廣泛應用於屠宰場垃圾、廚餘垃圾、農牧業垃圾等有機垃圾的處理。在厭氧狀態下利用微生物使垃圾中的有機物快速轉化為甲烷和二氧化碳，具有過程可控制、易操作、降解快、生產過程全封閉、產物可計量等特點。

五、其他垃圾資源化利用方式。

利用廚餘垃圾生產有機肥料；利用餐飲業產生的廢棄油脂生產化工原料；利用廢紙為主要原料生產各類辦公用紙、紙板、鉛筆、軸瓦等再生用品；利用廢玻璃、廢玻璃纖維為主要原料生產的塑膠製品、防水材料、建築材料等再生產品，以及從廢塑膠中提取的柴油、汽油、燃料油、瀝青、油漆、塗料等；利用廢舊織物為原料提取各種生產材料；利用廢電池從中提取鋅、二氧化錳、鐵、銅、石墨、鎳、鎘等；利用家用電器回收各種原材料；利用廢舊木材生產各種建材、複合材料等；利用建築垃圾製成新型材料、築路材料或其他建材等。

現在有一種「熱分選煤氣化（Thermo Select）」技術，這是一個完全無污染的、百分之百資源回收的垃圾處理廠的系統。其垃圾氣化發電（熱分選技術 Thermo Select Technology）過程說明：熱分選技術，是一種全新的處理垃圾的方法，沒有傳統的鍋爐，而是類比地層中的化工過程，將垃圾氣化。在一個封閉環境中，在高溫高壓下氣化，將有機垃圾完全轉換成可燃氣體。高溫及較長的駐留時間甚至可摧毀最複雜的有機化合物而產生可回收的綜合性燃氣。任何殘留的酸性氣體及易發散的金屬都在廠內加以處理及回收，重金屬成份可作為易管理的沉澱態加以回收。酸性氣體變成鹽份加以處理及回收。排放顯著地減少了，由於清潔過的綜合燃氣可直接用作工業煤氣；也可用於產生熱量供熱能，或經過高效燃氣輪機發電機系統發電。所產生的富餘電能可供銷售。廢物中的無機成份被熔化及淬硬而形成有用的建築材料及金屬合金，這兩種材料都轉成惰性的及無毒性的產品。全過程產生的水被淨化、回收利用，無廢水的排放。

隨著人口的增加和經濟的發展，中國資源相對不足的矛盾日益突出，必須堅持資源開發與再生利用相結合的原則，按照循環經濟的觀點，在生產、建設、流通、消費等各個領域，千方百計減少資源的佔用與消耗，實現資源的合理利用和再生利用。

七、打破壟斷，全面開花

中國的能源領域存在著嚴重的非市場化問題——國有能源巨頭的壟斷，這在石油和電力系統表現得尤為嚴重。從現實的國情看，政府賦予能源巨頭以壟斷地位，以此作為「交換」，能源巨頭向社會提供低價格的能源。但在國際能源價格上漲的時候，這種格局難以維持。然而，一旦能源價格改革，中國市場能夠承受多高的能源價格？

很少有人追究的是，壟斷因素對於中國的能源價格有多大影響？雖然缺乏精確的數字計算，但從邏輯上看，壟斷是有助於國企維持價格控制，並且獲得壟斷利潤的。我們可以看到，即使在「油價倒掛」的情況下，國內能源巨頭也獲得了可觀的利潤。典型的例子是，二〇〇五年度中石油以一千三百三十三．六億元淨利潤超過日本豐田公司成為亞洲最賺錢的公司，淨利潤增幅高達百分之二十八．四。

還有一種情況：國家發改委發布的《電力行業二〇〇五年運行分析及二〇〇六年趨勢預測》報告顯示，二〇〇五年電力行業負債合計二萬零六百六十三億元，同比增長百分之十一．五；全行業虧損額一百二十七億元。然而，這種虧損與電力企業普遍的高收入、高福利與高消費的實際是不相符的。

《中國青年報》曾於二〇〇三年八月六日刊登了一篇名為《誰是全國大面積電荒的罪魁禍首》

的文章，其中列舉了全國用電負荷接連創歷史新高、各大電網超負荷運行、全國大面積拉閘限電的緊急現狀，並將其原因歸結為這樣三條：基礎建設不足、煤電價格之爭、規劃決策失誤。

「缺電的根本原因是壟斷」，對於的說法有關負責人回應說：「想一朝一夕打破長期形成的壟斷確實很難，中間涉及太多的利益體。電力作為國家命脈產業，其市場化程度也不能與一般商品相提並論，供電這一塊涉及國家安全，不能放開，即使發達國家也不例外。」電力供應出了這樣大的問題，這位負責人仍然在用「壟斷難打破、壟斷有理」論為自己開脫，實在值得商榷。

「基礎建設不足」是誰的錯？如果是電網建設不足，明顯是自己的錯；如果是發電廠少，與電網也有關係，因為發電市場雖然放開，但受沒有放開的電網在價格等方面的制約，其他資本投資發電企業的興趣不會太大。「規劃決策失誤」和「基礎建設不足」屬於同一個問題，只不過前者是後者的原因罷了。這裏的「規劃」不是經濟指標，而是一種「計畫」。壟斷需要計畫，計畫產生壟斷，計畫出了問題，壟斷也會出問題。這兩點，都是壟斷惹的禍。

○八年七月二十日，中國石油和化學工業協會公布，上半年，儘管國家給了大量補貼，成品油價也作了小幅上調，但中石油、中石化兩公司的煉油企業仍嚴重虧損達五十七·一億元，比上年同期增虧百分之四十七·九。對此，該協會副秘書長馮世良解釋，上半年，因全球高油價，包括煉油在內的中國整個石化行業，生產繼續保持快速增長，但經濟效益增勢明顯減弱，其中煉油企業更是嚴重虧損。

油價飛漲，國內兩大石油巨頭卻大幅虧損，甚至還有愈演愈烈的趨勢，僅上半年兩大石油巨頭的煉油企業就虧損五十七·一億元，這不能不引起憂慮。此外，《法制日報》七月二十日報導，截至目前，全國六百六十餘家民營成品油批發企業僅剩一百餘家；四萬五千多家民營零售加油站，已關門三分之一；一百多萬就業人員已有數十萬下崗失業。

有人可能會發出疑問，既然兩大石油巨頭虧損如此嚴重，為什麼還緊緊把持國內的成品油市場不放鬆呢？其實，這都是經濟利益惹的禍，都是壟斷惹的禍。長期以來，中國油田開採權一直由中石油、中石化等兩三家公司壟斷，油品加工、銷售、進出口權也基本上掌控在這兩家石油巨頭的手中，民營石油企業要麼被收購，要麼就慢慢等死。雖然改革開放三十年來，市場經濟體制逐漸建立，但民營企業涉足石油行業仍然殊非易事，它們在市場准入、金融稅收等方面遭遇了種種「不公待遇」，很多鼓勵民營企業的政策它們看得見卻未必享受得到。

在這樣的情況下，出現民營油企或慘澹經營或被迫關門或無奈被收購的景況也就不足為奇。因此，壟斷既不能破解資源危機，也不能使企業扭虧為盈，反而會帶垮相關產業，危害民生。其實，是否能解決中石化、中石油兩大壟斷集團的虧損，關鍵就在國家有沒有勇氣打破壟斷，有沒有勇氣制衡少數人的既得利益。國內外經驗表明，壟斷是破壞市場經濟的毒瘤。石油行業的壟斷讓我們看到壟斷企業享受著遠遠高於其他行業的福利待遇，卻一次次製造、利用「油荒」「逼宮」，不斷要求國家提高油價，損害社會公眾利益。

因此，必須打破兩大石油企業的壟斷，這樣才能幫助他們扭虧為盈。一要引入競爭，讓中石油、中石化生產的成品油可以銷售給經營成品油的民營企業，這樣既能增加它們的銷售收入，又可救活哪些半死不活的民營油企，還可以解決就業，可謂一舉多得；二要嚴格控製成品油、原油的出口，徹查油品企業囤積油品，嚴防油企哄抬油價。惟此才能還市場一個公平、合理、有秩的競爭環境，也才能讓石油產業健康、持續的發展。

中國需要加快推進能源價格改革，但必須配套以能源領域的體制改革，打破能源行業中的壟斷，加快市場開放。如果缺乏反壟斷的改革配套，能源價格的市場化改革將會輕易轉化成少數能源巨頭的壟斷利潤。這將是一種危險的市場化改革。

八、未來幾十年能源仍是首要的挑戰

國家發改委的預測，未來幾十年中國對能源的需求將有明顯的增長，到二〇二〇年，國內能源供應缺口將進一步擴大，而石油、天然氣等重要能源對進口的依存也將大大升高。如果再不節能，那麼未來中國的戰略安全將會受到能源匱乏的巨大威脅。

二〇二〇年中國將實現經濟翻兩番，到那時人均GDP將會超過一萬美元。這一時期是實現工業化的關鍵時期，也是經濟結構、城市化水準、居民消費結構發生明顯變化的階段。反映到能源領域，中國面對的情況要比發達國家在同一歷史時期經歷的情況複雜得多。

一、人均儲量低、能耗高

如今，世界能源安全尤其是石油安全越來越突出。隨著人均收入水準的提高，中國石油消費量顯著增加。中國石油對外依存度從一九九五年的百分之七．六增加到二〇〇〇年的百分之三十一。到二〇二〇年，石油消費量最少也要四．五億噸，屆時石油的對外依存度可能接近百分之六十。但是，中國人均能源可採儲量卻遠遠低於世界平均水準。二〇〇〇年人均石油可採儲量只有二．六噸，人均天然氣可採儲量一千零七十四立方米，人均煤炭可採儲量九十噸，分別為世界平均值的百分之十一・一、百分之四・三和百分之五十五・四。

如果，我們從能源利用效率的角度來看，中國單位產品的能耗水準非常高。二〇〇一年，中國終端能源用戶能源消費的支出為一・二五萬億元，佔GDP總量的比例為百分之十三，而美國僅為百分之七。中國單位產品的能耗水準較高，目前八個高耗能行業的單位產品能耗平均比世界先進水準高百分之四十七，而這八個行業的能源消費佔工業部門能源消費總量的百分之七十三。

二、能源需求增長迅速

現如今，中國已一躍成為了世界第二大能源消費國。據中國石化高級副總裁牟書令介紹，未來幾十年，中國石油天然氣需求增長較快，預計到二〇二〇年，中國石油需求量為四億噸，年均遞增百分之十二。

在中國的天然氣消費結構中，增長最快的是天然氣發電、城市燃氣，到二〇二〇年，天然氣在一次能源消費中，所佔比例將由目前的百分之二・七增長到百分之十以上。為了保障油氣資源的可持續發展和安全穩定供給，牟書令說，中國石油天然氣發展必須開源節流，立足國內，加強油氣勘探開發，保持石油產量持續穩定。同時，要加快建立海外油氣生產基地。

三、以節能為突破口

在未來的幾十年裏，工業部門將仍然是中國最大的能源消耗部門，同時也應該是獲得節能效應最為顯著的部門。國務院發展研究中心來有為博士近日在一次演講中說，從節能的實現方式看，通過調整行業和產品結構實現的節能約佔工業部門節能潛力的百分之七十至百分之八十，依靠技術進步降低單位產品能耗實現的節能佔百分之二十至百分之三十。

對此，中國工業部門的節能應採取技術進步與調整行業、產品結構相結合的方式。通過修訂節能設計規範，實行企業能源審計和報告，推進節能技術進步，建立能源管理資訊系統，推行績效合同等政策和措施，促進工業部門的節能。

「除了工業耗能，交通和建築兩個部門的用能增長將明顯加快。」來有為博士說。為了實現交通和建築的節能目標，研究報告建議：開徵燃油稅；制訂燃料效率和油品質量標準；改進城市規劃和交通體系，優先發展公共交通；建立智慧交通系統；鼓勵開發、購買和使用替代燃料車。而建築節能方面首先要突破供熱體制改革，開放供熱市場；應制訂實施建築節能條例，嚴格執行建築節能設計標準；制訂鼓勵生產和使用節能建築材料及耗能器具的經濟激勵機制。

國家圖書館出版品預行編目資料

新能源戰爭／唐風編著. -- 一版. -- 臺北市：
大地, 2009.04
面：　公分. --（大地叢書：25）

ISBN 978-986-6451-03-4（平裝）

1. 能源 2. 石油問題

554.68　　98004843

新能源戰爭

大地叢書 025

作　　者	唐風
創 辦 人	姚宜瑛
發 行 人	吳錫清
主　　編	陳玟玟
出 版 者	大地出版社
社　　址	114台北市內湖區瑞光路358巷38弄36號4樓之2
劃撥帳號	50031946（戶名　大地出版社有限公司）
電　　話	02-26277749
傳　　真	02-26270895
E-mail	vastplai@ms45.hinet.net
網　　址	www.vasplain.com.tw
美術設計	普林特斯資訊股份有限公司
印 刷 者	普林特斯資訊股份有限公司
一版一刷	2009年4月

大地

定　　價：280元

書名原文：新能源戰爭
本書版權由千太陽文化發展（北京）有限公司代理
中文繁體字版專有出版權屬台灣大地出版社有限公司

Printed in Taiwan